국어음운론의 기초

글쓴이 소개

글쓴이 임석규는 경북 영주에서 태어났다. 영주의 대영고등학교를 졸업하고(1988), 서울대학교 국어국문학과에서 문학사(1995), 문학 석사(1999), 문학 박사(2007) 학위를 받았다. 2008년부터 원광대학교 인문대학 국어국문학과 교수로 근무하고 있다. 지금까지의 논저로는 '음운 탈락과 관련된 몇 문제', '재분석에 의한 재구조화와 활용 패러다임', '성조방언의 모음동화', '경음화, 남은 몇 문제', '성조 현상을 토대로 한 방언구획론을 위하여', '복수기저형과 그 패러다임의 강한 압박', '성조방언의 비어두 장음에 관한 문제', '맞춤법 따라가기' 등 다수가 있다.

국어음운론의 기초

초판 1쇄 인쇄 2021년 3월 15일
초판 1쇄 발행 2021년 3월 22일
지은이 임석규
펴낸이 이대현
편 집 권분옥 이태곤 문선희 임애정 강윤경
디자인 안혜진 최선주 이경진
마케팅 박태훈 안현진
펴낸곳 도서출판 역락
　　　　서울시 서초구 동광로 46길 6-6(문창빌딩 2F)
　　　　전화 02-3409-2058(영업부), 3409-2060(편집부)
　　　　팩시밀리 02-3409-2059
　　　　이메일 youkrack@hanmail.net
　　　　홈페이지 www.youkrackbooks.com
　　　　등록 1999년 4월 19일 제303-2002-000014호
ISBN 979-11-6244-640-9 93710

국어음운론의 기초

임석규

역락

강의를 하면서 가급적 어려운 용어를 쓰지 않으려 했다. 형태음소, 설정성 자음이라는 용어도 잘 안 쓴다. 형태를 제대로 밝힌 음소, 중간 자음이라는 모호한 표현을 쓴 것에 대해 미안하게 생각하기도 한다. 쉽게 쉽게 하려다 보니 진도를 맞추기도 만만치 않았다. 그런데 국어학을 어렵다고 생각하는 학생들을 대상으로 음운론이 문학 강좌 틈에서 기지개를 켜려면 어쩔 수가 없었다.

전공 서적을 낼 때 전공 관련 경험을 서문에 적는 연구자들이 많은 듯하다. 1977년 초등학교 2학년 때이다. 코미디언 이기동 님, 배삼룡 님의 인기가 하늘을 찌를 때였다. '이기동+이 → X'를 누님 셋에게 적어 달라고 했다. 중학생인 셋째 누나, 고등학생이 첫째 누나, 둘째 누나, 모두 쓸 줄 알 것이라 생각했다. 모두 기겁하고 도망갔던 기억이 떠오른다. '이기동+이'를 동남방언의 비모음화된 발음으로 써 보라고 한 것인데 차례로 '이기동', '이기돈', '이기돈이'라고 썼다. "아니, 이건 '이기동'이고, 이건 '이기돈'이고, 이건 '이기도니'잖아"라고 되물은 적이 있다. 차라리 '이기도이'가 나왔을 텐데 말이다. 지금은 '이기도~이'정도로 표기되고 있다는 것을 안다. 그 후 잊고 살았다. 또 다른 경험이 있다. 83년 중2 때였다. 영어의 악센트가 그 당시 영어 과목 시험에는 많이 출제되었다. introduce는 3음절 강세 단어라고 기억해야 했다. 악센트이니 성조방언 화자라서 유리한 점이 있었던 듯도 하다. 글쓴이는 자전거를 끌고 한 시간 이상을 친구들과 걸어서 귀가한 날이 많았다. 영어 단어 악센트를 헷갈려하는 친구가 물어 왔다. 단어를 과장해서 발음하면서까지 친구들한테까지 악센트 기억법을 알려 준 듯하다. '모나리자'에 대한 절대음감 (?)을 그때 시도한 것이다. '모'나리자(HLLL)', '모나'리자(LHLL)', '모나리'자 (LLHL)', '모나리자'(LLLH)'라고 말이다. 이를 introduce에 적용하여 íntroduce, intróduce, introdúce라고 자유롭게 발음해 보고 평상시 가장 많이 들어 본 쪽을 정답으로 삼으면 된다고 했다. 성조와 강세의 관계인데 그때는 똑같은 줄 알았다. 석사학위논문을 준비하면서 이 두 가지 경험과 관련된 의문점은 어느 정도 해소된 듯하다.

음운론 강의를 위해 체계적이고 구체적인 내용을 담은 훌륭한 교재는 이미 출간되어 있다. 대신 쉽게 읽을 수 있는 얇은 음운론 교재를 쓰고 싶었다. 소위 음운론의 기초, 음운론 개설보다도 더 기본적인 글을 쓰고 싶었다. 지난해 마무리되리라 했는데 쫓기는 일이 많으니 말처럼 쉽게 써지지 않았다. 꽤 많은 시간이 흐른 뒤 보완을 하다 보니 초심에서 벗어난 내용도 포함되었다. 페이지당 하나 이상의 방주를 고집하다 보니 초심이 흐트러진 것이다. 한계를 절실히 느끼면서 이 정도로 마무리한다.

이 교재는 부분 부분 언어능력, 일상 발화 등이 강조된다. 그러다 보니 교재의 문체를 넘어선 부분도 확인된다. 더 큰 문제는 공시론의 대상을 어떻게 잡을 것인가 하는 것이었다. 곡용과 활용 외에 '원룸', '신부전' 관련 서술도 있어야 하는데 그들의 기저형이 문제가 되었다. 학교문법도 고려하고 언어능력도 고려하여 글쓴이 나름의 방식을 추구했지만 아쉬움이 많은 게 사실이다.

'맞춤법 따라가기'라는 교양서를 내면서 못내 마음이 아팠다. 전공서부터 내지 못한 아쉬움 때문이다. 이제 조금은 마음이 편해지는 듯하다. 그런데 아는 만큼 쓸 수 있다는, 말로만 듣던 그 말의 무게는 두려움으로 다가왔다.

학부 1학년부터 박사 학위를 받을 때까지, 아니 지금도 최명옥 선생님으로부터 가르침을 받고 있다. 선생님께서는 자연 발화의 중요성을 역설하셨고 개별 지역어의 음운론을 통해 국어 음운론의 실체가 밝혀짐을 강조하셨다. 이런 정신이 언어 능력과 관련하여 이 교재에 어느 정도 묻어난다. 큰 가르침을 주신 선생님께 항상 고마움을 표하고 싶다. 이기문, 김완진, 이병근, 송철의 선생님 등 음운론 선생님들께 여러 관점에 대해 배울 수 있었던 것은 놀라움의 연속이자 엄청난 행운이었다. 아둔해서 가르침을 다 따르지는 못하지만 제대로 생각하는 법이 무엇인가를 수시로 느끼게 해 주셨다. 서울대에 재직 중인 81학번 김성규 교수로부터 영남대에 재직 중인 93학번 김세환 교수에 이르기까지 선후배 음운론 연구자와 끈적끈적하게(?) 지냈던 것도 크나큰 행운이었다. 선후배님들의 훌륭한 가르침이 없었다면, 또 십여 년에 걸쳐 슬쩍슬쩍 던져진 코멘트를 받지 않았다면 이렇게 끄적거린 글도, 글쓴이의 지금도 없었을 것이다. 가볍디가벼운 표현으로 일일이 고마움을 표시할 수 없는 한계가 있으니 양해를 구할 따름이다.

석박사 과정 동안 집에서는 정신없이 잔 날들이 많았다. 묵묵히 지켜봐준 가장 소중한 한 사람과 세 아이(수혁, 규혁, 다윤)에게 진심을 담아 고마움을 표하고 싶다. 또 수익성이 떨어지는 책인데도 기꺼이 출판을 허락해 주신 역락 이대현 사장님과 편집, 출판 등에 관여하신 여러 분께 감사의 말씀을 전한다.

특정 기관에 입소하여 문제를 출제할 때에는 한 문장 한 문장이 신경이 쓰이게 된다. 그런 생각으로 원고를 접하니 작업이 너무 더디다. 한계가 느껴진다. 최종 교정에서 결정적인 몇 가지를 찾아 준 윤성현 선생과 수혁, 규혁에게 고마움을 전한다. 마지막으로, 급하게 원고를 넘겼음에도 엉성한 도표까지 깔끔하게 재생산해 주신 권분옥 팀장님의 노고에 깊이 감사드린다.

2021년 3월 2일
계룡산 아래 바람이 몹시 이는 마을에서
글쓴이 씀

▌차 례

7. 음운 변동과 그 유형

8. 음운 현상

보충

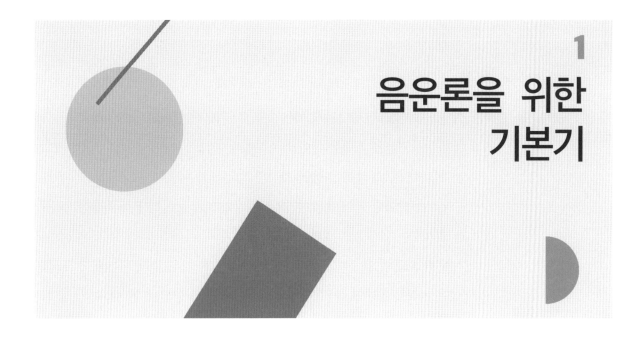

1

음운론을 위한 기본기

1.1. 언어능력

언어 없는 사고는 있을 수 없다는 다소 극단적인 견해도 있지만 말하는 능력이야말로 인간에게는 매우 고귀한 자산임에 틀림없다. 이러한 고귀한 자산에 대해 근원적인 질문을 던지고 그에 대한 대답을 얻을 수 있다면 얼마나 좋겠는가?

특정 형태는 입 밖으로 어떻게 발화되는가? 이에 대해 일반화를 한다는 것은 매우 조심스러울 수밖에 없다. 어떤 가설을 세우고 그 가설을 뒷받침할 만한 실체적인 증거를 확보해야 한다. 인간은 선천적인 언어능력을 가지고 태어난다는 말이 있다. 어떻게 증명할 것인가? 인간의 뇌를 들여다본다고 해서 증명될 수 있는 것도 아니며 성대를 해부해 본다고 해서 증명될 수 있는 것도 아니다. 뇌나 성대를 들여다보고 누구나 납득시킬 수 있을 만한 증거를 여럿 확보해야 하는데 그것이 쉽지 않다. 소위 실험에 의한 귀납적 일반화가 가능하면 좋겠지만 그것은 기대하지도 말아야 한다.

앞서 말한 근원적인 질문에는 여러 가지가 있겠지만 우리의 주된 관심사

인간의 언어라는 말은 있어도 동물의 언어라는 말은 없다. 후자는 그저 소리일 뿐이다. 인간의 언어는 자음과 모음으로 분절할 수 있는데 동물의 소리나 소음 등은 분절할 수 없다.

는 머릿속에서 어떤 작용에 의해 문장이 만들어지고 어떤 작용에 의해 특정 형태가 소리로 발화되는가 하는 것이다. 귀납적 일반화가 가능하지 않기에 실체적 증거들을 최대한 많이 확보하여야 한다. 이 책에서 다루는 것이 크게 는 이러한 큰 목적에 수렴될 것이다.

우리는 언어학 용어를 많이 접한다. 이 어려워 보이는 용어 때문에 언어학 을 기피하는 학생들도 있다. 수많은 용어가 바로 인간의 언어능력을 설명하 기 위한 도구의 일종이라 생각하면 그 거리감은 다소 줄어들 수 있을 듯하다. '음운'이라는 용어도, 기저형이라는 용어도 모두 인간의 언어능력을 설명하 기 위한 도구라고 생각하자. 기본형이라는 말과 기저형이라는 말 중 무엇이 인간의 언어능력을 잘 설명해 낼까 하는 고민도 모두 인간의 언어능력을 파 헤치고자 하는 끈질긴 노력의 일환이다.

과연 부모님이나 선생님으로부터 들은 단어만을 발화하고 살까? 소위 **경험한 형태**만을 발화하면서 살아간다면 '머그고 있다'라고 해서는 안 된 다. 인간은 왜 언어를 습득해 가는 과정에서 다소 이상해 보이는 형태를 발화할까? 이것이 바로 언어능력이 있다는 것을 간접적으로 보여 주는 것 이다.

'머그고 있다', '머근다', '마트고 있다', '마튼다' 등의 발화를 '아이들이니 까 내뱉을 수 있는 말이지'라고 저평가해서는 안 된다. 그 말이 어떻게 만들 어진 것인가를 알면 감탄하지 않을 수 없다. 글쓴이의 첫째 애가 무심코 알려 준 좋은 형태가 있었다. 바로 '저지게'이다.

> "아가는 엄마 옷을 자꾸 저지게 해"

여기에 감탄해서 몇 페이지나마 끄적거리기도 했었다. 6살 터울의 둘째는 엄마에게 안겨 있다가 방금 먹은 우유를 자꾸 게워 낸다. 그것이 바로 엄마 옷에 묻는 것이다. 그러니 젖을 수밖에 없다. 이는 첫째가 여덟 살 때의 일이

경험한 것을 위주를 발화한다는 주장(B.F. Skinner)을 경험론적 관점이라 하고, 선천적인 언어 능력을 가지고 태어나며 그것을 토대로 발화한다는 주장(N. Chomsky)을 생득론적 관점이라 한다.

다. 이전부터 **희한한 형태**를 발화해도 글쓴이는 일부러 제지하지 않고 지켜보았다. '그래, 언어능력은 어느 정도의 수준일까? 걸음마 단계에서부터 시작하여 과연 몇 살 때까지 기저형 분석을 시도할까?'라는 의문에 대답하기 위해서였다.

첫째 애는 엄마에게서 '저저'라는 말을 많이 들었을 것이다. "(아가야, 옷) 저저, 저저, (그만해)"라는 말을 듣고서 이와는 다른 상황, 즉, '-고', '-게' 등을 붙일 수 있는 상황에서 이 단어를 사용하기 위해서는 '저저'를 분석해 내야 한다. 한국어는 **어미가 발달**해 있어서 적절한 상황에 맞게 어미를 바꾸어서 발화해야 하기 때문이다. 그러려면 기저형 분석이 필요하다. 엄마에게서 들은 음성 '저저'를 '젖+어'로 분석하는 것이 아니라 '저지+어'로 분석할 수 있다는 것이 대단할 따름이다. 실로 대단하다. '지+어 → 저', '던지+어 → 던저', '만지+어 → 만저'와 같은 규칙을 알고 있기에 '저저'를 '저지+어'로 분석할 수 있는 것이다. 이런 것이 바로 언어능력에 대한 실체적 증거이다. 2장 이후에 서술되는 많은 것들이 바로 이러한 언어능력을 뒷받침하기 위해 설정되는 근거라 생각하면 된다.

'ㅂ, ㄷ, ㄱ'의 발음은 어려울 수 있다. 그 어려운 정도도 비슷하다. 그러면 그 부류에 대해 용어를 붙일 수가 있다. 그게 파열음일 텐데 매번 'ㅂ, ㄷ, ㄱ ; ㅍ, ㅌ, ㅋ ; ㅃ, ㄸ, ㄲ'이라 언급하기보다 간단하게 파열음이라고 하면 그만큼 경제적이다. 그러니 파열음이라는 용어도 중요하지 않겠는가. 용어[술어]를 적절하게 사용할 때 화자의 언어능력도 제대로 이끌어낼 수 있을 것이다.

'희한한 형태'는 인간의 언어능력을 무시한 표현이다. 사실 그 형태는 엄청난 언어능력을 담고 있는 것이다. 성인이라면 초등 저학년 때까지는 기저형 분석을 시도한 것으로 안다. 그 이후에는 표준을 강조하는 제도적인 교육 시스템 때문에 기저형 분석을 포기할 수밖에 없었다. 음운론의 기저형 분석을 마냥 어려워하는 학생도 있다. 어릴 때의 그 감각을 끄집어내는 교수법이 필요해 보인다.

어미(조사 포함)가 발달해 있어서 'sing, sang, sung', 'he, his, him' 등의 굴절성과는 대비된다. 한국어의 큰 특징이 바로 교착성이다. '가-시-었-겠-으니'처럼 어간 뒤에 특정 형태소가 아교풀에 붙인 것처럼 착착 붙는 것이 교착성이다.

1.2. 음운론의 대상

화자의 언어능력을 밝히는 것이야말로 언어학의 주된 임무 중 하나이다. 음운론에서는 화자가 내는 음(音)과 관련된 언어능력을 밝혀야 한다. 이러한 목적에 부합하게끔 국어 음운론을 체계적으로 연구하려면 다음과 같은 주제가 망라되어야 한다. 이들이 모여 국어 음운론의 실체를 규명할 수 있다.

```
            ┌── 순수음운론: 자질, 음절, 음운 목록 및 체계, 음운 배열
            │              (*ㄴ-ㄷ, *ㄹ-ㄴ 등)
음운론 ──┤
            │
            └── 형태음운론: 경계에서의 음운 현상
                           (국+만, 잡+고 cf.먹을#것#없어)
```

음운론의 대상은 순수음운론과 형태음운론으로 나뉜다. 순수음운론은 형태론적, 통사론적, 의미론적 정보 없이 순수하게 변별적 자질, 음절, 음소 목록 및 운소 목록, 음운 체계, 음소 배열 및 운소 배열에 대해 연구하는 것이다. 형태음운론은 좁게는 형태소 경계에서의 음운 현상을 다루는 것이다. 형태소 경계에서의 음운 현상은 단어 경계에서의 음운 현상과 맞닿아 있는 경우가 많아서 자연스럽게 연구 범위가 넓어질 수 있다. 하나의 **기식군(breath-group)**을 이루는 단위까지 연구하게 되는 것이다.

> 발화음운론이라 하여 짧은 발화에서부터 문장 단위의 억양 등이 연구되기도 한다.(불이야/불이야?', '누가who 왔니?/누가 someone 왔니?')

> 기식군은 끊어서 발화하는 호흡 단위를 말하는 것이다. '먹을#거도#없구먼'을 한 호흡 단위로 발화할 수도 있고 두 호흡 단위로 발화할 수도 있다. '머글꺼도'와 '업꾸먼'을 끊어서 발화한다면 두 개의 기식군이 되는 셈이다.

위에 제시된 음운론의 대상은 공시적 연구는 물론 통시적 연구에도 그대로 적용된다. 음소의 변별적 자질 및 음절 구조는 어떻게 바뀌었으며 음운 체계 또한 어떻게 변했는지 또 경계에서 어떤 음운 현상이 생겨나고 어떤 음운 현상이 소실되었는지 체계적으로 연구할 수 있다.

1.3. 음성과 음운의 차이

우리는 아래 이미지를 보고 상추와 상추가 아닌 것을 구분해 낼 수 있다. 흥미로운 것은 상추의 모양과 크기가 다르더라도 저렇게 생긴 것은 상추라는 인식이 있다는 것이다. 그러한 인식의 테두리를 벗어나면 상추가 아닌 것으로 간주한다. 위 이미지에서 '상추-열무-상추'순 배열을 확인할 수 있다. 이

배열을 음성 '랄'에 대응시키자. 양쪽의 상추는 'ㄹ'이라 가정하고, 중간의 열무는 모음 'ㅏ'라 가정하자. '랄'을 발음했다고 하면 초성 'ㄹ'과 종성 'ㄹ'은 물리적으로 매우 다르다. 바로 위 사진의 상추 생김새가 다른 것에 대응된다. 초성의 'ㄹ'과 종성의 'ㄹ'은 발음하는 방법이 다르고 입안에서 터치되는 위치도 조금 다르다. 이러면 **다른 소리**라고 해야 한다. 그런데도 우리는 이를 모두 'ㄹ'음이라고 인식한다. 바로 인식적 차원의 소리가 음운이며 조금이라도 다른 물리적 차원의 소리가 음성인 것이다. '밥'을 발음할 때도 마찬가지이다. 초성의 'ㅂ'은 기류가 입술 밖으로 조금 나오는 데 반해 종성의 'ㅂ'은 그 기류가 입술에서 막히게 된다. 음성적으로 다른 음을 낸 것이다. 그런데 우리는 어떤 사람이 'ㅂ'과 'ㅏ', 'ㅂ'을 발음했다고 판단한다. 이것이 바로 음운의 차원이다. 파열음 [pʰ]과 **불파음** [p̚]으로 구분하는 것은 음성적 차원이다. 이를 'ㅂ'의 이음(異音, allophone)이라고 한다.

이들을 편의상 설타음 'ㄹ[r]', 설측음 'ㄹ[l]'이라 부른다. 음성적 차원의 (변)이음일 뿐이다.

불파음(不破音)을 미파음(未破音)이라고도 하나, 불파음이 보다 명료한 술어이다.

1.4. 기본형과 기저형의 차이

기본형은 basic form, 기저형은 underlying form을 번역한 것이다. 인간의 언어능력을 고려하면 뉘앙스상 뇌 깊숙한 내적 장치에 대응되는 기저형이 보다 명료해 보인다.

다음에서 어간의 기본형을 설정해 보자.

　　잡다, 잡고, 잡으면, 잡아, 잡았고, 잡았으니까…

단순하게 접근하더라도 '잡-'을 기본형으로 설정할 것이다. 좀 더 특별한

사전 내지 학교문법에서의 기본형은 용언의 경우에만 적용된다. 활용형 '잡다', '잡으면', '잡아' 등에서 어느 하나를 택하는 관점이 학교문법에서의 기본형이다. 우리는 '잡다'를 선택해 그것을 기본형으로 부른다. 활용형 중 대표형이라고 생각하면 된다. 학문문법에서 말하는 기본형은 어간에도 있고 어미에도 있다는 것이다. 어간의 기본형도 하나를 설정하고 어미의 기본형도 하나를 설정하는 것이다. 다만 인간의 언어능력을 고려한 기저형은 하나를 설정할 수도 있고 경우에 따라 둘 이상을 설정할 수도 있다. 하나를 설정해서 언어능력을 설명할 수 없는 경우 두 가지 이상을 기저형으로 설정할 수 있다는 것이다. 이를 복수기저형 내지 다중기저형이라 한다.

경우를 생각해 보자.

　생소하게 들릴지 모르지만 '공책이든', '노트든'에서 조사의 기본형을 설정해 보자. 위와 다른 점이 있을 수 있다.

　'공책이든', '노트든'에서 '공책'과 '노트'에 결합된 조사는 '이든'과 '든'이다. 어느 하나를 택하는 것이 설명력을 갖는다면 더할 나위 없이 좋다. '이든'을 기본형으로 설정하고 모음으로 끝날 때에는 '이'가 탈락한다고 하면 된다. 아니면 '든'을 기본형으로 설정하고 자음 뒤에서는 '이'가 삽입된다고 보면 된다. 다음도 마찬가지이다. '공책으로', '노트로'에서 '공책'과 '노트'에 결합된 조사는 '으로'와 '로'이다. 기본형은 무엇인가? '으로'를 기본형으로 설정하고 명사가 모음으로 끝나는 경우('ㄹ' 포함)에는 '으'가 탈락한다고 하면 된다(노트+으로 → 노트로). 아니면 '로'를 기본형으로 설정하고 명사가 자음으로 끝나는 경우에는 '으'가 삽입된다고 보면 된다(공책+로 → 공책으로, 또 다른 세 번째 방법은 후술됨).

　'(물)이/(배)가' 중에는 무엇을 기본형으로 정해야 하는가? 어느 하나로 다른 하나를 설명하기 어려워진다. 기본형은 그래도 하나를 설정해야 한다. 기본형이니 말이다. '잡다, 잡으면, 잡아'를 '덥다, 더우면, 더워'와 대비해 보자. 우리가 알고 있는 기본형은 '잡-'과 '덥-'이다. 각 **패러다임**(paradigm)에서 두 번째 형태 '잡으면'과 '더우면'에 이르면 큰 차이, 'ㅂ'의 유무를 확인할 수 있는데도 그 차이는 그다지 중요하지 않다. 기본형은 활용형 중 아무거나 하나를 택하면 된다. 하나를 택하는 것과 달리 기저형은 인간의 언어능력을 고려하여 설정되어야 한다. 무조건 '잡-', '덥-'으로 설정하지 않는다. '덥-', '더우-'는 환경에 따라 교체된 것이다. 기저형의 관점은 하나를 택해 다른 하나를 설명할 수 있어야 한다. 그런데 어느 하나라도 다른 하나를 제대로 설명할 수 없다. 이런 경우 두 가지 모두를 택하는 것이 기저형의 관점이다. 이게 무슨 인간의 언어능력이냐고 할지 모른다. 다만 모음어미와 결합할 때에는 '더우-', 자음어미나 **매개모음어미**와 결합할 때에는 '덥-'이 선택되는 것으로

활용 패러다임: 먹고, 먹으니, 먹어, 먹었고, 먹었으니, 먹었어, 먹었겠고, 먹었겠는데…
곡용 패러다임: 산, 산이, 산을, 산도, 산처럼, 산만큼, 산만큼도, 산까지, 산까지는, 산에서처럼은…
cf. 영어의 패러다임: sing-sang-sung, book-books

'-으니', '-으면' 등을 매개모음어미라고 하는데 '매개모음으로 시작하는 어미'라는 뜻이다. 편의상 매개모음어미라 칭한다. '자음어미', '모음어미'도 같은 맥락이다. 매개모음어미는 '으'계 어미, '으X' 어미라고도 한다.

이해하면 된다. 머릿속에서 그렇게 작동한다고 이해하는 것이다. 화자의 어휘부에서 어미 '-어'가 선택되었을 때 warm의 의미를 가진 형태, '더우-'를 선택한 후 관련 음운 규칙을 적용하여 발화하는 것이다. 그것이 바로 '더우+어 → 더워'로 표시된다. 반모음화 규칙이 적용된 것이다.

1.5. 제약과 규칙

다음과 같은 음소 배열 제약을 잘 알고 있다. 한국어에서 확인되는 대표적인 음소 배열 제약이다.

비음 앞에는 파열음이 놓일 수 없다.
'ㄹ-ㄴ'은 나란히 놓일 수 없다.

위에 제시된 **음소 배열 제약**으로 인해 몇몇 규칙이 파생되는데 아래에서는 비음화 규칙을 확인할 수 있다.

'잃+는 → 일는 → 일른'에서도 'ㄹ-ㄴ' 연쇄는 확인된다. 이와 '듣+는 → 드는'의 차이를 관찰해 보자. 형태소 경계에서의 음운 현상과 형태소 경계가 소멸된 후의 음운 현상이 차이를 보인다.

> 입+는 → 임는   받+는 → 반는   먹+는 → 멍는
> '파열음-비음' 배열 제약에 의한 비음화

다음에서는 'ㄹ-ㄴ'은 나란히 놓일 수 없다는 제약으로 인해 유음 탈락 규칙이나 유음화 규칙이 파생됨을 확인할 수 있다.

'먹+는 → 멍는' 유형과 달리 '(지+어 →)져 → 저' 유형만 음소 배열 제약이라 보는 관점이 일반화되고 있다. 전자는 단순한 음소 배열 차원을 넘어서 음절말이라는 환경과 음절초라는 환경을 중시하는 음절 배열 제약으로 불린다. 이 책에서는 일단은 구분하지 않고 음절 배열 제약도 음소 배열 제약에 포함시킨다. 어려운 개념 하나를 이해했는데 또 다른 어려움에 봉착하는 것을 막기 위함이다.

> 듣+는 → 드는
> 'ㄹ-ㄴ' 배열 제약에 의한 유음 탈락

'듣+는'에서의 'ㄹ-ㄴ'은 연이어 발음될 수 없다. '**ㄹ-ㄴ' 연쇄**로 보건대 한

국인이 발음할 수 있는 방법은 '들른'과 '든는', 드는' 세 가지이다. 어간과 어미의 결합에서는 세 번째 방식으로만 발화한다.

제약에 의해 파생되는 규칙이라는 관점에서 제약이 상위에 있음을 확인할 수 있다.

1.6. 공시론과 통시론

친구 A와 말다툼을 하게 되었다. 그런데 1분 전부터 친한 친구 B가 옆에서 지켜보고 있다. 친구 B가 글쓴이에게 보내는 사인은 바로 '니가 오해했구먼, 니 잘못이야'라는 정도이다. 글쓴이가 억지를 쓰는 것으로 보인 모양이다. 글쓴이는 일부러 옛날 얘기를 꺼내면서 말다툼을 이어간다. "야, 니가 일전에 그랬잖아. 또 그 며칠 후 이런저런 약속을 해 놓고 이제 와서 왜 그래" 자초지종까지 듣게 된 친구 B가 갑자기 A를 나무란다.

다툼이 일어난 그 순간을 보고 판단하는 것이 바로 공시론에 대응되는 것이고 자초지종까지 고려해 보고 판단하는 것이 통시론에 대응되는 것이다. 곧 시간 개념을 고려한 역사적인 연구가 통시론인 셈이다. 말다툼의 예로 보건대, 어떻게 보면 통시론에만 의미를 부여할 수 있다. 그런데 한 사람이 이전에 잘못을 저질렀다고 해도 현재 그것을 깊이 반성하고 새로운 전기를 마련할 수도 있다. 전혀 다른 사람이 되었다. 또 다툼하는 그 찰나를 통해서도 평가할 일이 있는 것이다. 그러니 공시론도 중요하다. 인생이 아니라 특히 화자의 언어능력에 관한 한, 통시론은 공시론에 밀릴 수 있다. 우리의 언어능력을 밝히는 데 이전 시기의 /ㆍ/, /ㅸ/, /ㅿ/을 동원할 필요는 없기 때문이다. 서울 토박이, 경주 토박이의 언어능력을 이해하는 데 이전 시기의 언어 사실은 필요치 않다는 것이다. 우리가 이전 시기의 언어 사실을 고려하여 발화하는 것은 아니다. 일반인이라면 이전 시기의 언어 사실을 알 수도 없기 때문이다. 즉 언어 수행은 이전 시기의 언어적 사실과는 관계없으니 언어 연구의 목표가 화자의 언어능력을 밝히는 것이라면 당연히 현재의 언어 사실만이 중요할 뿐이다. 그래서 현재의 규칙으로 이해할 수 있는 것만을 공시론으로 설정하면 된다.

> '아드님', '따님' 부류
> '달+님 → 달림', '별ː+님 → 별ː림' 부류
> '쓸+는 → 쓰는', '쓸+신다 → 쓰신다' 부류
> '밥+도 → 밥또', '밥+만 → 밤만' 부류

역순으로 설명해 보자. 네 번째 제시된 '밥+도 → 밥또, 밥+만 → 밤만' 부류는 모든 연구자들이 공시적 환경으로 인정한다. 조사 '도'는 '또'로 교체되기도 하고 어간 '밥'은 '밤'으로 교체되기도 한다. 교체형이 존재한다는 것이 공시적 현상으로 보는 결정적 증거이다. 세 번째 부류, 즉 활용형들의 경우, 어간과 어미가 의존적이라서 활용형 그 자체를 기억한다고 생각하는 것이다. 일리 있는 말일 수 있다.

주고, 주니, 조

'주-'에 어미를 결합하여 모음어미 통합형 '조'를 이끌어내는 것은 매우 부자연스럽다. 그래서 활용형 그 자체는 **어휘부**에 등재된 것이라 파악한다. 그러면 '주고', '주니'도 외우고 있는 것인가에 대해서는 의문이 생긴다. 여기에서는 분명히 '주+고', '주+(으)니'와 같은 분석이 작용할 가능성이 크다. 또 모음어미 통합형이라 할지라도 '좄다', '좄으니', '좄겠지', '좄겠는데', '조도', '조라', '조서' 등을 모두 화자들이 외우고 있다고, 즉 어휘부에 등재된 것이라 판단하는 것은 무리다. 적어도 어휘부에 등재되는 것은 '조(X)' 정도라고 해야지 모음어미 통합형 수십 개가 모두 어휘부에 저장되는 것은 아닐 것이다. 그래서 위 패러다임의 기저형은 '주-(자음어미, 매개모음어미와 통합됨)',

의미 정보, 문법 정보 등을 저장해 두는 장치를 어휘부(lexicon)라 한다. 사람마다 어휘부가 다르다. 그래서 알고 있는 단어도 사람마다 차이가 있다. 이러한 어휘부를 표준화하려 한 것이 ≪표준국어대사전≫이다.

'조-(모음어미와 통합됨)', 복수기저형인 셈이다. 복수기저형은 어휘부에 두 기저형이 저장된다는 것이다. 일단은 어휘부에 저장되는 것이 단수기저형은 아니지만 '좠다', '좠으니', '조도' 등이 어휘부에 그대로 등재되는 것이 아니라 '조(X)' 정도로 등재되니 이후 결합 과정 등은 공시적인 틀 안에 넣을 수 있겠다.

세 번째 부류(쓸+는, 쓸+신다)에 대해 보다 구체적으로 살펴보자. '쓸+고'에서는 '쓸'이, '쓸+는'과 '쓸+신다'에서는 '쓰'가 확인된다. 이와 같이 교체형이 있는 경우를 공시적이라 보는 입장이 사실은 안전하다. 친구의 원래 모습도 주기적으로 잘 인식되고 면도를 한 모습도 주기적으로 잘 인식된다면 그 교체는 익숙하다고 하면 될까? 'ㄹ'이 어간말에 존재하다가 상황에 따라 없어지기도 하면 화자들은 그것을 충분히 현재의 변동이라고 인식할 수 있다는 뜻이다.

형태소는 단어 형성에 적극적으로 참여하는 것과 그렇지 않은 것으로 구분되는데 전자를 형성소, 후자를 구성소라 부르기도 한다. '죽음(죽+음)'과 '주검(죽+엄)'을 통해 접사라도 생산성이 높은 형성소(-음), 생산성이 낮은 구성소(-엄)가 있음을 확인할 수 있다.

문제는 첫 번째, 두 번째 부류이다. 접사 '-님'은 **생산성**이 높은 편이다. 어미나 조사에는 미칠 수 없지만 그래도 생산성이 매우 높다고 판단해야 한다. 생산성에 대한 지수 자체가 기준을 정하기 어렵다는 측면에서 문제가 될 수는 있으나 두 번째 부류를 공시적인 것으로 파악할 수 있는 여지는 있다. 이 책에서는 일단 두 번째 부류를 공시적인 것으로 파악하여 ' > '이 아니라 ' → '로 선후 과정을 표시한다. 이 부류에는 '국그릇', '두릅나물', '낯익다', '먹-이', '울-음', '친절-히', '자식-답다'처럼 단어를 형성하는 데 적극적으로 참여하는 성분이 포함된다.

파생과 합성을 공시적 영역 안으로 가져오는 방식 — 'ㅅ가(시냇가)', 'ㅅ길(갓길)' 등 'ㅅ' 전치명사 부류에 대해서도 기술하는 방식이 다르지만 — 에 대해서는 이견이 꽤 존재한다. 다만 이 교재는 화자의 성분에 대한 언어능력도 고려하고자 하는 입장이다. 형태에 대한 인식을 중요시한다. 어떻게 보면 한글맞춤법의 정신과 유사하다.

다만 첫 번째 부류는 유음이 탈락되지 않는 **'달님', '별·님'**과 대비해 보건대 어휘부에 저장되는 것으로 이해하는 편이 합리적이다. 그 자체가 어휘부에 저장된다는 것은 공시적인 설명을 할 수 없다는 뜻이다. 공시적 연구의 대상이 아니라는 뜻이다. 화자의 언어능력과 관계없는 어휘부 등재 형태임에 틀림없다.

한편, 형태소 경계가 아니라도 공시적인 현상처럼 보이는 것이 있다.

있+으니 → 이씨니

cf. 먹+으니 → 머그니

쓸개>씰개, 쓸데 없는 소리>씰데 없는 소리, **쓰다>씨다**

첫 번째 '있+으니 → 이씨니' 유형은 형태소 경계이므로 교체가 있는 유형이다. '먹으니'에서의 '으니'가 '이씨니'에서는 '이니'로 교체되었기 때문이다. 공시적 환경이다. 두 번째 부류에서는 교체형을 찾을 수 없다. 이에 이전 시기에는 '쓸', '쓰'로, 현 시기에는 '씰', '씨'로 파악하여 통시적인 것으로 처리한다.

국어사전에는 '이놈아'의 준말로 '인마'가 등재되어 있다. 그런데 수용자가 느끼는 둘의 어감은 매우 다르다. 그 어감을 차치하더라도 이를 공시적 현상, '이놈아 → 인마'으로 처리하기 어렵다. '이놈이'는 '인미', '이놈을'은 '인믈'로 변동할 수 없으니 말이다. 음운론적으로 설명할 수 없는 현상은 통시적 변화의 산물이다. 마찬가지로 '나물+이에요'에서의 '-이에요'도 공시적으로 설명할 수 없다. '나물이어야'는 '나물이에야'로 바뀌지 않기 때문이다. '**이어요>이에요**'와 달리 '이어야 → 이여야', '이어요 → 이여요', '이에요 → 이예요'류는 공시적인 반모음(j) 첨가 규칙으로 이해할 수 있다.

> 80년대만 해도 경상도의 노년층 제보자는 '씨고', '씨니', '씨지'처럼 '씨'로만 발화하는 것이 일반적이었다. 당시는 기저형이 '씨-'이므로 '쓰'와 관련시킬 수 없다. 이후 2000년대 이후로는 교육의 영향, 접촉의 영향으로 수의적으로 '쓰고', '쓰니', '쓰지' 등도 확인되었다. 이러한 수의적 형태 '쓰고~씨고'의 경우를 '쓰-'에서 '씨-'로 변했다고 하는 것은 당연히 어불성설이다. 경상도의 '아부지~아버지', '어무이~어머니' 등도, 함경도의 '넨세~년세~연세', '넘원~염원'도 같은 맥락으로 파악해야 한다.

> 중부방언의 '가셔요>가세요'도 공시적으로 설명할 수 없다. 환경이 동일한 '가셔야'는 '가세야'로 변하지 않기 때문이다.

보충 **언어능력에 따른 교체형의 상이**

공시론의 대상에 대한 연구가 본격화된 70년대에는 노년층의 경우 문맹률이 꽤 높았다. 그런 점에서 토박이 화자의 언어능력은 문자에 기대어 표현될 수가 없었다. 그러니 화자가 인식할 수 있는, 이른바 활용과 곡용에서의 교체형의 존재란 공시론에서 매우 중요한 요소였다. 식자층의 언어능력은 한자 지식과 관련해서 다를 수 있었다. '천방', '신부전' 등의 경우 식자층의 기저형은 당연히 '천방', '**신부전**'이었을 것이다. 반

> 신장과 관계된 신부전(腎不全)이다. 심부전(心不全)과는 다르다. 한자 지식이 없다면 이 둘은 청취나 발화에서 구분되기 어렵다.

면 비식자층은 그 기저형을 '첨방', '심부전'으로 파악할 수밖에 없었을 것이다. 글자를 모른다면 소리대로 인식할 수밖에 없었다는 뜻이다. 글쓴이도 어릴 때 즉 한자 지식이 없었을 때 '첨방', '심부전'으로 인식한 적이 있었다. '인류(cf. 인생, 인간)'에서의 유음화도 화자의 성분 인식 정도에 따라 공시성 판단이 다를 수 있다. 어떤 사람은 '일류'를 기저형으로, 어떤 사람은 '인류'를 기저형으로 삼을 수 있겠다. 후자는 '사람 인(人)'에 대한 언어능력이 고려된 것이다. 세대별 기저형, 화자별 기저형이 다를 수 있음도 고려된다면 공시성 판단은 다소 유동적일 수도 있겠다. 이는 화자의 형태에 대한 인식에 기초한 견해이다.

다만 식자층이든 아니든 '국물'은 '궁물'로 인식되지 않았을 것이라 판단된다. '국'과 '물'이 단독으로도 사용되고 '국빱', '궁물'에서 '국', '궁'의 교체형도 확인되기 때문이다. 그래서 '국+물 → 궁물' 유형은 공시적으로 판단한다는 것이다. 그러면 '원룸'도 화자의 언어능력, 즉 one과 room에 대한 인식 여부에 따라 공시적인 것으로 처리될 수도 있다.

| 보충 | 소리대로 적기 |

음운론을 공부하기 위해서는 무엇보다 먼저 소리대로 적을 줄 알아야 한다. 이것이 안 되면 음운론은 한없이 어려워진다.

다음은 영화 '수상한 그녀'에서 배우 심은경이 불렀던 '빗물'을 소리 나는 대로 적은 것이다. 틀린 곳 한 군데를 찾아보자.

▌빗 물
  조용히 비가 내리네 추어글 마래 주드시
  이러케 비가 내리면 그나리 생가기 나네
  온끼슬 세워 주면서 우사늘 받쳐 준 사람

오늘도 일찌 모타고 비쏘글 혼자서 가네.

어디예선가 나를 부르며 다가오고 인는 걷까타

도라보며는 아무도 업꼬 쓸쓰라게 내리는 빈물 빈물

조용히 비가 내리네 추어글 달래 주드시

이러케 비가 내리면 그 사람 생가기 나네.

※ 노래라는 측면을 고려하여 편의상 '**조용히**', '**어디예선가**'로 적는다.

다음에는 김춘수 시인의 '꽃을 위한 서시'가 제시되어 있다. 시 전문을 소리 나는 대로 적어 보자.

일상 발화에서는 '조용히~조용이', '어디에선가~어디예선가'와 같이 수의성을 보이지만 음표에 얹히는 노랫말인 경우 '조용히', '어디예선가'처럼 불릴 확률이 높다.

▌**꽃을 위한 서시(序詩)**

나는 시방 위험(危險)한 짐승이다.

나의 손이 닿으면 너는

미지(未知)의 까마득한 어둠이 된다.

존재의 흔들리는 가지 끝에서

너는 이름도 없이 피었다 진다.

눈시울에 젖어드는 이 무명(無名)의 어둠에

추억(追憶)의 한 접시 불을 밝히고

나는 한밤 내 운다.

나의 울음은 차츰 아닌 밤 돌개바람이 되어

탑(塔)을 흔들다가

돌에까지 스미면 금(金)이 될 것이다.

…… 얼굴을 가린 나의 신부(新婦)여.

앞서 살펴본 바와 같이 끊어서 발화하는 단위를 기식군이라 한다. 어절 단위로 ⑳을 적으면 다음과 같다.

당신 없인 절대 못 살 것 같아

다음은 어떤 화자의 발음을 고려하여 **기식군(breath-group)** 단위로 적은 것이다. 소리 나는 대로 써 보자.

① 국어국문학과 입학생   ② 독립신문 간행시점

③ 구속영장 기각사건   ④ 참외밭이 넓진않군요

⑤ 어떡한다고 했겠어   ⑥ 속전속결로 힘껏내리쳤습니다

⑦ 역겨워 가실적에도 괜찮더라   ⑧ 꽃길이라 생각할거잖아

⑨ 물놀일한후 삼양라면끓였죠   ⑩ 어쨌든 잘 쳐졌겠네

⑪ 나뭇잎이 떨어졌구나   ⑫ 신뢰가 계속해서 쌓일겁니다

⑬ 담벼락에 부딪혔을지라도   ⑭ 젊은 작은아버지와 밀접해졌겠지

⑮ 어떻든 눈에 밟힐것이어요   ⑯ 잡지를 두손으로잡고 읽는척했으니

⑰ 물질적보상과 관련될사항이죠   ⑱ 답란작성은 어쩔수없었니

⑲ 백열여덟장 앞면뒷면분리   ⑳ 당신없인 절대못살것같아

※ 관련 사항은 108쪽, 109쪽에서 쉽게 설명되어 있다. isk88@naver.com으로 질문도 가능하다.

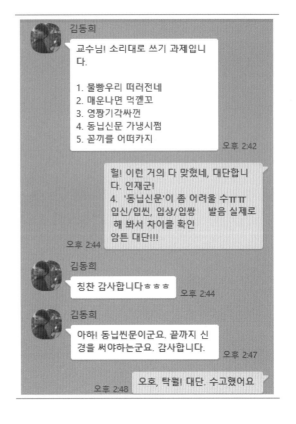

김동희

교수님! 소리대로 쓰기 과제입니다.

1. 물빵우리 떠러전네
2. 매운나면 먹껟꼬
3. 영짱기각싸껀
4. 동닙신문 가냉시쩜
5. 끋끼를 어떠카지

오후 2:42

헐! 이런 거의 다 맞혔네, 대단합니다. 인재군!
4. '동닙신문'이 좀 어려울 수ㅠㅠ
입신/입씬, 입상/입쌍 발음 실제로 해 봐서 차이를 확인
암튼 대단!!!

오후 2:44

김동희

칭찬 감사합니다ㅎㅎㅎ   오후 2:44

김동희

아하! 동닙씬문이군요. 끝까지 신경을 써야하는군요. 감사합니다.

오후 2:47

오호, 탁월! 대단. 수고했어요

오후 2:48

자음과 모음

2

폐에서 나온 기류는 발음되기 전 특정 위치에서 방해를 받을 수 있다. '츠' 발음을 5초간 해 보자. 입천장 주위에서 방해를 받는다는 것을 쉽게 알 수 있을 것이다. 다음으로 5초간 'ㅏ' 발음을 해 보자. 성대가 울리는 것 외에는 특별한 느낌이 없다. 기류가 방해를 받지 않는다는 말이다. 일반적으로 기류가 방해를 받으면 자음(consonant), 기류가 방해를 받지 않으면 모음(vowel)이라고 한다.

2.1. 자음

누군가 한국어의 자음 수에 대해 물어 온다면 보통 사람들은 '**기역 니은 디귿** 리을 미음 비읍 시옷 이응 지읒…' 혹은 '가 나 다 라 마 바 사 아 자…' 등을 떠올린다. 이들을 모두 헤아리면 14개가 된다. 여기에 'ㄲ, ㄸ, ㅃ, ㅆ, ㅉ'를 합하면 한국어의 자음 19개를 모두 대답한 것이다. 그중에서도 'ㄱ, ㄴ, ㄷ, ㄹ, ㅁ, ㅂ, ㅅ, ㅇ'에 대해서 학습하고 나면 자음에 대해서는 웬만히 안다

고 대답할 수 있다. 파열음, 마찰음, 비음, 유음 등의 속성을 어느 정도 이해할 수 있을 뿐만 아니라 이들을 종성에서 발음해 보면서 7개 자음이 놓일 수 있다는 **종성 제약**까지도 이해할 수 있다.

이들 자음은 조음방식에 따라 분류되기도 하고 조음위치에 따라 분류되기도 한다.

초성의 '스'를 발음하는 느낌으로 '옷'을 발음해 보자. '옷'의 종성을 파열시키지 말고 '오스'처럼 기류를 마찰시키면서 방출하면 평상시 '옷'의 발음과 다르다. 그러니 'ㅅ'은 종성에 올 수 없다고 하는 것이다.

2.1.1. 조음방식

조음방식에 따라서는 파열음, 마찰음, 파찰음, 비음, 유음으로 분류된다.

파열음: 폐에서 나온 기류는 입술이나 입천장 등에서 심한 저지를 받을 수 있다. 가능한 한 큰 소리로 '프' 발음을 해 보자. 크게 발음하려면 그만큼의 준비 과정도 필요하겠다. 숨을 크게 들이쉰 상태에서 '프'를 발음하기 바로 직전까지 가 보자. 그러면 자연스럽게 입술이 다물어져 있을 것이다. 입술 주위에서 압력이 차야 발음할 준비를 제대로 한 것이다. 그런 상태를 10초간 유지하면 혈압이 엄청 올라가게 된다. 고비를 넘기려면 입술을 벌려야 한다. 다음과 같은 과정이다.

다음 문장에서 'ㅂ, ㄷ, ㄱ'이 파열음임을 익히자.

TV 보다가 브라운관이 파열되었다.

'보다가'에는 자음 'ㅂ', 'ㄷ', 'ㄱ'이 보인다. 이들이 바로 파열음이다. 종성 7가지는 'ㅂ, ㄷ, ㄱ' 셋을 한 부류로 외우고 그 나머지를 또 다른 부류로 외우는 것이 경제적이다. 다른 부류는 바로 'ㅁ, ㄴ, ㅇ, ㄹ'이다.
이들 부류의 구분을 통해 맞춤법에도 유용하게 활용할 수 있다.
• 용납하지 → 용납지(ㅂ), 산뜻지(ㄷ), 생각지(ㄱ)
• 가능하지 → 가능치(ㅁ), 안전치(ㄴ), 감당치(ㅇ), 발달치(ㄹ)
cf. 규제치(모음)

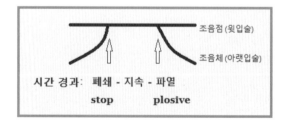

위 그림에는 '폐쇄-지속-파열'의 세 단계가 나타나 있다. 대표적인 **파열음**으로는 'ㅂ[p]', 'ㄷ[t]', 'ㄱ[k]'을 들 수 있는데 이들 파열음(plosive)은 위의 세 단계를 거치게 된다. 아래에서 연구개의 폐쇄를 확인할 수 있다.

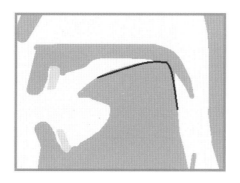

'ㅂ, ㄷ, ㄱ ; ㅃ, ㄸ, ㄲ ; ㅍ, ㅌ, ㅋ', 이들을 국어의 파열음이라고 하는데 평음, 경음, 유기음이 **삼중체계**를 이룬다. 삼중체계는 한국어를 매우 특징적으로 설명해 주는 도구이다. 평음과 경음, 특히 어두에서의 평음 발음이 매우 특이하다. '부산'의 로마자 표기를 Pusan으로 하나 Busan으로 하나 우리의 발음을 정확하게 표기한 것은 아니다. 로마자로는 제대로 표기할 수 없다. '부부'의 첫째 음절 'ㅂ'은 무성음으로, 둘째 음절 'ㅂ'은 유성음으로 실현되니 유성의 [b]만 알고 있는 외국인에게는 '부산', '부부'의 첫 음절 발음이 힘들 수밖에 없다.

후두파열음이라 불리는 것이 있다. 파열음이 무엇인가? 발음 준비 동작 시 압력이 차는 것이다. 무거운 물건을 들려 한다. '으라차차' 하는 괴성을 내고자 한다. 괴성이라 함은 좀 커야 하지 않겠는가? 괴성 '으라차차'를 발음하기 위해 준비 동작을 가져가 보자. 압력이 찰 것이다. 그러면 어디에서 압력이 차는지를 느껴야 한다. 바로 후두염이 걸리는 위치인 그 후두에 압력이 찬다. 기류가 새지 않도록 성문을 단단히 폐쇄해야 한다. 이런 음을 후두 파열음(성문 파열음)이라 한다.

마찰음: 파열음이 기류 저지를 심하게 받는 데 반해 마찰음은 심한 저지를 받지 않아서 구강의 압도 높아지지 않는다. '스'를 3초간 발음해 보라. 입천장 쪽이 계속 갈린다는 느낌이 있다. 갈리니 마찰음(fricative)이다. 한국어의

한국어의 마찰음은 삼중체계를 이루지 않는다. 'ㅅ', 'ㅆ'이 [긴장성TENSE]에서 차이를 보인다. 영어는 유성과 무성의 대립을 갖는다. [b]가 유성이고 [p]가 무성이다. 이 관계는 '[d]:[t]', '[g]:[k]', '[ʤ]:[ʧ]'에서도 확인된다. [b]는 음성기호이며, /b/는 음소 기호이다.

'으라차차'의 '으'와 보통의 '으'는 차원이 다르다. 전자의 '으'가 후두파열음에 가까울 텐데 국제음성기호 [ʔ]에 해당한다.

'저지, 저제'를 '저시', '저세'라고 한다면, '젓'으로 재구조화되었다고 한다. '쟞>젓'의 변화를 마찰음화라고 한다. 마찰음 'ㅅ'으로 변했기 때문이다.

마찰음에는 'ㅅ(ㅆ)'과 'ㅎ'이 있다. '형님'의 방언형 '성님'을 생각하면 마찰음 두 가지를 쉬 기억할 수 있다. '허' 또는 '헐'을 발음할 때 공기를 최대한 좁은 통로로 방출해 보라. 'ㅅ'만큼은 아니지만 성문 근처에서 미미하나마 마찰을 느낄 수 있을 것이다.

파찰음: 파찰음은 술어의 의미 그대로 파열음의 속성과 마찰음의 속성을 함께 지닌다. 파찰음(affricate)을 대표하는 '츠'를 엄청 세게 발음하려 해 보자. 준비 과정에서 압력이 차면 그것은 파열음의 속성이다. 압력을 해제하기 위해 파열을 시켜야 할 것이고 그 이후 몇 초 동안 갈리는 느낌을 받을 수 있겠다. 파열음을 폐쇄음이라고도 하니 폐찰음이라고 해도 무방하다. 파열음이 3단계 즉 '폐쇄-지속-파열'의 과정을 거친다면 파찰음은 '폐쇄-지속-파열-마찰'이라는 4단계의 과정을 거친다. 한국어의 **파찰음**도 삼중체계(ㅈ:ㅉ:ㅊ)를 보인다.

유음: 한국어에서 유음(liquids)은 'ㄹ'뿐이다. 'ㄹ'은 종성에서는 혀 옆 소리, 즉 설측음으로 실현되지만, 초성에서는 혀의 끝 중 그 바로 밑면을 입천장에 가볍게, 탄력 있게 터치해야 정상적인 발음으로 실현된다(아래 그림 참조). 이런 점에서 초성에서 발음되는 'ㄹ'을 탄설음(彈舌音), 설타음(舌打音)이라고 한다. 탄력 있게 치지 못하거나 혀 밑이 아닌 혀끝만 가지고 발음하다 보면 '바담 풍'이 될 수도 있다. 전동음(顫動音)이라는 음성도 있다. '드르르르륵'을 발음할 때 혀가 닿는 부분이 진동을 일으킬 수 있다. 즉 빠르게 떨면서 내는 소리라고 할 수 있다. 설측음(lateral)이든 탄설음(flap)이든 전동음(trill)이든 이는 모두 유음의 변이음이다.

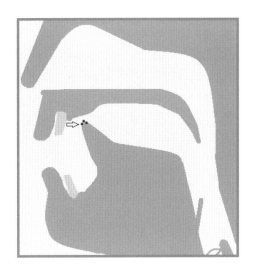

비음: 이상에서 살펴본 음들은 구강을 거쳐 입 밖으로 방출된다. 다만 'ㅁ, ㄴ, ㅇ'은 비강을 거쳐 기류가 방출되기에 비음(nasals)이라 한다. 코를 막고 '금연왕'을 발음해 보라. 발음이 제대로 안 될 것이다. 코를 막게 되면 '맘맘맘', '난난난', '앙앙앙'의 발음도 매우 어려워진다. 코를 막고 '랄랄랄'을 해 보라. 특별히 애로사항이 없다. 이로써 'ㄹ'과 'ㅁ, ㄴ, ㅇ'은 완전히 다른 부류라는 것을 알 수 있다.

보충 평음, 경음, 격음

평음은 보통 **예사소리**, 경음은 된소리, 격음은 거센소리로 불린다. 경음은 후두의 긴장성(+tense 緊張性), 격음은 유기성(+aspirate 有氣性)을 특징으로 한다. 경음은 성대를 꽉 닫으면서 조음하기에 기식(氣息, 숨)이 거의 없다고 해야 하며 유기음은 기식이 매우 많다고 해야 한다. 그래서 유기음을 연속으로 발음하면 기류에 침과 밥알이 섞여 나올 가능성이 매우 커진다. 경음은 기류에 침과 밥알이 섞여 나올 가능성이 매우 낮다고 볼 수 있다.

'된소리(경음)', '거센소리(격음)'에 대응하는 것은 '여린소리(평음)'일 것이다. '예사'는 한자어이다.

보충	장애음과 공명음

　　장애음은 기류의 장애 정도가 큰 음을 가리키며 공명음은 기류가 덜 막혀 울림의 정도가 다소 큰 음을 말한다. 울림의 정도가 크다는 말은 더 멀리 퍼져 나갈 수 있는 속성도 지닌다. 장애음(obstruent)에는 파열음, 마찰음, 파찰음이 있으며 공명음(sonorant)에는 비음과 유음이 있다. 또 모음과 반모음도 공명음에 속한다.

　　학교문법(규범문법)에서는 'ㅁ, ㄴ, ㅇ, ㄹ'과 모든 모음을 유성음(울림소리)이라 한다. 그런데 'ㅂ, ㄷ, ㄱ' 등도 특정 환경에서는 유성음이 될 수 있다는 것이 문제이다. '바보(pabo)/범벅(pəmbək)', '바다/방도(pada/paŋdo)', '바구니/발견(paguni/palgjən)', '바지/반지(padʒi/pandʒi)' 등의 둘째 음절 초성은 첫째 음절 초성과 달리 모두 성대를 울리는 유성음으로 실현된다. 따라서 'ㅁ, ㄴ, ㅇ, ㄹ'과 모든 모음은 **공명음**이라 하는 것이 바람직하다.

> IPA(International Phonetic Alphabet) [ɕ], [ʑ] 에 비해 [ʧ], [ʤ]가 변이음 학습에 유리하기에 'padʒi/pandʒi'로 전사한다.
>
> 모든 공명음은 유성음에 속하지만 그 역은 성립되지 않는다.

2.1.2. 조음위치

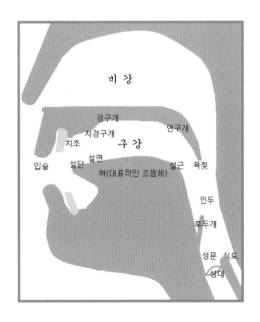

한국어의 자음이 발음되는 위치는 5곳이다. 일단 'ㅂ' 발음을 할 수 있는 두 입술을 생각해 볼 수 있다. 그리고 다음에서 네 곳을 더 확인할 수 있다.

앞니 바로 뒤쪽 잇몸이 시작하는 부분, 인간이라면 그 부분이 볼록 튀어나와 있어야 한다. 거기가 바로 치경(치조)이다. 앞니 뒤 볼록 튀어나온 부분에서 혀를 대고 혀끝을 뒤로 조금 후퇴시키다 보면 오돌토돌한 부분이 나오는데 거기가 치경구개이고 갑자기 동굴 입구처럼 천장이 형성되는 그 지점, 거기가 바로 경구개이다. 딱딱한 입천장이라는 뜻이다. 동굴 입구가 시작하는 부분에 혀끝을 대고 계속 뒤로 이동하면 드디어 연한 부분 내지 물렁물렁한 부분이 나타나는데 거기가 바로 연구개이다. 거기서 혀끝을 더 뒤로 빼면 **목젖**을 터치할 수 있다. 실제로 그런 한국인은 없을 것이다. 목젖 아래에는 성대가 있는데 양쪽 성대 사이의 좁은 틈이 **성문(glottis)**이다.

이상에서 살펴본 다섯 위치에서 나는 음을 차례로 양순음, 치경음, 치경구개음, 연구개음, 성문음[후두음]이라 한다.

양순음: 'ㅂ', 'ㅃ', 'ㅍ'은 두 입술로 발음한다고 해서 양순음(혹은 순음)이라 한다. 'ㅁ'도 두 입술을 사용해야 하니 당연히 양순음이다. 중세국어에는 '수ᄫᅵ'에서와 같이 'ㅸ(ㅂ 순경음)' 있었다. 이도 두 입술을 사용하니 양순음이다. 현대국어의 'ㅂ'과 크게 다른 점이 바로 [+마찰성]이다. 그래서 'ㅸ'을 **유성양순마찰음**이라 한다.

치경음: 앞니 바로 뒤에는 볼록한 부분, 치경[잇몸, 치조]이 있다. 여기에서 발음되는 음 — 'ㅅ', 'ㄹ'의 조음위치가 다소 특이하지만 — 을 치경음 또는 치조음이라 한다. '나'와 '다'를 발음해 보면 혀끝이 앞니에 닿을 수 있다. 확실한 것은 '자'의 경우는 앞니와 닿는 부분이 없다는 것이다. 'ㅅ'이 사실 문제인데 '사'를 발음해 보면 혀끝이 앞니에 닿지 않음을 알 수 있다. 그렇다고 'ㅈ'이 발음되는 위치까지는 후퇴하지 않는다. 치경음에 속하는 자음으로는 'ㄴ, ㄷ, ㄸ, ㅌ, **ㅅ, ㅆ, ㄹ**'이 있다.

목젖을 떨면서 내는 음은 한국어에는 없다. '봉주르'의 'ㄹ', '파리'의 'ㄹ'은 실제 프랑스어 발음이 아니다. 목젖을 떨면서 발음해야 한다.

후두(larynx, 喉頭)의 시작 부분이 성문이라 할 수 있는데 음식물이 기도로 넘어가지 않도록 성문을 막아 주는 것이 있다. 그것이 후두개(epiglottis)이다.

'부부'에서 어두 'ㅂ'은 무성음이고 어중 'ㅂ'은 유성음이다. 'ㅸ'은 항상 유성음으로 실현된다. 그래서 이를 '유성양순마찰음'이라 한다. 'ㅃ', 'ㅍ'은 항상 무성음으로 실현되므로 '무성양순파열음'이라 한다.

'ㅅ'과 마찬가지로 'ㄹ'도 'ㄴ'이 발음되는 위치보다는 조금 뒤에서 발음된다. 여기에서는 일반적인 견해를 좇아 'ㅅ'과 'ㄹ'을 치경음으로 분류한다. 외국인 학자들이 한국어의 'ㅅ', 'ㄹ'을 특이하다고 한다. 치경인지 치경구개인지 구분하는 것이 명쾌하지 않다면 이들을 한꺼번에 지칭하는 방법도 있다. 설정성 자음이라고 해도 되고 전설자음이라 해도 된다. 전설자음은 전설모음과 연계되는 술어이니 그 나름대로 이점이 있다.

치경구개음: wash의 [ʃ], watch의 [ʧ]는 IPA에 따르면 후치경음(postalveolar)이다. 한국어의 'ㅈ', 'ㅉ', 'ㅊ'은 [ʃ], [ʧ], 두 음의 조음위치보다는 앞쪽에서 발음된다. 그렇다고 **치경**에서 발음되는 것은 아니다. 그래서 치경구개음(alveolo-palatal)으로 파악한다. 발음 '나', '다'와 달리 '자'는 혀끝이 잇몸에 닿는 것은 아니다. 반면 '나', '다' 발음은 혀끝이 앞니 뒤 볼록 튀어나온 부분, 치경에 닿아야 하는데 그러다 보면 자동적으로 앞니를 치게 된다.

연구개음: 연구개에서 발음되는 음이 'ㄱ' 이다. 'ㅇ'은 종성에만 나타나는데 바로 '방'의 종성이 연구개에서 발음된다. 삼중체계를 고려하면 'ㄱ' 외 경음 'ㄲ', 유기음 'ㅋ'이 연구개음에 속한다.

후두음: 후두에서 발음되는 음을 성문음 또는 후두음이라 한다. 'ㅎ'이 대표적이다. 앞서 자음의 조음방식에서 살펴본 파열음 [ʔ]이 후두음이다. 이 음은 중세국어의 'ㆆ'에 대응된다. '니르고져 홇 배 이셔도'에서 'ㆆ'을 확인할 수 있다. 후두를 긴장시켜야 하기에 '홀빼'로 발음된다고 보면 된다.

이상에서 조음방식 측면에서도 다섯 부류의 음을, 조음위치 측면에서도 다섯 부류의 음을 확인하였다. 아래 빈칸을 채워 보자.

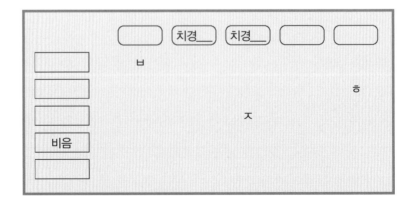

구개음화와 조음위치

치경구개음 'ㅈ'은 중세국어에서는 'ㄷ'보다 앞에서 조음되는 치음이었다. 이에 대한 유성마찰음 /ㅿ/ 또한 치음이다. 치음은 혀를 앞으로 심하게 전진시켜 앞니를 터치해야 한다. 현재 평안도의 'ㅈ'이 바로 치음이다. 그래서 '자자'라는 발음이 남쪽과는 매우 다르게 들린다.

뎡거댱에 뎐깃불이 번쩍번쩍한다

위의 '뎡거댱', '뎐깃불'이 구개음화를 겪지 않는 것도 조음위치와 관계된다. 구개음화는 i와 j의 조음위치가 'ㅈ'과 거의 동일하기에 일어나는 음운 현상인데 평안도의 'ㅈ'은 전술한 바와 같이 앞니에서 발음되기에 '뎌'의 발음이 어려운 것처럼 '져'의 발음도 어렵다고 할 수 있다. 그래서 '뎌'가 군이 '저'로 발음될 동기가 없다. 반대로 평안도 이외 지역에서는 '뎌'보다는 '저'가 좀 더 쉬운 발음이기에 구개음화라는 음운 과정을 겪은 것이다. 평안도 사람이 '동대문'을 '종재문'으로 발음했다는 일화가 있다. '뎐기>전기'를 고려한 과도교정(hypercorrection)이다.

위 표의 빈칸을 다 채우면 다음과 같은 '자음 분류표'를 확인할 수 있다.

조음방식		조음위치	양순음	치경음	치경구개음	연구개음	후두음
장애음	파열음	평 음	ㅂ p	ㄷ t		ㄱ k	
		경 음	ㅃ p'	ㄸ t'		ㄲ k'	
		유기음	ㅍ pʰ	ㅌ tʰ		ㅋ kʰ	
	마찰음	평 음		ㅅ s			ㅎ h
		경 음		ㅆ s'			
	파찰음	평 음			ㅈ ʧ		
		경 음			ㅉ ʧ		
		유기음			ㅊ ʧʰ		
공명음	비 음		ㅁ m	ㄴ n		ㅇ ŋ	
	유 음			ㄹ l			

경음은 '을 활용하고 유기음은 첨자 ʰ를 활용한다. 'ㄲ'은 [k']로 표시하고 'ㅋ'은 [kʰ]로 표시한다.

일반적으로는 위의 자음분류표를 자음체계로 확정한다. 체계의 설명력을 중시하여 조음위치에 따른 '자음 분류표'를 자음체계와 일치시키지 않기도 한다. 음운 현상을 고려하여 다음과 같은 자음체계가 제시되기도 한다. 이 관점에서는 치경음과 치경구개음을 묶어 전설자음으로, 연구개음을 후설자음으로 파악한다. 학습하는 데도 이점이 있다. 전설모음과 대응되는 전설자음이 매력적이다.

조음방식		조음위치	양순음	전설자음	후설자음	후두음
장애음	파열음	평 음	ㅂ p	ㄷ t	ㄱ k	(ㆆ ʔ)
		경 음	ㅃ p'	ㄸ t'	ㄲ k'	
		유기음	ㅍ pʰ	ㅌ tʰ	ㅋ kʰ	
	마찰음	평 음		ㅅ s		ㅎ h
		경 음		ㅆ s'		
	파찰음	평 음		ㅈ ʧ		
		경 음		ㅉ ʧ'		
		유기음		ㅊ ʧʰ		
공명음	비 음		ㅁ m	ㄴ n	ㅇ ŋ	
	유 음			ㄹ l		

경북서부방언형도 서남방언형과 일치한다. 이는 전북 무주가 경북 김천과 인접해 있으니 가능할 수 있다. 전북에는 '-응깨'형보다 '-응개' 형이 우세하나 전북 무주와 그 인접 지역에는 전남방언형 '-응깨'형이 확인된다.

'ㄷ'과 대비된 'ㅅ'의 미세한 조음위치 차이를 중시하여 'ㅅ'을 치경구개음에 포함시킨다면 이러한 문제가 다소 해결된다. 그런데 중부방언의 '마시+어 → 마셔'와 '만지+어 → 만져 → 만저'를 대비해 보면 'ㅅ'의 치경구개음 편입이 능사가 아님도 알 수 있다. 어떻든 방언권별로 면밀한 검토가 필요하다. 강릉지역어는 'ㅅ'의 치경구개음 편입도 가능하다(마서, 만저).

전설모음화의 기술에서 'ㅅ'계와 'ㅈ'계를 묶으면 '자음 분류표'보다는 설명력이 있다.

서남방언: 있+응깨 → 이씽깨, 젖+응개 → 저징깨
동남방언: 있+으이까네 → 이씨이까네, 젖+으이까네 → 저지이까네

전설자음 'ㅅ, ㅆ ; ㅈ, (ㅉ), ㅊ' 뒤에서 후설모음 'ㅡ'는 전설모음 'ㅣ'로 변동되는 것으로 파악한다. '자음 분류표'에 따르면 **치경음 중에서 왜 'ㅅ', 'ㅆ'** 만이 전설모음화의 입력부가 되는지 설명하기 어렵다는 것이다.

또 평파열음화 기술에서도 '자음 분류표'보다는 유리하다.

꽃 → 꼳, 젖 → 젇, 옷 → 옫, 밭 → 받

음절말에서 치경음과 치경구개음은 평파열음 'ㄷ'으로 변동된다. 치경음과 치경구개음을 묶어서 전설자음이라 하면 같은 조음 위치의 평파열음으로 변동되는 것이라고 설명할 수 있다.

사실 전설자음은 [+설정성]과 일치하니 체계 대신 자질을 중시하여 설명해도 된다. 체계의 '전설자음'이든 자질의 [+설정성]이든 이들 부류는 음운론에서 중요한 의미를 가진다.

첫째, 단모음 'ㅚ', 'ㅟ' 발음 경향을 파악하는 데 도움이 된다. **전설자음[+설정성]** 'ㄴ, ㄷ, ㄹ, ㅈ, ㅊ'과 전설모음 'ㅚ, ㅟ' 배열은 조음이 편리하다. 비전설자음 'ㅂ, ㄱ'과 'ㅚ, ㅟ'의 배열은 조음이 그다지 편리하지 않다. 그래서 서울 토박이 말에서 '뇌', '뉘', '되', '뒤', '죄', '쥐' 등은 '뵈', '뷔', '괴', '귀' 등에 비해 단모음으로 실현되는 빈도가 높다.

둘째, 움라우트의 개재자음을 파악할 때 도움이 된다. '아기>애기', '아비>애비'에서는 움라우트를 확인할 수 있으나 '철딱서니>*철딱세니', '파리>*패리', '바지>*배지', '꼴찌>*꾈찌', '꼬치>*꾀치' 등에서는 움라우트가 확인되지 않는다. 전설자음[+설정성] 개재 여부와 관계된다.

중부방언의 비원순모음화도 '전설자음[+설정성]'과 관련된다. 'ㅗ' 뒤에 전설자음이 따를 때 비원순모음화가 일어난 것으로 보고되어 있다.

본뜨다>번뜨다, 보리>버리, 볼>벌, 봇나모>벗나무

cf. 봄볕>*범볕, 복조라>*벅조리

보충 ㅎ[ʔ]

앞서 언급한 바와 같이 후두파열음 [ʔ]는 무거운 물건을 들 때('으라차차')나 죽는 연기를 할 때('으윽')에 발화되기도 한다. 자음 목록에 'ㆆ'을 포함하면 자음은 20개가 된다.

다음 두 패러다임에서 기저형을 설정하다 보면 'ㆆ'의 존재에 대해 고민할 수 있다.

> 실코, 실른, 시러 → /싫-/(장음 표시 생략)
> 실꼬, 실른, 시러 → /싫-/

'ㅎ'은 모음 간에서 탈락하며(시러), 후행하는 평음과 결합하여 유기음이 된다(실코). 그 짝을 이루는 것이 'ㆆ'이다. 'ㆆ'은 후행하는 평음과 결합하여 경음으로 변동된다(실꼬). 이것이 바로 첫 번째 제시된 활용형 차이를 설명하는 방식이다. 'ㆆ'을 자음으로 설정하면 그만큼 이점이 있다. 'ㆆ'을 설정하지 않으면 '실꼬, 실른, 시러'의 경우 어쩔 수 없이 복수 기저형으로 파악해야 한다('싫-'과 '시르-'). 설정한 기저형이 화자의 언어능력에서 너무 멀어진 듯하다.

2.2. 모음과 반모음

2.2.1. 모음

한국어의 모음은 10개라고 알려져 있다. 많은 사람이 모음으로 알고 있는 이른바 'ㅏ, ㅑ, ㅓ, ㅕ, ㅗ, ㅛ, ㅜ, ㅠ, ㅡ, ㅣ'에는 모음이 아닌 것도 있다. 'ㅑ, ㅕ, ㅛ, ㅠ'를 뺀 나머지가 순수한 모음, 즉 단모음이다.

> ㅏ, ㅓ, ㅗ, ㅜ, ㅡ, ㅣ

위 여섯에 'ㅐ, ㅔ, ㅚ, ㅟ'를 추가하여 10개의 단모음이라 규정한다. 추가된 모음은 자형상 'ㅣ'가 덧붙어 있는데 모음 'ㅣ'와 더불어 전설 위치에서 발음된다.

이들은 중세국어 시기에는 하향 이중모음 'aj, əj, oj, uj'였다.

> ㅏ, ㅓ, ㅗ, ㅜ, ㅡ, ㅣ
> ㅐ, ㅔ, ㅚ, ㅟ

이상에서 확인한 열 개의 단모음을 '혀의 전후 위치', '입술 모양', '혀의 높낮이'에 따라 분류해 보자.

2.2.1.1. 혀의 전후 위치에 따른 분류

모음은 혀의 전후 위치에 따라 전설모음과 후설모음으로 나뉜다.

전설모음: 전설모음은 발음 시 혀끝이 앞으로 전진하게 된다. 'ㅣ'와 'ㅡ'를 연속으로 3번 정도 발음해 보자. 혀끝의 이동을 완연히 느낄 것이다. 'ㅣ'가 바로 전설모음이다. 사실 'ㅐ, ㅔ, ㅚ, ㅟ'도 전설모음인데 'ㅓ'와 'ㅔ', 'ㅏ'와 'ㅐ'를 대비해 발음해 보면 혀의 전진과 후퇴를 확실히 감지할 수 있다. 전설모음은 자형상 'ㅣ'가 공통적으로 확인된다.

후설모음: 'ㅣ'에 비해 혀끝이 뒤로 후퇴하는 듯한 느낌을 받는 것이 **후설모음**이다. 상단에 제시된 'ㅡ, ㅓ, ㅏ, ㅗ, ㅜ, ㅣ' 6개 중 'ㅣ'만 빼면 된다. 즉 후설모음은 'ㅡ, ㅓ, ㅏ, ㅗ, ㅜ'이다.

2.2.1.2. 입술 모양에 따른 분류

원순모음: 입술이 극단적으로 동그랗게 되는 두 모음이 있다. 그것이 'ㅗ'와 'ㅜ'인데 이것에 전설성을 더한 'ㅚ'와 'ㅟ'도 입술이 동그랗게 된다.

비원순모음: 입술이 동그랗게 되지 않고 편한 상태에서 발음되는 것이 바로 비원순모음이다. 여기에는 'ㅣ, ㅔ, ㅐ, ㅡ, ㅓ, ㅏ'가 포함된다. 평순모음이라 고도 하나 **비원순모음화**(붓나모>벚나무, 보리>버리)와의 연계를 위해 평순모음이라는 술어는 사용하지 않겠다.

음성적으로는 중설모음도 존재한다. 그런데 음운론적으로는 이를 후설모음에 편입하여 '전설 : 비전설'로 파악한다. 이 또한 움라우트를 '중설모음 및 후설모음'의 전설모음화로 파악하는 것보다는 후설모음의 전설모음화로 파악하는 것이 체계적이다. 방언권에 따라 자음은 조음위치가 거의 일치하나 모음은 조음위치가 차이를 보이는 경우도 있다. 동남방언의 '어'와 중부방언의 '어' 차이가 대표적이다. 중부방언의 '어'가 보다 후설성을 띠며 개구도도 좀 더 크다고 한다.

비원순모음화는 비원순모음이 아닌 것이 비원순모음이 되는 것을 말한다. 이는 동남방언, 서남방언에서보다 중부방언에서 많이 확인된다(볼>벌, 본뜨다>번뜨다 등). 한편, '아버지'가 '아부지'로 변하고 '주먹'이 '주묵'으로, '가버리고'가 '가불고'로 변하는 것은 원순모음화이다. 동해안방언에 '한분(一回)'이라는 방언형이 있는데 '아버지>아부지'와 동궤이다.

2.2.1.3. 혀의 높낮이에 따른 분류

모음은 혀의 높낮이에 따라 고모음, 중모음, 저모음으로도 분류된다. 혀의 높이가 낮아지게 되면 자동적으로 턱도 아래로 처지게 된다. 'ㅡ', 'ㅓ', 'ㅏ'를 연속으로 발음해 보면 혀나 턱이 아래로 처진다는 것을 느낄 수 있다. 차례로 고모음, 중모음 저모음이라 한다. 이들 모음에 대비되는 전설모음 'ㅣ', 'ㅔ', 'ㅐ'도 차례로 고모음, 중모음, 저모음으로 규정된다. 'ㅗ'와 'ㅜ'를 연속으로 발음하다 보면 입술이 'ㅜ'를 발음할 때보다 상향된다는 것을 알 수 있다. 'ㅜ'가 고모음이고 'ㅗ'가 중모음이다. 이들 모음에 전설성을 더한 'ㅟ', 'ㅚ' 또한 차례로 고모음, 중모음으로 규정된다.

이상을 바탕으로 '모음 분류표'를 제시한다. 음운 현상을 통해 이들 구성요소 간의 관계가 유기적임을 확인한다면 비로소 '10모음 체계(system)'라고 할 수 있다.

y, ø가 IPA이나 후설원순모음과의 대응 관계를 위해 주로 ü와 ö를 쓴다. i를 ɯ로 표시하는 논저가 늘고 있다. IPA에 의하면 전자보다는 후자가 한국어의 'ㅡ' 발음에 가깝기는 하다. ɯ보다는 i가 익히기에는 유리해 보인다. 작대기를 옆으로 그은 모습(ㅡ)이 i에 확인된다.

혀의 전후 위치 / 입술 모양 / 혀의 높낮이	전설모음		후설모음	
	비원순모음	원순모음	비원순모음	원순모음
고 모 음	ㅣ i	ㅟ ü=y	ㅡ i	ㅜ u
중 모 음	ㅔ e	ㅚ ö=ø	ㅓ ə	ㅗ o
저 모 음	ㅐ ɛ		ㅏ a	

※ y, ø가 IPA이지만 후설원순모음과의 대응관계를 위해 ü와 ö를 사용하기도 한다.

이러한 모음 10개는 주로 노년층에서 확인되는 것이 사실이다. 한국인이라면 한국어의 여러 모음을 구별할 수 있는 능력이 있어야 하는데 사실 10개의 모음 중 몇 가지는 변별되지 않는다. 거칠게 말한다면 젊은 층이 온전히 구분할 수 있는 모음은 'ㅏ, ㅓ, ㅗ, ㅜ, ㅡ, ㅣ' 6개뿐이다. 나머지 'ㅐ, ㅔ, ㅚ, ㅟ'가 문제이다. 앞의 두 모음 'ㅐ', 'ㅔ'가 개재된 '개', '게'의 발음을 구분하지 못한다. 이 때문에 '개거품'인지 '게거품'인지, '재적(在籍)'인지 '제적(除籍)'인지가 헷갈린다. 같은 이유로 '괘도(掛圖)/궤도(軌道)', '왠지/웬만큼'의 첫 음절 또한 변별되지 못한다. 이 두 모음 'ㅐ', 'ㅔ'는 합류된 모음 E로 발음되는 것이다.

또한 'ㅚ'가 있는 '되[ㅚ]'와 이중모음이 포함된 '돼[化, 되어]'도 제대로 구분하기 어렵다. 'ㅐ/ㅔ'와 달리 'ㅟ'의 경우는, 잘못 적힐 리는 없겠지만 제대로 발음하기란 쉽지 않다. 독일의 '뮌헨', '뒤셀도르프'를 발음할 때 첫 음절 '뮌', '뒤'는 우리의 발음과 대체적으로 다르다. '뮌'이나 '뒤'를 발음하는 동안 입술 모양이 바뀌어서는 안 되는 것이 원칙이다. 모음이란 발음하는 동안 입술 모양이 바뀌지 않는 것이기에 위에 제시된 10모음은 모두 입술 모양을 바꾸지 않고 발음해야 한다. 우리가 발음하는 'ㅟ'는 with의 wi에 가까운 반면 표준발음은 ü에 가까운 것이다. 'ü(ㅟ)'는 'ㅜ' 발음 시와 마찬가지로 입술을 둥글게 고정한 상태에서 발음해야 한다. 동그랗게 고정한 상태를 끝까지 유지하는 것이 중요하다.

이상에서 젊은 층은 사실 모음 7개만 발음하고 산다는 것을 알 수 있다. 'ㅏ, ㅓ, ㅗ, ㅜ, ㅡ, ㅣ, E('ㅐ/ㅔ'의 합류음)'가 그것이다.

> 두 모음 'ㅐ'와 'ㅔ'의 발음을 구분하지 못하면 두 모음이 합류되었다고 한다. 경북북부지역 외, 대부분의 경상도 지역에서는 'ㅡ'와 'ㅓ'도 변별되지 않는다(ㅏ, ㅗ, ㅜ, ㅣ, E, ョ). 합류된 모음은 각각 E와 ョ로 나타낸다. 어떤 사람은 '새배/세배(歲拜)', '생각건대/생각건데' 등이, 어떤 사람은 '으스름/어스름', '통틀어/통털어' 등이 쓸 때마다 헷갈린다. 'ㅐ'와 'ㅔ'가, 'ㅡ'와 'ㅓ'가 합류되었다는 실체적 증거(substantive evidence)이다.

보충 **음운 현상과 체계: 고모음화**

모음 간, 즉 구성요소 간의 관계가 유기적이라는 것을 고모음화 현상을 통해 알아보자. 구성요소 간의 관계가 긴밀하다는 것은 그만큼 체계적이라 할 수 있다. 앞에서 10모음을 표로 제시한바, 그것이 단순한 표에 그치지 않음을 고모음화 현상을 통해 확인하기로 한다.

고모음화는 네 부류가 있다. 이들 고모음화가 모두 확인되는 방언도 있지만 일부 부류만 확인되는 방언도 있다. 중부방언인 경우 그 정도의 차이는 있지만 네 부류(후설모음에서의 고모음화 'ㅗ>ㅜ', 'ㅡ>ㅣ' / 전설모음에서의 고모음화 'ㅔ>ㅣ', 'ㅚ>ㅟ')가 모두 확인되는 것으로 알려져 있다. 일단 중부방언에서 광범위하게 확인되는 'ㅗ>ㅜ' 고모음화부터 살펴보기로 하자.

① 'ㅗ>ㅜ' 고모음화

'ㅗ>ㅜ' 고모음화는 일단 비어두에서 일어남을 확인할 수 있다.

> 삼촌>삼춘, 부조>부주, 사돈>사둔, 염치불고>염치불구, 가오리>가우리, 고동>고둥, 고모>고무, 수통>수퉁, 기도>기두, 모종>모중, 여보세요>여부세요, 있어요>있어유, 맛있죠>맛있쥬, 받고>받구, -라고요>-라구요, 어디로>어디루, 서울도>서울두
> 소꼽장난>소꿉장난, 깡총깡총>깡충깡충, **오손도손>오순도순**, 호도>호두, 앵도>앵두, 자도>자두, 장고>장구
> cf. 고기>ˣ구기, 소금>ˣ수금, 조금>ˣ주금

'오손도손', '오순도순'은 작은 느낌과 큰 느낌으로 구분되는 복수표준어이다.

고모음화 어형은 표준어가 아닌 경우(삼촌>삼춘, 부조>부주 등)도 있고 표준어인 경우(소꼽장난>소꿉장난, 깡총깡총>깡충깡충 등)도 있다. 비어두가 아닌 환경 '고기', '소금' 등에서는 고모음화가 확인되지 않는다.

아래의 전항은 15세기 어형이고 후항은 현대 표준어형이다.

> 나모>나무, 호도>호두, 슬고>살구
> 자조>자주, 아조>아주, 도로>도루, 고로>고루
> 빈호다>배우다, 밧고다>바꾸다, 싸호다>싸우다, 드토다>다투다, 도도다>돋우다…

'ㅗ>ㅜ' 고모음화는 예상과 달리 중부방언에서 활발히 나타난다. 1930년대 소설, 박태원의 ≪천변풍경≫에는 서울 청계천 지역에서의 고모음화의 예들이 매우 많이 나타난다.

'ㅗ>ㅜ' 고모음화는 비어두 환경에서 일어나는 현상이라 했다. 그런데 비어두가 아닌 환경에서도 고모음화를 겪은 듯한 예가 있다.

이거#좀>이거줌, 말·#좀>말·줌

하는가#보다>하는가부다

'이거#좀#줘'를 '이거줌줘'라고 발화하는 이도 있다. 그런데 '좀'은 비어두가 아니라 단어의 첫머리, 즉 어두이다. 그러면 바로 위에서 확인한 환경과는 다르다는 것을 알 수 있다. 그런데 하나의 기식군을 이룰 때에는 '좀' 앞의 경계 요소가 제거되어 '좀'이 '이거' 뒤에 바로 이어서 발화된다. 그러면 비어두인 셈이다. '하는가#보다>하는가부다'의 '보다'도 같은 맥락으로 이해할 수 있다.

이러한 고모음화는 어두에서도 확인되는데 이때는 어두 음절이 장음인 경우이다.

돈·>둔·, 솜·>(   ), 골·목>굴·묵

cf. 좀>*줌

'좀'은 비어두 조건을 만족시키지 못할뿐더러 '돈·', '솜·' 등과 달리 단음이기에 고모음화가 일어나지 않았다.

구개음화와 관련해서 '직지사>직기사', '질다>길다'와 같은 역현상을 확인할 수 있듯이 'ㅗ>ㅜ' 고모음화와 관련해서도 역현상(ㅜ>ㅗ)을 확인할 수 있다.

화투>화토, 권투>꼰토

이러한 역현상이나 고모음화는 모든 단어에 적용되는 필수적인 변화는 아니다. 환경이 되어도 적용되지 않는 **과거의 규칙**이다.

② 'ㅓ>ㅡ' 고모음화

'ㅓ>ㅡ' 고모음화는 원칙적으로 어두가 장음인 경우에 한하여 나타난다.

방언권에 따라 적용된 단어의 수도 크게 차이가 난다. 빈도가 높은 단어들은 작은 바람에도 휩쓸릴 가능성이 있다.

지석영은 ≪신정국문≫(1905)
에서 /·/의 음가를 'ㅣ'와 'ㅡ'
의 합음이라 생각하여 문자 'ㆍ'
를 설정하였다. 현 국어학계에
서는 'ㆍ'를 /·/ 음가와는 관련
시키지 않고 'ㅣ'와 'ㅡ'의 합음
(ji)을 위한 자모로 활용한다.

어간 '넣-'은 단음이지만 모음순
행동화를 겪은 '너:면', '너:라'
의 첫 음절은 장음이기에 고모
음화 조건을 만족한다. 그러면
다음과 같은 패러다임 변화로
파악할 수 있다.

너코(넣+고), 너:면, 너:라 > 너
코, 느:면, 느라

거:지>그:지, 저:질>즈:질, 설>슬·, 영:감>응:감, 열:쇠>을:쇠, 염:병>음:병,
염:소>음:소, 열:>을·, 정:말>증:말, 더:럽다>드:럽다, **너:라)느:라**, 적:어>즉:
어, 썬:다>쓴:다, 걸:다>글:다, (느:집에 이거) 없:지
cf. 저울>ˇ즈울, 거기>ˇ그기, 여우>ˇ으우, 겨우>ˇ그우 ; 이거>ˇ이그, 더러>
ˇ더르, 버러지>ˇ버르지

　　어두가 단음인 '저울', '거기' 등에서나 비어두 '이거', '더러' 등에서는
'ㅓ>ㅡ' 고모음화가 확인되지 않는다. 비어두는 당연히 단음으로 실현되
기에 고모음화 환경을 만족하지 못한다. 방언에 따라서는 '으:자(女子)'
와 같은 어형도 확인되는데 해당 지역에서 장음으로 실현되는 경우로
이해할 수 있다.

③ 'ㅚ>ㅟ' 고모음화

'ㅚ>ㅟ' 고모음화는 다른 부류의 고모음화에 비해 활발하지 않다. 중
부방언에서 확인되는 몇 예를 제시한다.

　　외가>위가, 되다>뒤다, 되돌다>뒤돌다
　　cf. 위원회>위원휘, 계획>계휙

　　전북 북부 지역에서는 '위원회>위원휘', '계획>계휙' 등의 몇 예를 확
인할 수 있다. 이러한 'ㅚ>ㅟ' 고모음화의 예가 쉽게 확인되지 않는 것은
단모음 'ㅚ'와 'ㅟ'의 형성 시기가 늦은 것과 관련 있어 보인다.

④ 'ㅔ>ㅣ' 고모음화

'ㅔ>ㅣ' 고모음화는 일단 장음인 환경에서 확인된다.

　　네:>니:, 제:(가)>지:(가), 게:>기:, 메:고>미:고, 베:개>비:개, 세:다>시:다, 떼:
　　다>띠:다, 쎄:다>씨:다, 헤:지다>히:지다, 세#개>시:개, 네:#개>니:개, 제:

비>지:비, 제:사>지:사, 제:알>지:일, 제:수>지:수, 계:집>게:집>기:집…

　'**계:집>게:집>가:집**'에서의 '계:집>게:집'은 반모음이 탈락되어 고모음화 의 환경이 조성된 것이다. 그런데 장음에서의 고모음화가 활발한 지역 중에는 단음에서의 고모음화도 확인될 수 있다(경북서부방언과 경북동 해안방언).

'가:집>지:집', '계:집>제:집'은 k 구개음화 현상이라 한다.

- 어두 환경: 멧돌>밋돌, 베틀>비틀, 계획포>게획포>기획포, 테>티, 헷똑 똑이>힛똑똑이, 데우고>디우고, 세우고>시우고, 에우고>이우고
- 비어두 환경: 그런데>그런디(근데>근디), 그게>그기, (아는) 체>치, 안경 테>안경티, 어제>어지, **돌멩이>돌밍이**
- cf. 배:(倍)>*비:, 알맹이>*알밍이, 잿밥>*짓밥, 개>*기, 노래>*노리, 뱃머리> 빗머리

'돌멩이', '알맹이'의 맞춤법이 헷갈릴 수 있다. 표기 '멩'과 '맹' 을 고모음화된 방언형과 연관 지어 구분할 수 있다.

'배:', '알맹이' 등에서의 저모음 'ㅐ'는 고모음화되지 않는다.
한편, 움라우트가 적용된 이후 고모음화 환경이 초래된 경우도 있다.

```
보기싫다 > 뵈기싫다 > 베기싫다 > 비기싫다
      움라우트              고모음화
```

　이러한 유형으로는 '고기>괴기>게기>기기'를 들 수 있다. 움라우트 이 후 '괴기>게기>기기'로의 변화 과정은 다음에서도 확인된다.

단모음 'ㅚ'가 원순성을 상실하 는 이른바 보다 편한 발음 '게기' 로 변한 이후 고모음화가 적용 되는 것으로 파악한다. '보기싫 어>뵈기싫어>베기싫어>비기싫 어'에서의 두 번째 과정에서도 같은 해석이 적용된다.

죄:수>제:수>지:수, 회>헤>히:, 과:물>게:물>기:물, 외:가>에:가>이:가
cf. 혀>헤>히, 계:수>게:수>기:수

　이상에서 고모음화를 통해 모음 간의 유기적인 관계에 대해 살펴보았

다. 곡용(체언+조사)에서의 공시적인 움라우트를 통해서도 구성요소 간 **유기적인 관계**를 확인할 수 있는바 이를 통해 비로소 '10모음 체계'로 확정할 수 있다.

'고모음화'는 비록 과거의 규칙이지만 '모음 분류표'에서 각각의 변화를 화살표로 그려 보면 구성 요소 간의 유기적인 관계를 쉽게 이해할 수 있다.

2.2.2. 반모음

모음이라 하면 'ㅏ, ㅑ, ㅓ, ㅕ, ㅗ, ㅛ, ㅜ, ㅠ, ㅡ, ㅣ'를 떠올리는 경우가 많다. 2, 4, 6, 8번째 배치된 'ㅑ, ㅕ, ㅛ, ㅠ'는 모음이 아니다. 'ㅑ'를 3초간 발음하면 나중에는 'ㅏ'만 남는다. 입모양도 변한다. 혀도 위에서 아래로 떨어진다. 이런 점에서 'ㅑ'는 순수 모음이라고 할 수 없다. 'ㅕ, ㅛ, ㅠ'도 마찬가지이다. 이를 일반적으로 이중모음이라 부른다. 이들 넷을 IPA로 나타내면 ja, jə, jo, ju이다. 바로 **반모음** j가 모음 앞에 놓여 있다. 전설반모음 j이다. 이 반모음 j가 앞선 이중모음을 j계 상향이중모음이라 한다.

j, w를 '활음(glide)'이라 부르기도 한다. 활음은 자음의 한 부류이다. 그러면 '활음(자음)+모음 = 이중모음'이라는 공식이 논리적이지 않다. na를 자음과 모음의 결합이라 한다면 ja도 자음과 모음의 결합인 셈이다.

또 다른 이중모음으로 'ㅘ, ㅝ, ㅙ, ㅞ, ㅟ'를 들 수 있는데 IPA로는 wa, wə, wɛ, we, wi이다. 후설반모음 w가 확인된다. 반모음 w가 모음 앞에 놓여 있는데 이들 이중모음을 w계 상향이중모음이라 한다.

'의자'에서의 'ㅢ'는 'ɰj/ɨj'로 표시되는데 반모음 j가 모음에 후행한다. 이를 하향이중모음이라 한다. 현대국어에서 하향이중모음은 'ㅢ 하나뿐'이다. 아래는 국어의 상향이중모음과 하향이중모음을 표로 제시한 것이다.

'ㅢ'를 두 모음의 연쇄로 파악하기도 하고 상향이중모음으로 파악하기도 한다. 'ㅢ'의 음가를 상향이중모음 ɰi로 보면, 반모음이 j, w, ɰ 셋이 되고 국어에는 상향이중모음만 남게 된다. 여기에 '야워(jaɥə)', '사궈', '떠' 등의 전설원순반모음 ɥ까지 고려하면 반모음은 4개까지 확대될 수 있다. j, w 외에는 기능부담량이 크게 떨어지는 것이 걸린다. 한편 상향이중모음 wi는 'ㅟ'로 전사될 수밖에 없다. 단모음 'ㅟ'와 충돌되는 난점이 있다.

상향이중모음

높낮이	j계		w계	
	전설	후설	전설	후설
고		ㅢji ㅠju	ㅟwi	
중	ㅖje	ㅕjə ㅛjo	ㅞwe	ㅝwə
저	ㅒjɛ	ㅑja	ㅙwɛ	ㅘwa

하향이중모음

높낮이	j계		w계	
	전설	후설	전설	후설
고		ㅢij		
중				
저				

상향이중모음과 하향이중모음은 음향음성학적 술어인 공명도와 관계되어 명명된 것이다. 공명도가 낮은 데에서 높은 데로 이동한다고 해서 상향이중모음이라 하고 그 반대 방향은 하향이중모음이라 한다. 공명도는 울리는 정도, 잘 들리는 정도라고 생각하면 되는데 모음이 반모음이나 자음에 비해 더 멀리 퍼져 나가는 것은 당연하다 하겠다.

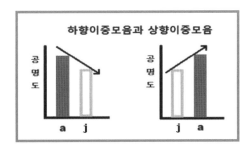

ja의 경우 반모음 j의 공명도는 낮고 모음 a의 공명도는 높으니 우상향으로 화살표가 그려질 것이다. 그래서 ja는 상향이중모음이다. 반면 '의자'에서 'ㅢij'는 모음 'ㅡ'와 반모음 j의 순서이므로 우하향으로 화살표를 그릴 수 있다. 그래서 하향이중모음이라고 한다. 현대국어에서 하향이중모음은 'ㅢ' 하나뿐이지만 중세국어 시기에는 하향이중모음이 많았다. 'ㅐ, ㅔ'는 'aj, əj'로 발음되는 하향이중모음이었다.

보충 **중세국어 7모음 > 근대국어 8모음 > 현대국어 10모음**

일반적으로 알고 있는 모음 'ㅏ, ㅑ, ㅓ, ㅕ, ㅗ, ㅛ, ㅜ, ㅠ, ㅡ, ㅣ'는 국어를 배우는 데 매우 긴요한 무기이다. 'ㅑ, ㅕ, ㅛ, ㅠ'를 빼면 순수 모음 6개가 확인된다. 'ㅑ, ㅕ, ㅛ, ㅠ'는 j를 앞세운 상향이중모음이다. 위에서 얻은 단모음에 '아래 아(ㆍ/)'를 더하면 15세기 국어의 단모음 7개가 확인된다. 이후 /ㆍ/의 음가가 소실된다. /ㆍ/는 **기능부담량**이 굉장히 컸다. 중세국어에서 두어 단어를 꺼내면 적어도 하나는 /ㆍ/ 음이 들어가 있을 정도로 막강한 영향력을 가지고 있었다. '가루'는 'ᄀᆞᄅᆞ', '하루'도 'ᄒᆞᄅᆞ', '말씀'도 '말ᄊᆞᆷ', '아침'도 '아ᄎᆞᆷ', '남'도 'ᄂᆞᆷ', '가늘다'도 'ᄀᆞᄂᆞᆯ다', '가르치다'도 'ᄀᆞᄅᆞ치다', 실로 엄청나게 많은 단어에서 /ㆍ/가 확인된다.

이렇게 영향력이 큰 /ㆍ/가 없어진다고 생각해 보라. 언어생활에 위기가 올 수도 있다. 이런 상황을 거치면서 근대국어 단계에 하향이중모음 'ㅐ'와 'ㅔ'가 단모음화하였다. 세종 당년에는 '매'는 '마이[maj]'처럼 '메'도 '머이[məj]'처럼 읽힌다. 그러다가 지금처럼 발음하게 된 것이다. 그러다가 개화기 무렵에 'ㅚ[ö]', 'ㅟ[ü]'가 생겨나게 된다. 세종 당년에는 'ㅚ'는 '오이[oj]', 'ㅟ'는 '우이[uj]'라고 읽히던 것이다.

요컨대 /ㆍ/가 **소실**되면서 두 모음이 생기게 되면 비로소 8모음이 되는 것이다. 이것이 근대국어 단계이다. 이후에 'ㅚ[ö]'와 'ㅟ[ü]'가 음소의 지위를 얻으면서 드디어 현대국어의 10모음이 완성된 것이다. 이후 100년이 지나기도 전에 다시 'ㅐ'와 'ㅔ'는 합류의 길을 걷게 된다. 그래서 9모음을 발화하는 지역도 많아지게 되었다.

이와 관련해 ≪조선관역어≫를 참고할 수 있다. 지금은 '게'라고 적고 '게'라고 읽지만 15세기에는 어땠을까? 당시의 언어를 반영한 ≪조선관역어≫에는 格以라고 되어 있다. 현대 중국인도 '거이' 정도로 읽는다. 소위 하향이중모음으로 알려진 것이다. 충청도 일부 지역에서는 '괴기'

기능부담량은 음소가 뜻을 분화시킬 수 있는 정도를 양적으로 표시한 것. 쉽게는 단어를 담당하는 양이라 생각하면 된다. 국어에서 음소 'ㅃ', 'ㅋ'이 담당하는 단어의 양은 'ㅁ'이 담당하는 단어의 양보다는 적다. 이때 'ㅁ'은 'ㅃ', 'ㅋ'보다 기능부담량이 크다고 말한다.

'ᄀᆞᄅᆞ치다>ᄀᆞ르치다>가르치다', 'ᄀᆞᄂᆞᆯ다>ᄀᆞ늘다>가늘다'를 통해 /ㆍ/의 소실 과정을 알 수 있다. 1단계 소실은 비어두에서, 2단계 소실은 어두에서 일어났는데, 글자는 1933년에 폐기되었다.

를 '고이기'라 하고 '핵교'는 '하이꾜'라고 한다. 하향이중으로 발음하는 것이다.

반모음과 관련하여 다음도 확인하여야 한다. '락쉬예 산힝 가 이셔 하나빌 미드니잇가'에서 **'락쉬(洛水)예'**가 중요하다. 하향이중모음으로 끝난 'suj쉬'의 반모음 j 뒤에서 반모음 j가 첨가되어 '예'가 된 것이다.

15세기 문헌을 접할 때 표기 '게'나 '개'가 '거이'나 '가이'로 발음되었음을 간과해서는 안 된다. '흐는 배라'를 '흐는 바이라'로 읽으면 뜻을 보다 쉽게 짐작할 수 있다. '안잿더시니'를 '안자잇더시니'로 읽으면 무슨 말인지 쉽게 이해할 수 있는 것과 같은 이치이다.

이와 관련하여 다음을 생각해 보자.

> 소의 새끼 : 송아지 = 말의 새끼 : 망아지 = 개의 새끼 : x

'쇼아지'의 후행 성분 '-아지(축소사라 한다)'의 'ㅇ'이 종성화하면서 '송아지'가 된 것이다. 이와 관련되는 것으로는 '부어(鮒魚)>붕어', '이어(鯉魚)>잉어' 등을 들 수 있다. 그러면 '말+아지'는 'ㄹ' 탈락을 통해 '망아지'가 될 수 있다. 그러면 '개'의 새끼는 '갱아지'가 되는 것이 정상이다. 그런데 '개'의 15세기 표기는 '가히'이다(가히>가이>개). ≪계림유사≫에는 '犬曰 家豨'라고 되어 있다. 그러니 '강아지'가 파생될 수 있었던 것이다. 물론 서남방언에서는 '갱아지'도 확인된다.

'둘에예(>둘레에)'에서도 하향이중모음 뒤에서의 j 첨가가 확인된다. '두르-'는 '르/르' 불규칙 용언이기에 '두르고, 두르니 ; 둘어, 둘온, 둘옴, 둘오니' 등으로 실현되었다. 어간 '두르-(?)'와 모음으로 시작하는 접사 '-에'의 통합이기에 분철된 것이다.

보충 언어의 자의성

'각'이라는 생소한 '기호[모양]'를 기호 ♨과 관련지어 설명해 보자. ♨은 온천 내지 목욕탕을 기호화한 것이다. 특정 의미를 기호화한 것을 글자 '각'이라 생각하면 된다. 기호 ♨이 목욕탕을 나타내듯이 기호 '나무'는 木을 나타낸다. ♨이 기호이듯이 글자 '나무'도 기호라는 것이다.

그래서 이를 언어의 기호성이라고 한다. 언어 기호는 형식[음성]과 내용 [의미]을 담고 있는데 이 둘의 관계는 필연적이지 않다. 이러한 언어의 성질을 언어의 자의성[임의성]이라 한다. 저렇게 생겼기에 '**나무**'라고 한 다면 필연적인 관계가 되어서 다른 나라에서도 '나무'라고 해야 한다. 음성과 의미의 관계가 필연적이지 않기에 나라마다 특정 사물을 가리키 는 말이 다를 수 있는 것이다.

이러한 자의성은 언어의 사회성, 역사성과 밀접하게 연동된다. 기호 '나무'는 음성과 의미와의 관계가 필연적이 아니라 임의적이기에, 이를 언어 사회에 가져오려면 사회 성원 간의 약속이 있어야 한다(사회성). 음성과 의미 사이의 관계가 필연적이 아니기에 세월이 지나면서 음성이 바뀔 수도 있고(아춤>아츰>아침, 여스>여우, 습겁다>싱겁다, **힘힘ᄒ다**> 심심하다, 사비>새우), 의미가 바뀔 수도 있다(얼골 體>容, 발명 辨明>發 明, 방송 釋放>放送, 인정 賂物>人情, 분별 憂患>分別, 어리다 愚>幼,). 이것이 바로 언어의 역사성이다.

나무: tree(영), arbre(불), baum (독), き(일), 木[mù](중)

'힘힘ᄒ다'에서의 'ᄒ다>하다' 는 물론 다음의 예도 언어의 역 사성과 관련 있다. 15세기의 'ᄒ 다'는 '크다' 내지는 '많다'라는 뜻으로 쓰였다.

• 한길이 바다이 되어 님 못 가 게 하소서: 큰길이 바다가 되 어…
• 시절이 하 수상ᄒ니: 시절이 몹시(크게, 많이) 수상하니
• 들온 것 한 이를 벋ᄒ면: 들은 것 많은 이를 벗하면
• 내 분별 하도 할샤: 내 걱정 많 기도 많구나

cf. 말 업슨 청산(靑山)이요 태 (態) 업슨 유슈(流水) ㅣ로다 / 갑 업슨 청풍(靑風)이요, 님 ᄌ 업슨 명월(明月)이라 / 이 중(中)에 병(病) 업슨 이 몸이 분별(分別) 업시 늙으리라. (성 혼)

THE INTERNATIONAL PHONETIC ALPHABET (revised to 2018)

CONSONANTS (PULMONIC)

© 2018 IPA

	Bilabial	Labiodental	Dental	Alveolar	Postalveolar	Retroflex	Palatal	Velar	Uvular	Pharyngeal	Glottal
Plosive	p b			t d		ʈ ɖ	c ɟ	k g	q ɢ		ʔ
Nasal	m	ɱ		n		ɳ	ɲ	ŋ	N		
Trill	ʙ			r					ʀ		
Tap or Flap		ⱱ		ɾ		ɽ					
Fricative	ɸ β	f v	θ ð	s z	ʃ ʒ	ʂ ʐ	ç ʝ	x ɣ	χ ʁ	ħ ʕ	h ɦ
Lateral fricative				ɬ ɮ							
Approximant		ʋ		ɹ		ɻ	j	ɰ			
Lateral approximant				l		ɭ	ʎ	L			

Symbols to the right in a cell are voiced, to the left are voiceless. Shaded areas denote articulations judged impossible.

CONSONANTS (NON-PULMONIC)

Clicks	Voiced implosives	Ejectives
ʘ Bilabial	ɓ Bilabial	' Examples:
ǀ Dental	ɗ Dental/alveolar	p' Bilabial
ǃ (Post)alveolar	ʄ Palatal	t' Dental/alveolar
ǂ Palatoalveolar	ɠ Velar	k' Velar
ǁ Alveolar lateral	ʛ Uvular	s' Alveolar fricative

OTHER SYMBOLS

ʍ Voiceless labial-velar fricative

w Voiced labial-velar approximant

ɥ Voiced labial-palatal approximant

ʜ Voiceless epiglottal fricative

ʢ Voiced epiglottal fricative

ʡ Epiglottal plosive

ɕ ʑ Alveolo-palatal fricatives

ɺ Voiced alveolar lateral flap

ɧ Simultaneous ʃ and x

Affricates and double articulations can be represented by two symbols joined by a tie bar if necessary.

t͡s k͡p

VOWELS

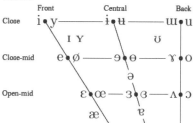

Where symbols appear in pairs, the one to the right represents a rounded vowel.

SUPRASEGMENTALS

ˈ	Primary stress	ˌfoʊnəˈtɪʃən
ˌ	Secondary stress	
ː	Long	eː
ˑ	Half-long	eˑ
̆	Extra-short	ĕ
ǀ	Minor (foot) group	
ǁ	Major (intonation) group	
.	Syllable break	ɹi.ækt
‿	Linking (absence of a break)	

DIACRITICS Some diacritics may be placed above a symbol with a descender, e.g. ŋ̊

̥	Voiceless	n̥ d̥	̤	Breathy voiced	b̤ a̤		Dental	t̪ d̪
̬	Voiced	s̬ t̬	̰	Creaky voiced	b̰ a̰		Apical	t̺ d̺
ʰ	Aspirated	tʰ dʰ	̼	Linguolabial	t̼ d̼		Laminal	t̻ d̻
̹	More rounded	ɔ̹	ʷ	Labialized	tʷ dʷ	̃	Nasalized	ẽ
̜	Less rounded	ɔ̜	ʲ	Palatalized	tʲ dʲ	ⁿ	Nasal release	dⁿ
̟	Advanced	u̟	ˠ	Velarized	tˠ dˠ	ˡ	Lateral release	dˡ
̠	Retracted	e̠	ˤ	Pharyngealized	tˤ dˤ	̚	No audible release	d̚
̈	Centralized	ë	̴	Velarized or pharyngealized	ɫ			
̽	Mid-centralized	e̽	̝	Raised	e̝ (ɹ̝ = voiced alveolar fricative)			
̩	Syllabic	n̩	̞	Lowered	e̞ (β̞ = voiced bilabial approximant)			
̯	Non-syllabic	e̯	̘	Advanced Tongue Root	e̘			
˞	Rhoticity	ɚ a˞	̙	Retracted Tongue Root	e̙			

TONES AND WORD ACCENTS

LEVEL			CONTOUR		
e̋ or	˥	Extra high	ě or	˩˥	Rising
é	˦	High	ê	˥˩	Falling
ē	˧	Mid	e᷄	˧˥	High rising
è	˨	Low	e᷅	˩˧	Low rising
ȅ	˩	Extra low	e᷈	˧˩˧	Rising-falling
ꜜ	Downstep		↗	Global rise	
ꜛ	Upstep		↘	Global fall	

3.1. 인식 단위로서의 음운

    아래에는 강아지 세 마리가 보인다. 이를 통해 음성과 **음운**의 차이를 알아보려 한다. 1장에서도 소개된 바 있지만 좀 더 구체적으로 살펴보자.

음운에는 음소와 운소가 있다. 후술하겠지만 음소는 분절음운으로, 운소는 비분절음운으로 불린다.

    사람들은 위에 제시된 동물을 모두 강아지라고 한다. 세 마리의 모습이 각각 다름에도 불구하고 말이다. 이것이 바로 인간이 지닌 추상화의 능력이다. 머릿속에 강아지에 대한 추상화된 개념이 자리 잡고 있어서 그 개념에 벗어나지 않는다면 강아지라 인식한다는 뜻이다.

학생 3명에게 삼각형을 그려 보라고 하자.

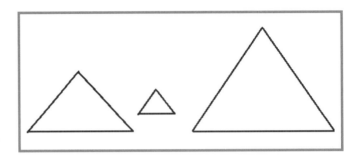

웬만한 사람은 정삼각형을 그리려 한다. 그런데 그 삼각형 셋은 똑같지 않다. 면적부터 다르다. 다소 특별해 보이는 삼각형을 그리는 이도 있다. 그런데 학생들은 모두 삼각형을 그렸다고 생각한다. 바로 머릿속에 삼각형이란 바로 이런 것이라고 추상화가 되어 있기 때문이다. 앞서 말한 강아지의 경우도 마찬가지이다. 이를 언어학에 도입해 보자.

우리가 3초 전에 발음한 '프'와 현재 발음하는 '프', 3초 후에 발음할 '프', 이때 'ㅍ'의 발음은 다를 수밖에 없다. 일단 물리적으로 에너지 차이가 있겠다. 그 차이로 인해 세 가지의 발음은 물리적으로 모두 다르다고 해야 한다. 똑같이 발음할 수는 없을까. 음성 스펙트럼을 보면 아무리 같게 발음을 하려고 해도 그럴 수 없다는 것을 안다. 그런데 사람들은 어떤 사람이 'ㅍ'을 발음했다고 인식한다. 그것이 바로 머릿속에 추상화된 'ㅍ' 발음이다.

이를 강아지에 적용시켜 보자. 모습이 다른 강아지 각각은 조금씩 다른 'ㅍ'의 발음이며 이들 셋을 모두 강아지라 판단하는 것은 추상화된 'ㅍ'이라는 것이다. 전자가 바로 음성에 대응되는 것이고 후자가 바로 음운에 대응되는 것이다. 이렇듯 음성은 개별적이며 구체적인 것이고 음운은 집단적이며 추상적인 것이다. 음운이 집단적이라는 말은 사회적이라는 말과도 통하는데

ㅍ를 발음하는 데 윗니와 아랫입술을 이용하여 f 비슷하게 발음을 해도 'ㅍ'으로 알아들을 수밖에 없다. 영어를 배운 사람이라면 '왜 저 사람은 f처럼 발음하지'라고 할 것이고 영어를 모르는 사람이라면 저 사람은 'ㅍ' 발음이 조금 이상하네 정도로 생각할 것이다. 마스크를 쓴 채 발음하게 되면 영어를 배운 사람이라 할지라도 'ㅍ'이라고 인식할 수 있다. 이것은 무엇을 의미하는가? f 또는 그와 비슷한 발음은 한국어의 자음이 될 수 없다는 뜻이다. f를 제대로 인식하지 못한다는 것은 그것이 한국어의 음운이 아니라는 것이다.

집단에서의 인식, 사회에서의 **인식**과 관련되는 것이다.

소리를 연구할 때, 에너지가 조금씩 다른 것에 중점을 두기도 하는데 이것은 음운론의 영역이 아니라 음성학의 영역이다. 특정인의 발화를 음성학적으로 분석해 범죄 수사에 도움을 받을 수도 있으니 음성 실험이 유용할 때도 있다. 반면 음운론에서는 음성 실험이 필수적인 것은 아니다. 화자의 인식이 보다 중요하기 때문이다.

인간은 연속된 세계를 분절된 것으로 인식한다. 하루를 24시간으로 분절하고, 1년도 사계절 혹은 12개월로 분절하는 것이다. 심지어 무지개 색깔도 분절해서 7가지로 표현한다. 이러한 분절은 언어학에도 그대로 적용된다. '이 갈비탕이 정말 맛있네'라는 발화를 '이/갈비/탕/이/정말/맛/있/네'로 형태소 분석하는 것도 바로 분절적으로 인식한다는 것이다. 더 분절하면 바로 자음과 모음, 즉 음소가 되는 것이다. 음소를 분절음이라 하는 까닭이 여기에 있다.

예컨대, '파'라 발음하면 그 발화는 나눌 수 없는 연속된 스펙트럼으로 나타난다. 그런데 우리는 그것을 무지개 색깔처럼 명확히 구분하려 한다. 그래서 분절된 음, 자음 'ㅍ'과 모음 'ㅏ'를 구분해 낸다.

이러한 분절음에 얹혀 있다고 해서 운소 부류를 초분절음(超分節音)이라고 한다. 분절음인 음소와 초분절음인 운소를 합한 것이 바로 음운이다.

음운에는 음소와 운소가 있다고 했다. 음소 설정 방법이나 운소 설정 방법이나 크게 차이는 없지만 나눠서 살펴보기로 한다. 먼저 음소 설정 방법부터 살펴보자.

오렌지의 크기와 빛깔이 달라도 모두 오렌지라고 판단한다. 크기와 빛깔이 다른 다섯 개 각각은 □□에 대응되고 크기와 빛깔이 달라도 모두 오렌지라고 인식하는 것은 □□에 대응된다.

3.2. 음소 설정 방법

한국어의 자음은 'ㄱ ㄴ ㄷ ㄹ ㅁ ㅂ ㅅ ㅇ ㅈ ㅊ ㅋ ㅌ ㅍ ㅎ ㄲ ㄸ ㅃ ㅆ ㅉ' 19개이다. 그런데 이들이 왜 음소인지, 다른 자음은 없는지 등 근원적인 질문을 던질 수 있다. 그러면 답변하기 매우 난감해진다. 이와 관련된 의문을 해결해 보자.

한국어에서 자음이라고 하는 것은 어떤 방식으로 설정되어야 하는 것인가? 음운 설정 방법은 크게 두 가지가 있다. 하나는 최소대립쌍에 의한 방법이고 다른 하나는 분포에 의한 방법이다.

3.2.1. 최소대립쌍에 의한 음소 설정

우선 최소대립쌍을 통해 음소를 설정해 보고자 한다. 사실 우리가 말하는 자음 'ㄱ, ㄴ, ㄷ, ㄹ…'과 모음 'ㅏ, ㅓ, ㅗ, ㅜ…' 등은 모두 최소대립쌍을 통해 인식될 수 있다. 최소대립쌍은 다음과 같은 치환의 틀을 활용한다.

치환의 틀

동원된 치환의 틀은 □ul, □al, □əul, □ada, t'a□ 등이다.

치환의 틀, '울', '알' 등을 통해 음소를 설정해 보자. 'ㄹ'과 'ㅇ/ŋ/'은 음절초에서 실현될 수 없기 때문에 음절말 환경을 **치환의 틀**로 하여 따로 제시한다.

불 : 뿔 : 풀　　　　　　　　 - ㅂ, ㅃ, ㅍ

달 : 딸 : 살 : 쌀 : 날 : 말 : 칼　 - ㄷ, ㄸ, ㅅ, ㅆ, ㄴ, ㅁ, ㅋ

거울 : 저울 : 터울　　　　　　 - ㄱ, ㅈ, ㅌ

짜다 : 차다 : 까다　　　　　　 - ㅉ, ㅊ, ㄲ

딸 : 땅　　　　　　　　　　 - ㄹ, ㅇ

cf. (˚만다), (˚반다), 빤다, 판다, 난다, 단다, 딴다, 탄다, 산다, 싼다, 잔다, 짠다, 찬다, 간다, 깐다, (˚칸다), 한다

치환의 틀, '□əul'을 활용한 '머울 : 처울'은 **최소대립쌍**이 되지 않는다. 여기에서의 대립이라는 말은 의미가 변별된다는 뜻이다. 그러니 의미가 없는 '머울', '처울' 등은 대립이라는 조건에 어긋나므로 최소대립쌍의 자격이 없는 것이다. '바람'과 '사:람'은 의미가 구분된다는 점에서 대립쌍은 될 수 있으나 최소대립쌍은 될 수 없다. 'ㅂ'과 'ㅅ'의 차이는 물론 장단의 차이까지 확인되니 최소라는 조건에 부합하지 않는다. '술'과 '발' 또한 의미는 변별되지만 최소라는 조건을 만족하지 않으니 정상적인 치환의 틀이 아니다. 이렇듯 대립의 관점에서 음운을 정의하면 음운은 의미를 변별할 수 있는 최소의 단위라 하겠다.

다음으로는 모음을 음소로 설정해 보자. 아래 최소대립어를 통해 모음 10개를 확인할 수 있다.

차 : 초 : 추   - ㅏ, ㅗ, ㅜ
띠 : 떼 : 때   - ㅣ, ㅔ, ㅐ
글 : 걸   - ㅡ, ㅓ
뇌: : 뉘:(朱)   - ㅚ, ㅟ

모음 목록을 확인할 때에는 'ㅚ', 'ㅟ'의 단모음도 중요하지만 'ㅔ'와 'ㅐ'의 **합류 여부**, 'ㅡ'와 'ㅓ'의 합류 여부도 중요하다. 그런 점에서 관련되는 최소대립어를 가능한 한 많이 확보할 필요가 있다.

떼 : 때, 체 : 채, 베 : 배, 메 : 매, 테 : 태, 제: : 개:, 세: : 새:, 제:기 : 재:기, 메:다 : 매:다, 세:다 : 새:다, 베:다 : 배:다

글 : 걸, 업 : 읍, 덕 : 득, 언어 : 은어, 늘: : 널:, 덜어도 : 들어도, 이:성 : 이:승, 합성 : 합승
cf. 멋 : 못, 설: : 솔:, 소리 : 서리, 놀:고 : 널:고, 목 : 먹, 돌:고 : 덜:고
득 : 둑, 급 : 굽, 끌: : 꿀:, 음 : 움, 든다 : 둔다

'나비'와 '나피' 또한 최소대립쌍이 될 수 없다. '나피'가 의미가 없기 때문에 대립이 되지 않는다.
'틀이(HH)'와 '털이(HL)'는 성조방언에서는 최소대립쌍이 될 수 없다. 모음뿐 아니라 성조까지 다르기에 최소라는 조건에 어긋난다.

'ㅚ', 'ㅟ' 발음도 할 수 없고 'ㅔ : ㅐ'도 구분하지 못한다면 7개 모음만 발음하며 사는 것이다. 대부분의 사람들이 여기에 해당한다.

'떼(群) : 때(汚, 時)', '체(篩) : 채(枹)' 등은 어느 방언권에서나 조사되어야 할 대립쌍이며 '글(文) : 걸(枘)', '업(業) : 읍(邑)' 등은 동남방언과 동북방언에서 유용하게 쓰일 수 있다. '멋 : 못', '득 : 둑' 등은 **서북방언**에서 활용될 수 있는 최소대립쌍이다. 소방언권별로 차이를 보일 수도 있으므로 많은 대립쌍이 확보될 필요가 있다.

서북방언에서는 'ㅓ : ㅗ', 'ㅡ : ㅜ'의 대립을 조사해야 한다. '거저'를 '고조'라 하고 '급하다'를 '굽하다'라 하는 이들을 보았을 것이다.

여러 최소대립쌍을 통해 결론을 내리는 것이 화자의 언어능력을 제대로 판가름하는 것이다. 위에서 제시된 몇몇 최소대립어를 통해 소기의 성과를 달성하였다고 해도 안심할 수는 없다. 보다 많은 대립을 확인해야 하며 특히 **비어두에서의 대립**도 확인해야 한다는 부담을 가져야 한다. 이것이 바로 화자들의 언어능력을 꼼꼼히 확인하는 것이다.

10모음을 명확히 발음할 수 있는 제보자들의 발화도 비어두에서는 대립이 확인되지 않기도 한다.

몇몇 최소대립쌍을 통해 대립을 확인할 수 없다면 비어두에서의 대립은 조사할 필요가 없을 것이다. 바로 두 모음이 합류한 것으로 간주하면 된다. 'ㅔ : ㅐ'의 경우, 60세 이하의 한국인이라면 대부분 두 음소의 합류를 인정할 수 있겠다. 'ㅡ : ㅓ'의 경우, 흔히들 경상도 화자들은 그 대립을 확인할 수 없다고 한다(경북북부지역 제외).

지금까지는 최소대립쌍을 통한 음운 설정 방법에 대해 알아보았다. 다음 절에서는 분포를 통해 음소를 설정해 보기로 한다.

3.2.2. 분포에 의한 음소 설정

'가곡'을 IPA로 전사한 것이 [kʼagokʼ]이다. 'ㄱ'은 'kʼ, g, kʼ'으로 전사된다. 어두의 'ㄱ'은 kʼ, 어중의 'ㄱ'은 유성음 g, 음절말의 'ㄱ'은 kʼ이다. 이들은 모두 환경에 따른 변이음으로 실현된다. 즉 조금씩 음이 다른데도 그것을 모두 'ㄱ'으로 받아들이는 것이다. 앞에서 3초 전에 낸 '프'의 'ㅍ' 발음을, 에너지까지 동일하게 구현해 낼 수 없다고 했다. 이 또한 결국은 발음이 다른 것이다. 음성적으로는 다르나 음운론적으로는 같다고 했다. 환경이 같은데도 음성이 다른 것을 자유변이음이라고 하고 다른 환경에서 나는 한 음소의 이음은 조건변이음이라 한다. 음운론에서 의의를 둘 수 있는 것은 조건변이음이다. '라라랄'에서 초성의 'ㄹ'은 [r](튕기듯이 터치를 함)과 유사하고 종성의 'ㄹ'은 [l]과 유사하다. 아니 실제로 그렇게 **전사**를 한다. 초성, 종성으로 환경이 다르니 이들이 조건변이음이다. 발음을 해 보면 입천장을 치는 위치가 다르다는 것을 알 수 있다. 위치가 다르면 다른 음이다. 자유변이음이든 조건변이음이든 제대로 인식하기는 매우 어렵다. 인식이 잘 안 되거나 인식을 할 수 없기에 이는 음운이 아니라 음성에 해당하는 것이다.

자유변이음과 달리 조건변이음은 상보적 분포를 이룬다. 마치 형태론에서 '이/가', '은/는'이 자음 뒤에서는 '이/은(공책이/공책은)', 모음 뒤에서는 '가/는(노트가/노트는)'으로 실현되는 것과 같다. 이것도 상보적 분포라고 한다. 하나는 형태론에서 말하는 상보적 분포이고 다른 하나는 음운론에서 말하는 상보적 분포이다.

어두의 k̓, 어중의 g 음절말의 k̚는 한 음소의 속하는 서로 다른 이음, 변이음이다. 이들은 상보적 분포를 이룬다고 말한다. 그래서 하나의 음운에 속하려면 그 이음들은 상보적 분포를 이루어야 한다고 말한다. 일반언어학에서 최소대립쌍을 통해 음소를 설정하려는 쪽도 있고 상보적 분포를 통해 음소를 설정하려는 쪽도 있다. 한국어에서는 최소대립쌍을 통한 음소 설정 방법이 일반화되어 있다.

'ㅎ'은 항상 초성에만 나타나고 'ㅇ'은 항상 종성에만 나타나니 이들도 상보적 분포를 이룬다고 해야 한다. 그러면 한 음소의 이음이 될 가능성도 있다. 이를 보완하는 방식이 바로 음성적 유사성이다. 'ㅎ'과 'ㅇ'은 음성적으로 유사하지 않다는 것이다. 그래서 두 항을 한 음소로 인정하지 않는다. 반면 'k̓, g, k̚'는 음성적으로 매우 유사하니 한 음소의 이음으로 인정하는 것이다. 'ㄱ'의 변이음을 표로 제시한다.

변이음까지 명확하게 전사하는 것을 정밀전사(narrow transcription)라 하고 음소 단위까지 전사하는 것을 간략전사(broad transcription)라 한다. 'kagok(가곡)'의 간략전사는 'kakok'이고 'taʎʎək(달력)'의 간략전사는 'tallək'이다.

한 음소의 변이음은 상보적 분포를 이룬다. 그러나 '상보적 분포를 이루면 한 음소의 변이음이다'라는 역은 성립하지 않는다. 'ㅎ'과 'ㅇ'을 예로 들 수 있다. 여기에서 종성은 'ㅇ'으로 나타낸다.

	어두	어중	음절말
ㄱ	무성파열음 kʰ	유성파열음 g	불파음 k̚

음소와 변이음의 관계를 다음을 통해서 이해하면 좋을 듯하다. 음소는 '20대 여성'에 해당할 것이요 변이음은 상황에서의 역할에 해당할 것이다.

	무성파열음 kʰ	유성파열음 g	불파음 k̚
	수강생 역할	친구 역할	선배 역할

다음은 장애음('ㅅ' 제외)의 이음을 제시한 것이다.

	어두(무성파열음)	어중(유성파열음)	음절말(불파음)
ㅂ	pʰ	b	p̚
ㄷ	tʰ	d	t̚
ㄱ	kʰ	g	k̚
ㅈ	ʧʰ	ʤ	ʧ̚

위에서 어중이라는 환경은 공명음 사이이다. 공명음 사이에서는 평장애음(ㅂ, ㄷ, ㄱ, ㅈ)도 유성음으로 실현된다. 이것이 바로 **유성음화**라는 음성규칙이다. 다음을 표준발음에 맞추어 IPA로 적고 변이음 관계를 파악해 보자. 그리고 유성음화로 볼 수 있는 음에 대해 밑줄을 그어 보자.

'가[ka]+고[ko] → 가고[kago]'에서 k가 g로 유성음화되었다. 우리는 k와 g를 구분할 수 없으므로 이 변동은 음운 규칙이 아니라 음성규칙이다. 변이음 규칙인 셈이다. 제시된 네 가지 예에서 유성음화된 음절은 총 다섯이다.

오가다:

옮기다:

돋보기:

수놓다:

최소대립쌍을 통한 조사의 중요성

최소대립쌍은 의미가 개입되니 의미가 개입되지 않는 분포의 관점이 보다 타당할 수는 있다. 그런데 분포에 의존하는 방법은 변이음에 대한 이해가 선행되어야 하기에 쉽지만은 않다.

언어마다 어느 한 가지 방식으로 모든 음소를 설정할 수 없다면 두 방식을 혼용할 수 있겠다. 한국어는 최소대립쌍으로 충분하다. 그런데 최소대립쌍을 중시하지 않으니 그것이 문제일 따름이다. 음소를 설정할 때 연구자의 감각으로 7모음, 혹은 8모음이라 판단해서는 안 된다. 최소대립쌍으로 접근하고 그것을 모두 구체화해야 한다. 서울 사람이 경북 북부지역(봉화, 영주, 안동, 예천)에 가서 자신의 발음으로 '으'와 '어'가 구분되지 않는다고 결론지으면 안 된다. 그 지역 화자들은 그 둘을 잘 구분할 수도 있다. 구분 못한다고 하면 의기양양하게 왜 구분이 안 되냐고 목청을 돋우어 두 모음의 대립을 알리려 한다. 서울 사람의 '으' 발음과 안동 사람의 '으' 발음이 다를 수 있기 때문이다. 사실 안동 토박이가 내는 '으'는 그 조음위치가 '어'쪽으로 좀 더 내려와 있다고 해야 할 것이다. 서울 사람들은 안동 지방의 '으'를 더러는 '으'로, 더러는 '어'로 들을 수 있으나 그쪽 사람은 제대로 '으'와 '어'를 구분해서 발음한다. 그런데 대구, 부산 사람들은 그 두 모음을 구분 못 하니 방언형을 제보할 때마다 위축되기도 한다. 특히 최소대립쌍 '**글 : 걸**'에 이르면 글을 모른다는 의식 때문에 더 위축될 수 있다.

경상도 젊은 층에서는 교육의 영향으로 '글'과 '걸'이 대립되는 경우도 많다. 다만 노년층의 경우는 '미드득', '미드덕', '미더득', '미더덕'의 발음이 일반적으로 같은 것으로 확인된다. '어스름/으스름, 어스름/어서름, 어스름/어스럼' 등 글자를 보고도 명확히 발음하지 못하는 화자라면 '으'와 '어'가 합류된 것이다.

3.3. 운소 설정 방법

일반언어학에서 말하는 운소에는 장단, 고저, 강약이 있다. 왜 운소에는 장단, 고저, 강약이 있다고 하는가에 대한 답변 역시 최소대립쌍으로 해결할 수 있다. 의미 대립을 가능하게 하는 것이 음소 외에 또 무엇이 있을까 하는 것이다. 이 경우 최소 조건을 만족하려면 최소대립쌍에서의 음소는 동일해야한다. 이때의 치환의 틀은 동일한 음소쌍이다. 즉 초성, 중성, 종성은 완전히일치해야 하고 음장 조건만 달라야 한다.

말(ː) : 말(ː)
치환의 틀(운소)

괄호 친 장음 표시의 유무에 따라 의미가 대립되는 것을 확인한다. 한국어에는 중부방언인 경우 장단이 의미변별 기능을 한다. 장단을 확인할 수 있는최소대립쌍을 아래에서 확인할 수 있다.

밤ː(栗) : 밤(夜), 눈ː(雪) : 눈(目), 발ː(簾) : 발(足)

이런 유형은 초등학교 때부터 많이 배워 왔다. 의미가 변별되는 것은 음소의 차이가 아니다. 오로지 장단과 관련되어 있다.

동남방언은 굳이 말하자면 **고저 유형**이다. 경상도 말을 포함하여 주로 한반도 동쪽의 함경도 말, 영동 지역 말은 고저가 단어의 의미를 변별한다.

> 한반도 동쪽은 성조를 가지고 있어 한국의 방언은 크게 동부방언권과 서부방언권으로 이대분된다. 남부방언권과 북부방언권이 아니다.

(ˊ) (ˊ)   (ˊ) (ˊ)
가지 : 가지
치환의 틀(운소)

분절음 조건은 완전히 동일하다. 그래야 최소라는 조건을 만족할 수 있다.고저에 따라 의미가 대립되는 것을 아래 최소대립쌍에서 확인할 수 있다. 최

소대립쌍 '불 : 뿔'을 통해 음소 'ㅂ', 'ㅃ'을 설정하듯이 아래의 최소대립쌍을
통해 성조소 L과 H를 설정할 수 있다.

가지(LH) - 가지 사 와라
가지(HH) - 가지가 부러졌어

이 둘을 포함하여 다음과 같은 대립어도 확인할 수 있다.

가지(HL) - 빨리 가지 왜 안 가노 / 한 가지도 없네
가지(RH) - 그게 가지라
가지(FL) - 강아지를 가지라 해

> R, F는 rising tone(상승조), falling tone(하강조)을 나타낸다. RH는 위의 HH와 대비되면서 최소대립쌍이 되는 것이다. 두 단어의 분절음은 동일한데 성조는 한 음절에서만 다르기 때문이다.

다음에 제시된 높낮이 표시는 악보 오선지의 환경과 매우 유사하다.

작은아버지(LLLHL)   모나리자(LLHL)

그리웠던   그 사 람 을   몇미터 앞에다 두 고

가사가 분절음에 해당하고 음표가 바로 **악센트**에 대응되는 것이다. 음표가
가사 위에 얹혀 있듯이 분절음 위에 운소가 얹혀 있으니 운소를 초분절음이
라 하는 것이다.

> 악센트는 고저악센트(성조), 강약악센트(강세) 등으로 구분될 수 있다.

보충 강약과 고저의 차이

강약을 가진 언어로는 영어를 들 수 있다. 다음의 대립쌍을 통해 강약을 확인해 보자.

conduct

[kaˈndʌkt] : [kəndʌˈkt]

전자는 '명사(행동)'로 쓰인 것이고 후자는 '동사(행동하다)'로 쓰인 것이다.

강약 언어는 제1강세, 제2강세도 있어 성조 언어에 비해 율동감을 느낄 수 있다.

ìntrodúce

제2강세   제1강세

—   —   —

América, atténtion의 경우 첫 음절은 강세가 부여되지 않는다. 그런 경우 '메리카', '텐션'으로도 의사소통이 된다고 한다. 이처럼 약한 음절은 발음을 하지 않아도 의사소통에 지장이 없을 수 있다. 성조언어는 강약 언어인 영어처럼 제1강세, 제2강세가 없다. 강약언어와 달리 성조언어에서는 첫 음절이 아무리 낮아도 '작은아부지'를 '은아부지', '모나리자'를 '나리자'라고 할 수 없다. 이것이 고저(pitch accent)와 강약(loudness accent)의 또 다른 차이라 할 것이다. 이 밖에 **휴지 또는 경계**를 어디에 두느냐에 따라 의미가 달라지기도 한다. 음소 배열은 같은데 의미가 달라질 수 있다면 그것은 음운론의 대상이 된다.

얼른 와 닿지는 않으나 '연접(連接)'이라 번역된 juncure라는 술어가 있다. '발화 경계' 정도의 의미로 보인다. 경계 없이 발화되는 것이 폐연접(closed juncture), 경계를 잠시 두고 발화되는 것이 개연접(open juncture)이다. '작은아버지'를 두 가지로 발음하면 의미가 달라진다.

▌제주산나물

　　제주#산나물 : 제주산#나물

　전자는 '제주도에 있는 산나물'이란 뜻이고 후자는 '제주에서 건너온 나물'이라는 뜻이다. 후자는 산나물만을 지칭하는 것이 아닌 셈이다. 다음 두 구성도 의미차를 가져온다.

▌친구가방에있어

　　친구#가방에#있어 : 친구기#방에#있어

　휴지를 어디에 두느냐에 따라 의미가 달라진 것이다. 휴지의 위치에 따라 전자에서는 bag이, 후자에서는 room이 인식된다.

　아래의 두 의문문은 억양에 따라 의미가 달라진 것이다. 의미가 억양에 의해 구분되니 역시 음운론의 영역에 드는 것이다.

　　Q: **누가 왔어(⌒⁀)?**　　A: 네.

　　Q: 누가 왔어?(⤵)　　A: 철수요.

일반적으로 억양이 실린 동남방언의 표면성조는 다음과 같다.

누가 왔어(HH#HH)
누가 왔어(HHLL)

4

자질

4.1. 음소의 자질값

자질의 총합이 바로 음소이다. 자질에 대해 좀 더 쉽게 접근해 보자.

자신의 친한 친구에 대해 스무고개식으로 퀴즈를 낸다고 생각해 보자.

첫째 고개, 남자인지?

둘째 고개, 고향이 남쪽인지?

셋째 고개, 술은 잘 마시는지?

넷째 고개, 입심은 센지?

다섯째 고개, 결석이 잦은지?

여섯째 고개, 유머는 있는지?

일곱째 고개, 축구는 좋아하는지?

여덟째 고개, **리더** 기질이 있는지?

이런 식으로 친구의 캐릭터를 분석할 수 있다. 각각의 특성, 곧 자질 (feature)은 대략 다음과 같이 나타낼 수 있다.

'리다(reader)', '란나(runner)', '빠다(butter)', 등을 보건대 일본을 통해 유입된 단어는 'ㅓ'가 'ㅏ'로 나타남을 확인할 수 있다. 'ㅓ'가 일본어에는 음소로 존재하지 않기 때문이다.

[+남자], [-남쪽], [+주당], [+입심], [-결석], [+유머러스], [-축구], [+리더십]

아, 이제 자질이 무엇인지 감이 올 것이다. 그러면 모음 'ㅣ'의 자질을 말할 수 있을까? 또 'ㅍ'의 자질을 말할 수 있을까?

모음에 관해서는 다음과 같이 자질 명세를 할 수 있다. 모음 체계를 염두에 두고 이해해 보자.

[-후설성]: ㅣ, ㅔ, ㅐ, ㅟ, ㅚ
[+고설성]: ㅣ, ㅟ, ㅡ, ㅜ
[+원순성]: ㅟ, ㅚ, ㅜ, ㅗ

[-후설성], [-원순성]은 모음 'ㅣ'와 'ㅔ', 'ㅐ'의 공통 자질이다. 여기에 [+고설성]이 추가된다면 모음 'ㅣ'의 자질이 되는 것이다. 'ㅣ', 'ㅔ', 'ㅐ' 중 고모음은 'ㅣ'뿐이기 때문이다.

[+전방성], [-설정성]이면 양순음을 말한다. 조음위치가 앞이고 혀끝을 사용하지 않는다면 당연히 양순음밖에 없다. 양순음이라면 자동적으로 [-지속성]이라는 자질을 갖게 된다. 양순음 'ㅂ, ㅃ, ㅍ'이라면 입술에서 기류가 장애를 받으며 조음되기 때문이다. 기류가 지속되지 못한다. 그러니 이 경우의 [지속성]은 **잉여적 자질**이다. 다시 말해 두 자질 [+전방성], [-설정성]으로 양순음이 확정되었기에 [-지속성]은 부수적으로 따라온다는 것이다. 양순음 'ㅂ', 'ㅃ', 'ㅍ' 각각을 구분하기 위해서는 다른 자질이 필요하다. [-긴장성]이라고 하면 유기음과 평음을 말하는 것이다. 그러면 양순음 중 유기음과 평음은 'ㅍ', 'ㅂ'이다. 그중 'ㅍ'만을 지칭하려면 또 다른 자질 [+유기성]이 있어야 한다.

모음 'ㅣ'는 [+고설성], [-후설성], [-원순성]으로 충분히 다른 음소와 구분이 된다. 여기에 [저설성] 자질을 따로 표시할 필요는 없다. 비음 'ㅁ', 'ㄴ', 'ㅇ'의 자질은 [+비음성]으로 충분한데 거기에 [+공명성], [-긴장성], [-유기성] 등을 표시할 필요는 없다. 이처럼 자질끼리의 관계 속에서 자동적으로 명세화될 수 있는 특성을 자질의 잉여성(redundancy)이라 한다.

4.1.1. 대분류 자질

먼저 자음, 모음, 반모음 등을 포함한 음소 전체를 크게 분류하는 대분류자질, 자음성과 모음성부터 살펴보자.

대분류자질(the major class feature)

	자음(C)	모음(V)	반모음(S)	유음(L)
자음성(consonantal)	+	-	-	+
모음성(vocalic)	-	+	-	+

대분류자질로 반모음과 유음에 대해 알아보자.

반모음은 자음도 아니고 모음도 아니다. 이는 '벼', '자유'를 통해서 확인할 수 있다. '벼'의 음절 구성은 'CSV/CGV'이고 '자유'의 음절 구성은 'CVSV/CVGV'이다. '벼'에서의 반모음을 자음으로 보게 되면 CCV 구성이므로 한국어의 어두에는 하나의 자음밖에 올 수 없다는 제약에 어긋나게 되고, '자유'에서의 반모음을 모음으로 보게 되면 CVVV 구성으로 모음이 연속 셋 놓이게 된다. 국어에 그런 구성이 흔치 않다고는 하나 불가능한 것은 아니다. '기어이'를 예로 들 수 있다. 다만 모음 연쇄에서는 '기여이'와 같이 모음 충돌 회피라는 현상이 적용될 수도 있다. 이 경우 반모음을 모음으로 보게 되면 큰 문제가 발생한다. 모음이 넷이 연이어지는 CVVVV 구성이 되기 때문이다. 글쓴이가 아는 한 한국어에 이런 구성은 없다. '교육'에서 반모음을 모음으로 보면 CVVVVC 구성이 된다. 이런 구성은 반모음이 개재되었을 때에만 확인되니 반모음을 모음으로 보기는 어렵다.

유음은 자음성도 띠고 모음성도 띤다. 먼저 자음성으로서의 유음을 확인해 보자. 종성으로 끝나는 명사는 목적격 조사가 '을'이 결합되고, 종성을 갖지 않는 명사는 '를'이 결합된다. 유음을 말음으로 하는 명사, '물'을 예로 들어 보자. 이때의 유음은 [+자음성]이라고 해야 한다.

반모음을 자음의 일종인 활음(Glide)으로 보는 경우에는 CGV이니 참고로 제시한다.

'ㄹ'의 [+자음성]은 다음에서도 확인된다.
발은, 손은, 등은 ; 코는, 귀는, 혀는

물을, 산을, 바다를

그런데 다음에서는 상황이 달라진다.

물(   ), 산으로, 바다로,

'산'에는 종성이 있기에 '으로'가 확인되고 '바다'에는 종성이 없기에 '로'가 확인된다. '물'은 종성이 있기에 '으로'가 예상되지만 '로'가 결합된다. '물으로'가 아니라 '물로'임을 고려한다면 이때는 유음이 모음과 자연부류를 이루는 것이다. 바로 'ㄹ'의 [+모음성] 때문이다.

'ㄹ'의 모음성은 활용에서도 확인된다.

먹은(eat), 간(go), **쓴**(sweep)
먹으니까, 가니까, 쓰니까

위 이미지에서의 표기는 '썰+ㄴ → 썬'의 과정이므로 '썬'으로 표기되어야 한다. '썰+은 → 썰ㄴ → 썬'의 첫 번째 과정 어미초 '으' 탈락의 동기가 매우 의심스럽다(장음 표시 생략). 학교문법과 달리 글쓴이는 '(으)니', '(으)면' 등의 기저형을 '으니 ∾ -니'의 복수기저형으로 파악한다. 그러니 어미초 '으' 탈락 규칙도 상정하지 않는다.

유음과 모음도 자연부류로 묶일 수 있음을 확인하였다. [+모음성/vocalic]자질이.
'가고', '썰고', '신:꼬', '먹꼬', '짤꼬' 등을 보건대 표면적으로는 [-vocalic]을 말음으로 하는 활용 어간의 경우는 어미초자음이 경음으로 변동된다고 기술할 수 있다. [모음성]에 매료된 이런 기술도 있기는 하다. 이점이 있다면 '핥+고 → 핥고 → 핥꼬 → 할꼬'에서 보이는 첫 번째, 두 번째 과정을 상정하지 않아도 된다. '핥+고 → 핥꼬 → 할꼬'처럼 간결하게 도출할 수 있다.

'먹은'에서처럼, 자음으로 끝나는 어간에는 관형사형 어미 '-은'이 결합되고, '간'에서처럼 모음으로 끝나는 어간에는 '-ㄴ'이 결합된다. 그런데 '쓴'은 자음으로 끝나는 어간임에도 '쓸+ㄴ'과 같이 어미가 '-ㄴ'이 결합되어 있다. 이때는 모음으로 끝나는 어간 '가-'에서의 결합과 일치한다. [+모음성/vocalic]으로 이 현상을 설명할 수 있다. 즉 'ㄹ'과 모음이 자연부류(natural class)를 이루는 것이다. 특성이 유사한 음소들을 묶어서 자연부류라 칭한다. **자연부류**는 특정 변별적 자질을 공유한다. 후설모음이 자연부류로 묶일 수 있고, 전설모음도 자연부류로 묶일 수 있다. 5개의 후설모음이 자연부류로 묶인다면 각 모음이 가지는 여러 자질 중 특정 자질 [+후설성/back]이 공유된다.

보충 영어에서의 반모음과 부정관사

an elephant, a cow, a wolf, a yak, a unicorn

an animal, a man, a woman

an hour, a year, a day

반모음이 모음과 구분되는 것은 영어에서도 확인된다. 모음으로 시작하는 elephant, animal, hour 등에는 관사 an이 결합되고, 자음이나 반모음으로 시작하는 cow, wolf, unicorn 등에는 관사 a가 결합된다.

hour은 첫 자모 h가 발음되지 않기에 모음으로 시작하는 단어이며 unicorn은 모음 자모로 시작하는 명사이지만 실제 발음은 [ju-]이므로 반모음으로 시작하는 명사인 것이다.

4.1.2. 자음 분류 자질

자음에 관한 자질은 크게 조음위치 자질과 조음방식 자질로 나눌 수 있다. 조음위치 자질에는 전방성과 설정성을 둔다.

전방성[ANTERIOR]: 조음위치상 앞쪽에서 조음되는 특성
설정성[CORONAL]: 혀끝이 위를 향하여 정점에 있는 특성

이 두 개의 자질만으로 네 부류를 명확히 구분할 수 있다.

	순음	치경음	치경구개음	연구개음
전방성	+	+	-	-
설정성	-	+	+	-

조음방식 자질은 다음 6가지를 둔다.

비음성[NASAL]: 기류가 비강으로 흐르는 특성
지속성[CONTINUANT]: 기류가 막히지 않는 특성
소음성[STRIDENT]: 소음이 동반되는 특성

긴장성[TENSE]: 성대 주위에서 긴장이 동반되는 특성

유기성[ASPIRATED]: 상당한 기류를 동반하는 특성

공명성[SONORANT]: 소리가 잘 울리는 특성

공명성과 대가 되는 [장애성 OBSTRUENT]을 두기도 한다.

긴장성은 경음으로 한정한다.

주지하듯이 비음성은 '비음'과 '장애음, 유음'을 구분해 주는 자질이다. **긴장성**은 평음, 경음, 격음의 삼중체계 중 경음을 구분해 주는 자질이며, 유기성은 평음, 경음, 격음 중 격음을 구분해 주는 자질이다. 지속성 대신 폐쇄성을 활용할 수도 있다. 자음 체계와 관련짓는다면 폐쇄음을 상기시키는 폐쇄성이 유리할 수도 있다. 소음성[STRIDENT] 대신 치찰성[SIBILANT]을 쓰기도 한다. 치찰성도 자음체계와 관련지을 수 있는 이점이 있다. 마찰음과 파찰음을 떠올릴 수 있기 때문이다. 영어에서는 f, v를 소음성으로 명시하는바, 소음성이 치찰성보다는 약한 소리라 한다. 한국어의 경우는 소음성으로 하든 치찰성으로 하든 상관없어 보인다. 그런데 우리의 'ㅅ'은 영어에 비해서는 소음이 덜한 것이 특징이며 또 '치찰성'이라는 번역어가 그다지 합리적이지 않아 보인다. 현대국어의 'ㅅ, ㅈ, ㅊ'는 '齒'와는 관계없기 때문에 소음성을 사용한다.

다음은 자음의 자질을 표로 제시한 것이다. 빈칸에는 '-(마이너스)'가 표시된다.

자음 분류 자질과 자질값

공명도가 큰 순서
저모음>고모음>반모음>유음>
비음>마찰음>파찰음>파열음

자질	ㅂ	ㅃ	ㅍ	ㄷ	ㄸ	ㅌ	ㄱ	ㄲ	ㅋ	ㅅ	ㅆ	ㅈ	ㅉ	ㅊ	ㅁ	ㄴ	ㅇ	ㄹ	ㅎ
전방성	+	+	+	+	+	+				+	+				+	+		+	
설정성				+	+	+				+	+	+	+	+		+		+	
비음성															+	+	+		
긴장성		+			+			+			+		+						
유기성			+			+			+					+					+
공명성															+	+	+	+	
지속성										+	+							+	+
소음성										+	+	+	+	+					

4.1.3. 모음 분류 자질

모음에 관한 자질은 크게 혀에 관한 자질과 입술 모양에 관한 자질로 나뉜다. 혀의 전후 위치 자질, 혀의 높낮이 자질, 입술 모양 자질이 그것이다. 이들에 관련해서는 이미 모음 체계에서도 어느 정도는 확인하였다. 전설모음, 후설모음, 고모음, 저모음, 원순모음, 비원순모음 등의 분류가 그것이다.

모음 분류 자질(반모음 포함)과 자질값

자 질	ㅣ	ㅔ	ㅐ	ㅟ	ㅚ	ㅡ	ㅓ	ㅏ	ㅜ	ㅗ	j	w
후설성						+	+	+	+	+		+
고설성	+			+		+			+		+	+
저설성			-					-				
원순성				+	+				+	+		+

다음은 한국어에서 자주 쓰이는 자질을 나타낸 것이다. 줄친 부분을 '+'값으로만 표시해 보자.

자 질	ㅍ	ㄸ	ㄱ	ㅆ	ㅈ	ㅁ	ㄴ	ㅇ	ㄹ	ㅣ	ㅔ	ㅏ	ㅗ	ㅟ	j	w
후설성												+	+			+
고설성										+				+	+	+
저설성												+				
원순성													+	+		+
성절성										+	+	+	+	+		
공명성						+	+	+	+	+	+	+	+	+	+	+
비음성																
유기성																
긴장성																
전방성																
설정성																
자음성	+	+	+	+	+	+	+	+	+							
모음성										+	+	+	+	+		

4.2. 자질의 유용성 및 한계

'국물 → 궁물'에서의 비음화를 자질로 이해해 보자. 첫 음절 종성 'ㄱ'이 비음 'ㅇ'으로 변동되었다. 'ㄱ'과 'ㅇ'의 자질을 살펴보자.

/ㄱ/	[-전방성], [-설정성], [-긴장성], [-유기성], [-비음성]
/ㅇ/	──────────────────────── [+비음성]

결국 마지막 자질만 바뀌었다. 자질이 후행하는 비음에 영향을 받아 비음성만 대치된 것이다.

다음으로는 '쌀밥+이 → 쌀뱁이'에서의 움라우트를 자질 대치로 파악해 보자. 입력부의 모음 'ㅏ'와 출력부의 모음 'ㅐ'의 자질을 살펴보자.

/ㅏ/	[+저설성], [-원순성], [-전설성]
/ㅐ/	────────────── [+전설성]

앞선 비음화에서와 마찬가지로 결국 마지막 자질만 바뀌었다. 자질이 후행하는 전설 모음 'ㅣ'에 영향을 받아 전설성만 대치된 것이다.

음소 대신 자질을 활용하는 것이 훨씬 간결할 수 있다. 다음에 제시된 비음화를 살펴보자.

> '밭+만 → 받만 → 반만'에서의 중간 과정 설정은 다음에서도 확인된다. 중간 과정을 두느냐 두지 않느냐에 따라 비음화를 자질로 표시할 때 문제가 발생한다(후술 참조).
>
> • 놓+는 → 녿는 → 논는(평파열음화 후 비음화) / 놓+는 → 논는(후음의 비음화)
> • 갚+는 → 갑는 → 감는(평파열음화 후 비음화) / 갚+는 → 감는(유기음의 비음화)

잡+는 → 잠는　　　　　ㅂ이 ㄴ 앞에서 ㅁ으로 변동한다.

받+는 → 반는　　　　　ㄷ이 ㄴ 앞에서 ㄴ으로 변동한다.

먹+는 → 멍는　　　　　ㄱ이 ㄴ 앞에서 ㅇ으로 변동한다.

밥+만 → 밤만　　　　　ㅂ이 ㅁ 앞에서 ㅁ으로 변동한다.

밭+만 → **받만** → 반만　　ㄷ이 ㅁ 앞에서 ㄴ으로 변동한다.

죽+만 → 중만　　　　　　ㄱ이 ㅁ 앞에서 ㅇ으로 변동한다.

이 6줄이나 되는 기술을 보다 간략히 나타내는 방법은 다음과 같다.

ㅂ, ㄷ, ㄱ이 ㄴ 앞에서 ㅁ, ㄴ, ㅇ으로 변동한다.
ㅂ, ㄷ, ㄱ이 ㅁ 앞에서 ㅁ, ㄴ, ㅇ으로 변동한다.

자질을 이용하면 한 줄로 나타낼 수 있다.

① [-공명성] → [+비음성]/__[+비음성] // [+장애성] → [+비음성]/__[+비음성]
② [−지속성, −소음성, −유기성, −긴장성] → [+비음성]/__[+비음성]

한 줄로 나타낸다는 측면에서는 분명히 의의가 있다. 그런데 자세히 관찰해 보면 복잡한 문제가 노정된다. ①은 경음, 유기음, 'ㅎ'을 포함한 '장애음의 비음화'이고 ②는 평파열음 'ㅂ, ㄷ, ㄱ'의 경음화이다.

①과 같은 매우 매력적인 방식은 유기음(경음, 'ㅎ' 포함)을 말음으로 하는 어간에서의 비음화를 다음과 같은 과정으로 기술케 한다.

'ㅂ', 'ㄷ', 'ㄱ'에만 해당되는 자질이 필요하다. [-공명성]은 장애음이다. [-지속성, -소음성]까지 고려하면 파열음 9가지만 남는다. 여기에 [-유기성], [-긴장성]도 고려해야 비로소 평파열음 'ㅂ', 'ㄷ', 'ㄱ'만 남게 된다. 오히려 복잡하다. '[+obs] → [+nasal]/__[+nasal]'와 같이 [+장애성]을 활용하여도 같은 문제가 발생한다.

밭+만 → 반만, 갚+는 → 감는
밖+만 → 방만, 놓+는 → 논는

②와 같은 방식을 취해야만 평파열음화 과정에 의한 'ㅂ, ㄷ. ㄱ'이 비음 앞에서 비음으로 변동하는 것으로 기술할 수 있다.

밭+만 → 받만 → 반만, 갚+는 → 갑는 → 감는
밖+만 → 박만 → 방만, 놓+는 → 녿는 → 논는

어떤 이는 자질을 표시하는 데, 또 어떤 이는 그 규칙을 이해하는 데 많은 노력이 필요하다. 한 줄로 간결성을 확보한 측면은 평가되지만 화자의 언어능력은 결코 쉽게 드러나지 않는다.

다음에 제시된 움라우트도 5줄로 된 것을 한 줄로 줄여서 기술할 수 있다.

밥+이 → 뱁이
법+이 → 벱이
금+이 → 김이
콩+이 → 쾽이
국+이 → 귁이

'ㅡ, ㅓ, ㅏ, ㅜ, ㅗ'가 i 앞에서 'ㅣ, ㅔ, ㅐ, ㅟ, ㅚ'로 변동한다.
'ㅡ, ㅓ, ㅏ, ㅜ, ㅗ'가 i 앞에서 'ㅣ, ㅔ, ㅐ, ㅟ, ㅚ'로 변동한다.

이상을 다음과 같이 한 줄로 나타낼 수 있다.

[+후설성] → [-후설성]/__i

여기에 '핵교', '귀경' 같은 예를 추가하여 보완할 필요가 있다.

[+후설성] → [-후설성]/__j

위 두 줄을 자질을 활용하여 한 줄로 적어 보자.

> [-자음성]은 모음과 반모음을 뜻한다. 다른 모음과 구분되는 i의 자질, w와 구분되는 j의 자질을 통해 그 공통적인 자질 [+고설성, -후설성, -원순성, -자음성]을 이끌어낼 수는 있다.

[+후설성] → [-후설성]/__[+고설성, −후설성, −원순성, −자음성]

역시 비음화 과정에서와 같이 다소 복잡한 문제가 노정된다. i, j의 공통 자질을 표시하고 이해하는 데 노력이 필요하다. 음소 둘을 { }에 넣어서 표시하는 방식이 선호된다. 언어능력을 보다 쉽게 설명하는 방식으로 접근하자.

[+후설성] → [-후설성]/__{i, j}

5

음절

한국인이 발화할 수 있는 최소 단위는 음소가 아니라 음절(syllable)이다. 자음과 달리 모음은 그 자체만으로 발화할 수 있기에 홀소리라 칭하기도 한다. 음절의 전형적인 유형은 초성, 중성, 종성으로 구분되는데 이때에도 중성을 이루는 모음 없이는 발화될 수 없다. 이 점에서 **모음**을 성절음이라고 한다.

5.1. 한국어의 음절 유형

한국어의 음절은 다음과 같이 크게 네 유형으로 나뉜다.

V	아, 오
VC	안, 옥
CV	나, 호
CVC	남, 혹

여기에 **활음 또는 반모음**이 개재되는 경우, 네 가지 음절 유형이 추가된다.

성절성이 있는 '모음'을 음절 핵이라고 한다. 음절의 구성요소 중 core이다. core와 관련된 구성을 아래에서 확인할 수 있다. [+coronal, 舌頂性], new core 백화점, corona 바이러스, coronation (대관식)…

• 개음절(모음으로 끝나는 음절): 가, 나, 아, 요, 여…
• 폐음절(자음으로 끝나는 음절): 각, 날, 알, 욕, 역…

반모음은 S(semivowel)로 표시해야 하나 여기에서는 편의상 자음 부류의 하나인 활음 G (glide)로 제시한다.
자신의 이름을 C, G, V를 활용해서 나타내어 보자.

GV   요, 야

GVC   욕, 약

CGV   벼, 겨

CGVC   벽, 경

cf. 의(VG), 긔(CVG)

표준발음법 제5항에 제시된 '협의'의 발음 유형을 고려하면 음절 유형은 총 10가지에 이른다.

협의[혀븨CVG~혀비]

다만, '강완', '넝큼'에서의 '완', '넝'이 실제로 발화된다면 한국어의 음절 유형은 VGC, CVGC까지 망라되어야 한다.
한편, 음절은 표기와 구분된다. '먹었다(표기)'의 첫 음절은 '머'이며, 둘째 음절은 '걷', 셋째 음절은 '따'이다.

5.2. 음절 구조 제약

한국어의 음절은 중성을 핵으로 하여 그 앞뒤로 초성과 종성이 놓일 수 있는 구조를 지닌다. 각 성분에 해당하는 제약에 대해 살펴보자. 한국어에는 초성 제약과 종성 제약이 있다. 초성과 종성에는 하나의 자음만 놓일 수 있다는 것을 미리 밝혀 둘 필요가 있다.

5.2.1. 초성 제약

초성 제약은 초성에는 **하나의 자음**만 놓이되 /ㅇ[ŋ]/은 올 수 없다는 제약이다. 영어의 spring, split, strike, mostly, screen, sclerose 등과 대비해 보면 초성에 하나의 자음만 놓인다는 국어의 초성 제약에 대해 이해할 수 있다. 15세기에는 '뜨-', '빼'와 같이 두어 자음이 초성에 놓이기도 했고 '이어(鯉魚)', '부어(鮒魚)'와 같이 'ㅇ'이 초성에 놓이기도 했다.

최근에는 '리듬', '라일락', '로맨스' 등의 발화도 가능해졌다.

다음과 같은 **두음법칙**은 어두 제약이다. 단어의 첫머리에 'ㄹ'이 올 수 없다는 어두 제약은 초성 제약과는 다른 것이다.

근력, 역도 ; 혼례, 예식 ; 공룡, 용왕 ; 불량, 양심 ; 고립, 입장

cf. 풍랑, 낭만 ; 근로, 노동 ; 종루, 누각

남녀, 여자 ; 당뇨, 요도 ; 결뉴, 유대 ; 은닉, 익명

5.2.2. 종성 제약

종성 제약은 종성에 하나의 자음만 올 수 있되 그것도 7가지만 허용된다는 것이다. 영어의 attempts, cottempt와 대비해 보면 **종성**에 하나의 자음만 놓인다는 한국어의 종성 제약에 대해 이해할 수 있다. 여기에 종성 제약은 다시 불파음으로만 발화된다고 구체화할 수 있다. 한국어의 불파음은 7가지이다.

불파음을 이해하기 위해 영어와 불어의 몇 단어를 상기해 볼 수 있다. 불파음으로도 발음되고 파열음으로도 발음되는 영어의 몇 단어를 우리는 알고 있다. '첵~체크', '스트릳~스트리트' 등으로 전사될 수 있겠다.

> 현재는 음절 끝에서 'ㅅ'을 발음할 수 없지만 15세기에는 종성 'ㅅ'을 발음할 수 있었다. 그래서 8가지 자음이 종성에 놓일 수 있었다. '옷'을 [os] 비슷하게 발음했다는 것이다. '밋트'라고 써 있다면 영단어 mist처럼 읽었다는 뜻이다. 《조선관역어》에서는 '옷'을 臥昆 두 글자에 대응시키고 있다.

check, street, jeep, safe

프랑스어의 femme/homme, une/cuisine, fatal/table 등을 통해 보건대 m, n, l도 언어에 따라서는 파열음으로 발음될 수 있음을 알 수 있다(팜므/옴므, 윈느/퀴진느, 파탈르/타블르 등).

| 보충 | 성절성 자음 |

영어에서는 button, curtain, bottom, atom, bottle, battle처럼 n, m, l도 성절음으로 기능하는 경우가 있다. 철자에 현혹되지 말고 인터넷 검색 사이트에서 실제 발음을 들어 보자.

이와 관련해 유명 축구 선수들의 이름을 보면서 성절성 자음에 대해 이해하자.

> 프랑스 축구 대표팀의 일원인 Nkunku는 '잉카(Inca) 제국'에서처럼 위치동화가 일어나 '응쿤쿠'로 발음된다. 영어의 concrete, 한국어의 '신기', '반가워'가 위치동화되어 [kɑːŋkriːt], [싱기], [방가워]로 발음되는 현상과 같다.

- 음바페(Mbappe)
- 은돔벨레(Ndombele), 은디아예(Ndiaje), 은완코(Nwankwo)
- **응쿤쿠(Nkunku)**

기저형

6.1. 기저형의 의의

　기저형은 인간의 언어능력을 밝히는 데 매우 중요한 개념이다. 1장에서도 기본형과 기저형의 차이에 대해 언급한 바 있지만 화자의 머릿속 저 깊숙한 곳, 기저에 존재하는 형태가 바로 기저형(underlying form)이다.

　사실은 우리의 국어사전의 표제어가 바로 기저형과 관련된다. 표준어 화자의 기저형을 제시하려는 것이 국어사전 편찬의 목적 중 하나이다. 지역에 따라 또 화자에 따라 기저형이 달라질 수 있는데 그 기저형은 **어휘부(lexicon)**에 등재되는 것으로 이해하여야 한다. 바로 표준 어휘부가 국어사전의 표제어인 것이다. 인간의 언어능력을 밝히는 작업이 언어학의 목표라면 표준에 얽매여서는 안 된다. 표준에 이르지 못하는 사람의 언어능력을 도외시할 수 없다. 그래서 지역어 나아가 방언을 구사하는 이의 언어능력을 밝히는 작업도 당연히 중요할 것이다.

　아래에서는 교체와 이형태에 대해 알아보고 이어서 곡용형(체언+조사), 활용형(어간+어미)을 토대로 기저형 설정 방법에 대해 살펴본다.

> 표준어 화자의 어휘부를 제시하려 한 것이 국어사전이라 했다. 화자의 어휘부에는 발음 정보, 활용 정보, 의미 정보 등이 모두 망라되어야 하는데, 그것을 구현하려 한 것이 바로 사전 체제이다.

6.2. 교체와 이형태

교체란 특정 환경에서 같은 의미, 같은 기능을 가지는 어간이나 어미(조사 포함)의 형태가 바뀌는 현상을 말한다. '날고', '나니까'에서는 어간이 '날/나'로 교체되었고 '공책이', '노트가'에서는 조사가 '이/가'로 교체되었다. 교체된 '날'과 '나', '이'와 '가'를 이형태라 하는데 이들 이형태를 통해 기저형을 설정하게 된다.

교체는 세 유형으로 나뉜다. 음소 배열과 관련된 교체, 언어 단위와 관련된 교체, 규칙화 여부에 따른 교체가 그것이다.

6.2.1. 음소 배열과 관련된 교체

자동적 교체	비자동적 교체
먹꼬/가고	잡아, 먹어
멍는/먹어	달이, 해가

자동적 교체는 음소 배열 제약을 어기지 않아야 하는데 이를 달리 말하면 그렇게 발음될 수밖에 없는 교체라 할 수 있다. '먹고'는 항상 '먹꼬'로만 발음된다. 즉 파열음 다음에 평음이 발음될 수 없다는 제약과 관련되는 교체이다. 반면 비자동적 교체는 반드시 그렇게 발음될 필요가 없는 경우이다. '잡아[자바]'라고 발음해도 되고 '잡어[자버]'라고 발음해도 된다. '잡아[자바]' 이외로는 발음되지 않아야 **자동적 교체** 유형에 속하는 것이다. '먹는'도 항상 '멍는'으로만 발화된다. 달리 발음될 수 없는 **자동적 교체**이다. 비음 앞에는 파열음이 올 수 없다는 음소 배열 제약과 관계된다. '달이'에 비해 '달가', '해가'에 비해 '해이'라는 발음도 가능하다. 이런 점에서 '달이', '해가'에서의 '이/가' 교체는 비자동적 교체이다.

자동적 교체는 모두 음운론적 교체이다. 그 역은 성립하지 않는다. '양이', '개가'는 음운론적 교체이지만 '양가', '개이'로도 발음할 수 있다. 그러니 비자동적 교체이다.

6.2.2. 언어 단위와 관련된 교체

음운론적 교체	비음운론적 교체
먹꼬/가고	윤희에게 요구함, 미국에 요구함
달이, 해가	먹어라, 오너라

음운론적 이유, 주로 자음 때문에 혹은 모음 때문에 발음이 바뀌는 것이 음운론적 교체이고 '자음', '모음' 등의 음운론적 요인과 관계없는 교체가 비음운론적 교체이다. '먹+고'에서의 '먹꼬'는 파열음 뒤에서의 교체이다. 이런 교체를 유발한 것이 파열음이므로 이는 음운론적 교체에 해당한다. 파열음은 음운론의 영역 안에 있는 것이다. 주격 결합형 '달이'는 종성 때문에 '달가'가 되지 않고 '달이'가 되었으므로 음운론적 교체이다. 교체의 원인이 종성의 유무에 있으므로 — 종성이라는 용어는 음운론적인 것이기에 — 음운론적으로 조건된 교체, 줄여서 음운론적 교체라고 한다. **'에게/에'**와 관련된 [ANIMATE]는 의미 자질이기에 당연히 음운론적 교체가 아니다.

    잡아라, 먹어라, 하여라, 오너라

'먹어라'에 대해 '잡아라'는 음운론적 교체이다. 어간 '먹-'에 결합하는 어미는 '-어라', 어간 '잡-'에 결합하는 어미는 '-아라'이다. '-어라', '-아라'의 교체는 어간의 모음 자질, 즉 양성모음, 음성모음에 따른 음운론적 교체이다. 다만 '하여라', '오너라' 등에서의 교체형 '-여라', '-너라'는 음운론적 요인으로 설명할 수 없다. 바로 '하-', '오-'라는 어간의 특수성에 말미암은 것이다. 그러므로 이는 비음운론적 교체이다.

움직이는 대상에는 '에'를 쓰지 않고 '에게'를 쓴다. '영수[+animate]'는 움직일 수 있으니 '에게'를 쓴다. '미국[-animate]'은 움직일 수 없으니 '미국에게 항의한다'라고 하면 안 된다. '달/ 별'은 [-animate]이지만 '달님/별님[+animate]'과 같이 의인화되면 '달님/별님에게 물어 봐'처럼 쓸 수 있다.
'경찰에게 잡히다'도 가능하고 '경찰에 잡히다'도 가능하다. 전자는 경찰관을 뜻하고 후자는 경찰 조직을 뜻한다.

6.2.3. 규칙화 여부에 따른 교체

규칙적 교체	불규칙적 교체
달이, 해가	먹어라, 오너라
윤희에게 요구함, 미국에 요구함	마르고, 말라(말르+아)

일반화를 할 수 있으면 규칙적 교체이고 일반화를 할 수 없으면 불규칙적 교체이다. 종성이 있으면 조사 '이'가, 종성이 없으면 조사 '가'가 선택된다고 규칙화할 수 있으므로 '이/가' 교체는 규칙적 교체이다. 또 [+animate]인 체언에는 조사 '에게'가 결합된다고 일반화(규칙화)할 수 있으므로 이 또한 규칙적 교체에 해당한다. '마르고', '말라'의 경우, 어간 두 형태 **마르-와 말르-의 교체**는 규칙화를 할 수 없는 특별한 유형이다. '따르고', '따라(따르+아)'와의 대비를 통해 그 차이를 확인할 수 있다[따르고, 딸라(×)].

> '마르-'와 '말르-'의 교체를 규칙화할 수 없기에 이를 '르' 불규칙 용언이라 칭한다. '오너라' 또한 그 교체를 규칙화할 수 없기에 '오-'를 '너라' 불규칙 용언이라 한다.

자동적 교체는 음운론적 교체이면서 **규칙적 교체**이다. 이런 관계는 다른 부류에서는 성립되지 않는다. 음운론적 교체 중에는 자동적 교체도 있고 비자동적 교체도 있으며, 규칙적 교체도 있고 불규칙적 교체도 있다. 규칙적 교체 중에는 음운론적 교체도 있고 비음운론적 교체도 있다. 이는 다음 표에서 확인할 수 있다.

> '원룸'은 '월룸'으로도 발화되고 '원눔'으로도 발화된다. 이를 자동적 교체라 한다면 규칙화가 만만치 않다는 것이 문제이다. 모든 'ㄴ-ㄹ' 배열이 'ㄴ-ㄴ'으로 변동되는 것은 아니기 때문이다. 특별한 경우로 이해할 만하다.

	자동적 교체	음운론적 교체	규칙적 교체
먹꼬/가고	○	○	○
멍는/먹어	○	○	○
잡아, 먹어	?	?	?
달이, 해가	×	○	○
달은, 해는	×	○	○
달을, 해를	?	?	?
윤희에게 요구함, 미국에 요구함	×	×	○
먹어라, 오너라	×	×	×
달로/해로, 공중으로	×	○	○

	자동적 교체	음운론적 교체	규칙적 교체
들면/가면, 먹으면	×	○	○
들고, 드니까/드시니	×	○	○
쌀밥은, 쌀밥이	×	○	○
마르고, 말라	?	?	?
따르고, 따라	?	?	?
품는다, 간다	×	○	○
가는구나, 희구나	×	×	○
오는지, 흰지	×	×	○
오는 구름, 흰 구름	×	×	○
하얗고, 햐야니까, 하얘	×	○	×
갔어, 하였어	×	×	×
들고, 드오	×	×	×
안 가나, 왜 안 가노	×	×	○
나모(와), 남근(낡+은)	×	○	×

위 표는 교체형에 대해 그 유형을 표시한 것이다. 빈칸 12곳을 채워 보자. 이해를 돕기 위해 다음 두 부류(위의 13번째, 14번째)를 설명하면서 마무리하고자 한다.

마르고, 마르면, 말라
따르고, 따르면, 따라

모음으로 시작하는 어미는 '말르-'와 통합하고 자음으로 시작하는 어미나 매개모음으로 시작하는 어미는 '마르-'와 통합한다. 자음으로 시작하거나 모음으로 시작한다는 음운론적 조건이 작용하기에 음운론적 교체이다. '으악, 뜨아'를 통해 보건대 음소 배열상 '마르아'도 발음할 수 있으므로 비자동적 교체인 것이다. 패러다임 '따르-'와 대비해 볼 때 그 차이가 어디에서 기인한 것인지 알 수 없으므로 즉 일반화를 할 수 없으므로 불규칙적 교체에 속하는 것이다. '따르-'의 경우 '따라'를 통해 보건대 '따르아'도 발음될 수 있으므로 비자동적 교체에 속하며 모음으로 시작하는 어미 '-아'와 결합할 때 '따르-'

'나모(木), 나모도, 남ᄀ로, 남기 / 아ᅀᅳ(弟), 아ᅀᅳ도, 앗ᄋᆞ로, 앗이'와 '시므고(植), 시므니, 심거 / 다ᄅᆞ고(異), 다ᄅᆞ니, 달아'를 대비해 보면서 매개모음어미와의 통합형을 잘 관찰하자. '木/弟'에서는 모음어미와, '植/異'에서는 자음어미와 교체 양상이 같다.

의 '__'가 탈락하므로 음운론적으로 조건된 교체이다. 모음으로 시작한다는 것이 음운론적 조건인 셈이다. '모으+아 → 모아', '들르+어 → 들러' 등을 통해 보건대 모음으로 시작하는 어미 앞에서는 항상 탈락하기에 규칙화가 가능한 규칙적 교체이다.

6.3. 기저형 설정 방법

어간의 기저형 설정 방법에 대해 먼저 기술하고 이어서 어미의 기저형 설정 방법에 대해 서술해 보자.

6.3.1. 어간의 기저형 설정 방법

다음에 제시된 곡용형(체언+조사)을 통해 어간의 기저형을 설정해 보자.

암만, 압또, 아피

곡용형 '암만, 압또, 아피(前)'는 체언에 각각 조사 '만, 도, 이'가 통합된 것이다. 이 **체언의 이형태는** '암, 압, 앞', 세 가지로 나타난다. 이형태 세 가지 중 어느 하나를 가지고 다른 이형태를 모두 설명할 수 있다면 그것이 바로 기저형이 되는 것이다.

> 체언은 명사, 대명사, 수사를 아우르는 용어이다. '나무', '거기', '둘' 등이 체언이다.
> '산만(山), 산도, 사니'에서처럼 어간 '산'이 교체를 보이지 않는 경우는 어간 그 자체가 기저형이다.

이형태와 곡용형	암만	압또	아피
	X+만 ?	X+도 ?	X+이 ?
X=암(기저형 후보 1)	암만 ?	암도	암이
X=압(기저형 후보 2)	압만	압도	압이
X=앞(기저형 후보 3)	앞만	앞도	앞이

먼저 이형태(=교체형) '암'을 기저형이라 가정하고 세 가지 표면형을 설명해 보자. 기저형을 '암'으로 설정하면 조사가 결합된 '암+만', '암+도', '암+이'

는 '암만', '암도', '아미'로 실현된다. 첫 번째 도출형만 일치하고 두 번째, 세 번째 도출형은 일치하지 않는다. 따라서 기저형을 '암'으로 설정해서는 안 된다. 다음으로 두 번째 교체형인 '압'을 기저형이라 가정하고 제시된 **표면형들을 설명해** 보자. 기저형을 '압'으로 설정하면 조사가 통합된 '압+만', '압+도', '압+이'는 '암만', '압또', '아비'로 실현된다. 첫 번째에서는 비음화 규칙을 적용하고, 두 번째에서는 경음화 규칙을 적용하여 올바른 표면형을 이끌어낼 수 있지만 마지막 통합에서는 부적격한 표면형 '아비'를 도출하게 되므로 '압'은 기저형이 될 수 없다. 마지막으로 기저형을 '앞'이라 가정하고 표면형들을 설명해 보자. 기저형을 '앞'으로 설정하면 어미가 결합된 '앞+만', '앞+도', '앞+이'는 '암만', '압또', '아피'로 실현되어 위에 제시된 표면형과 정확히 일치된다. 첫 번째 결합에서는 평파열음화 규칙, 비음화 규칙을 적용하여, 두 번째 결합에서는 평파열음화 규칙, 경음화 규칙을 적용하여 각 표면형을 설명할 수 있다. 세 번째 결합은 음절화가 된 것으로 파악하면 된다. 이상에서 살펴본 바와 같이 제시된 명사의 기저형은 '앞'으로 설정되어야 한다.

다음으로는 동사의 기저형을 확인해 보자.

> 만꼬, 만는, 마트면, 마타

활용형 '만꼬, 만는, **마트면, 마타(臭)**'는 활용 어간에 각각 활용 어미 '-고, -는, -(으)면, -아'가 통합된 것이다. 어간 교체형은 '만, 만, 맡' 세 가지로 나타난다. 이는 각각의 활용형에서 어미 부분을 뺀 나머지 부분을 통해 확인할 수 있다.

만꼬	→ 만	'꼬'를 뺀 나머지
만는	→ 만	'는'을 뺀 나머지
마트면	→ 맡	'으면'을 뺀 나머지
마타	→ 맡	'아'를 뺀 나머지

원래는 다른 이형태를 설명해 보자고 해야 하지만 표면형에서 이형태를 추출한 것이기에 표면형이라는 표현을 쓴다. 조사와 어미가 발달한 한국어이기에 표면형이 이해하기에 더 용이하다.

사실 활용형 '마트면', '(마타)'를 통해 이형태를 '마트-'로 설정할 수도 있다. 기저형을 '마트'로 설정하면 어간과 어미의 통합은 '마트고', '마트는', '마트면', '마타'로 실현된다. 첫 번째, 두 번째 활용형과 일치하지 않음을 알 수 있다.

이형태와 곡용형	맏꼬	만는	마트면	마타
	X+고	X+는	X+(으)면	X+아
X= 맏 (기저형 후보 1)	맏+고	맏+는	**맏+으면**	**맏+아**
X= 만 (기저형 후보 2)	**만+고**	만+는	**만+으면**	**만+아**
X= 맡 (기저형 후보 3)	맡+고	맡+는	맡+으면	맡+아

먼저 이형태(=교체형) '맏'으로 제시된 표면형들을 설명해 보자. 기저형을 '맏'으로 설정하면 어간과 어미의 통합 '맏+고', '맏+는', '맏+으면', '맏+아'는 '맏꼬', '만는', '마드면', '마다'로 실현된다. 제시된 네 가지 표면형과 비교해 볼 때, 첫 번째, 두 번째 도출형만 일치하고 세 번째, 네 번째 도출형은 일치하지 않는다. 따라서 기저형을 '맏'으로 설정해서는 안 된다. 또 다른 교체형 '만'으로 제시된 표면형들을 설명해 보자. 기저형을 '만'으로 설정하면 어간과 어미의 통합 '만+고', '만+는', '만+으면', '만+아'는 **'만꼬'**, '만는', '마느면', '마나'로 실현된다. 두 번째 도출형만 표면형과 일치하고 나머지는 일치하지 않는다. 이로써 '만' 또한 기저형이 될 수 없음을 알 수 있다.

마지막으로 교체형 '맡'으로 네 가지 표면형을 설명해 보자. 기저형을 '맡'으로 설정하면 어간과 어미의 통합 '맡+고', '맡+는', '맡+으면', '맡+아'는 제시된 네 표면형, '맏꼬', '만는', '마트면', '마타'로 도출된다. 첫 번째 도출에서는 평파열음화 규칙, 경음화 규칙을, 두 번째 활용형에서는 평파열음화 규칙, 비음화 규칙을 적용하여 각 표면형을 설명할 수 있다. 세 번째, 네 번째 결합은 음절화를 통해 설명된다. 이상에서 살펴본 바와 같이 제시된 어간의 기저형은 '맡'으로 설정되어야 한다.

다음에는 활용형 셋이 제시되었다.

들르고, 들르니, 들러

'안+고 → 안:꼬', '담:+고 → 담:꼬'에서는 비음 뒤에서의 경음화가 확인된다. 이를 '만+고 → 만꼬'에 적용한 것이다.

이형태와 곡용형	들르고	들르니	들러
	X+고	X+(으)니	X+어
X=들르(기저형 후보 1)	들르+고	들르+으니	들르+어
X=들러(기저형 후보 2)	**들러+고**	**들러+으니**	들러+어

첫 활용형은 '-고'가 결합된 것이고, '들르니', '들러'는 각각 매개모음어미와 모음어미가 결합된 것이다. 그러니 각각은 '□+고', '□+으니', '□+어'로 분석될 수 있다. □에는 교체형이 들어간다. 이들 어간 교체형 중에는 기저형이 있다고 했다. 그 기저형을 알아보기 위해서는 하나의 교체형을 통해서 표면형을 모두 설명할 수 있어야 한다. 각각의 결합을 통해 앞서 제시된 표면형을 설명하려면 각각의 □에는 차례로 '들르-'가 들어가야 한다. '들르-'와 어미 '-고', '-(으)면', '-어' 통합인, '들르+고', '들르+(으)면', '들르+어'를 통해, 제시된 세 표면형을 도출할 수 있다. 세 번째 결합은 어간말 '으' 탈락 규칙으로 설명된다. 다른 교체형 '들러'로는 첫 번째, 두 번째 표면형, '들르고', '들르면'을 설명할 수 없다. '들러+고', '들러+(으)면'의 결합은 '들러고', '들러면'으로 실현되기 때문이다.

사실은 어간 교체형 중에서 도외시한 것이 있다. '□+고', '□+으니', '□+어' 중 두 번째, 세 번째에는 **어간 교체형을 '듫'**로 설정할 수도 있다. 그런데 '듫'을 통해서는 첫 표면형을 이끌어낼 수 없다. 모음 간 세 자음 중 하나가 탈락하면 당연히 '들고'로 실현될 것이기 때문이다. 그러니 기저형은 '들르-'로 설정되는 것이 바람직하다.

다음은 활용형을 통해 어간의 기저형을 설정해 본 것이다. 틀린 것을 찾아보자.

① 들리고   들리니   들려   /들라-/
② 따르고   따르니   따라   /따르-/
③ 땈코   따르니   따라   /딿-/

이형태 '듫'은 한국어에서 발견되지 않는 형태소 구조이다. 그래서 '듫'을 형태소구조조건에 어긋난다고 한다. 이형태를 기저형과 관련시킬 때에는 형태소구조조건을 지켜 '들르'로 제시한다.
이와 같은 유형으로 '몰라'를 '몲+아'로 파악하기보다는 '몰르+아'로 파악하는 것이 복수기저형의 단일화를 설명하는 데에도 유리하다. '모르고, 모르니, 몰라 > 몰르고, 몰르니, 몰라'에서와 같이 단일화된 패러다임 '몰르고, 몰르니, 몰라'의 기저형을 '몲-'이라 할 수 없기 때문이다.

④ 일코	이르니	이러	/잃-/
⑤ 이르고	이르니	일러	/이르-/
⑥ 쓰고	쓰니	써	/쓰-/
⑦ 스고	스니	서	/스-/
⑧ 서고	서니	서	/서-/
⑨ 불고	부니	부러	/불-/

다음은 곡용형(체언+조사)을 통해 체언의 기저형을 설정해 본 것이다. 틀린 것을 찾아보자.

① 꼬시	꼰만	꼳또	꼬세	/꼿/
② 꼬치	꼰만	꼳또	꼬체	/꽃/
③ 꼬치	꼰만	꼳또	꼬테	/꼳/
④ 꼬시	꼰만	꼳또	꼬테	/꼳/
⑤ 바시	반만	받또	바세	/밧/
⑥ 바치	반만	받또	바체	/밫/
⑦ 바치	반만	받또	바테	/밭/
⑧ 바시	반만	받또	바테	/받/

아래의 밑줄 친 부분을 통해 이형태에 대해 보다 구체적으로 접근해 보자. ①에는 이형태 둘이 확인되고, ②에는 일견 이형태 넷도 보이는 듯하다.

① 물이, 차가

② 잡았다, 먹었다, **갔다(가+쓰(?)+다)**, 하였다

'가도'는 '가-'와 '-아도'가 통합하여 어간의 모음이 탈락한 것(동모음 탈락)인데 이렇게 본다면 '갔다'에서도 어간의 모음이 탈락해야 한다. 그러면 '-쓰-'을 이형태라 하는 것은 바람직하지 않다.

①에서의 '이', '가'처럼 어떤 하나의 이형태를 통해 다른 이형태를 설명할 수 없는 특별한 경우도 있다. ②에서의 '-였' 또한 특별한 것으로 간주되어야 한다.

보충	체언의 자립성과 그에 따른 기저형

아래에 제시된 어간의 기저형을 과연 '넋'으로 설정할 수 있는가 하는 의문을 제기할 수 있다.

넋+하고 → 너카고
cf. 여덟+하고 → *여덜파고　　　밥+하고 → 바파고

위에 제시된 비적격형 '*여덜파고'를 통해 볼 때, 체언은 단독형의 발화 그 자체가 기저형이 될 수도 있다. 다음에 제시된 예 또한 체언의 기저형 설정에 대해 문제를 제기한다.

여덟+보다 → *여덜뽀다
cf. 여덟#해 → *여덜패
여덟#개 → 여덜깨, 여덟#병 → 여덜뼝

'여덟+보다 → 여덜보다'에서와 같이 파열음 'ㅂ' 뒤에서도 어미의 평음이 경음으로 실현되지 않는다. 그러니 기저형을 '여덟'이라고 확신할 수 없다. 마찬가지로 기저형 '넋'도 잘못일 수 있다. 그런데 '**여덟 개**', '여덟 병'에서는 후행 요소의 자음이 경음으로 변동하였으니 사정이 달라진다. 그러나 '열개(十個)', '열병(十甁)'에서도 경음화가 일어나는 것을 보면 '여덟 개', '여덟 병'에서의 경음화는 'ㅂ' 때문이 아님을 알 수 있다. 여전히 체언의 기저형이 무엇인가 하는 것은 문제로 남아 있다.

체언의 기저형을 쉽게 결정하기가 어렵다는 것은 다음을 통해서도 확인된다.

젖+하고 → 저타고 *저차고

체언의 말자음이 'ㅈ'일 때가 문제이다. '젖+하고 → 저타고'의 경우

서남방언인 경우 주의를 요한다. '여덟'의 단독형 발화는 '여덥'이므로 '여덟#개'의 구성은 당연히 '여덥깨'로 발화된다.

는, '밥+하고 → 바파고'에서처럼 ''저차고'로 도출되는 축약의 환경임에
도 불구하고 평파열음화 규칙이 우선적으로 적용되어야 올바른 표면형
을 도출할 수 있다.

그러면 곡용(체언+조사)에서의 기저형을 어떻게 설정해야 하는가. 체
언은 그 교체를 최소화하려는 방향으로 변화되어 왔다는 견해가 있다.
화자들은 'ㅅ'을 이미 '여덜'로 인식해 가고 있는 것이다. 그래서 '여더
리'라는 곡용형도 나타나게 되는 것이다. 이러한 현상이 바로 어간을 단
순화하여 교체형을 만들지 않으려는 결과라 할 수 있다. 이는 사실, 활용
어간과 달리 체언이 언어생활에서 자립적으로 사용된다는 것과 관련 있
다. 이것이 바로 체언의 특이성이다.

앞서 글쓴이는 '넋+도'의 통합에서 '/넋/이 과연 기저형인가'라는 의문
을 던졌다. 그것은 '젇+하고'의 통합이냐 '젖+하고'의 통합이냐 하는 것
과 동일하게 처리될 수 있다. 전자의 경우라면 복수기저형을 체언에서
인정해야 하는 부담이 생기게 된다. 곧 모음어미와의 통합에서는 기저
형이 '젖', 자음어미와의 통합에서는 기저형이 '젇'이라고 해야 한다. 이
에 따르면 많은 체언이 복수기저형으로 처리되어야 한다. 이것은 간결
한 기술이 아님에 틀림없다. 기저형은 '넋', '젖', '여덟'과 같이 단일하게
설정하고 체언 특이성으로 처리하자는 것이 현재 글쓴이의 입장이다.

체언의 특이성으로 인해 자음어미와의 통합에서는 어간 말음절에 'ㄱ,
ㄴ, ㄷ, ㄹ, ㅁ, ㅂ, ㅇ'의 7자음만이 놓이게 된다. 이것이 바로 자음어미
와 통합하는 체언 말음절의 음절 구조 제약이다. 이 때문에 '넋+도'에서
처럼 자음군 중 한 자음이 탈락하는 과정과 '젖+도'에서처럼 어간말자음
이 평파열음으로 변동하는 과정은 어간의 환경에 따라서 자동적으로 결
정된다. 곧 어간 '넋'과 '도'의 결합은 자음군단순화(탈락)의 과정을 겪
게 되고, 어간 '젖'과 '도'의 통합은 당연히 어간말 평파열음화의 과정을
겪게 된다. 이러한 어간 말음절에서의 음절 구조 제약으로 인해 활용에
서와 달리 규칙순의 문제도 크게 야기되지 않는다.

보충　체언의 재구조화

체언 '잎'에 조사 '이'가 결합한 '잎+이'는 대체로 '**이비**'가 아니라 '이
피'로 발화된다. 그런데 '나뭇잎이', '풀잎이'를, '**나뭇니비**', '풀리비'라
하는 경우가 많다. 다음과 관련 지어 생각해 보자.

　해질 녁 / 해질 녘
　북녁 / 북녘

모두 후자가 맞는 표기이다. 이제는 '해질 녀케', '동녀케', '남녀케',
'북녀케'라고 하는 젊은 제보자를 만나기가 쉽지 않다. 그러다 보면 맞춤
법이 헷갈리게 된다. 이러한 현상과 관련하여 다음도 헷갈린다.

　목젖 / 목젓

현실 발음은 '**목저시**', '**목저슬**'이다. 그러면 '나시', '나슬'이라고 할 때
처럼, 또 '모시', '모슬'이라고 할 때처럼 — 이는 '낫'과 '못'이라 적는다
— 당연히 '목젓'으로 써야 한다. 그런데 사전을 찾으면 'ㅈ' 받침의 '목
젖'이라 되어 있다. 중부방언 화자들에게서 종성의 'ㅈ', 'ㅊ', 'ㅌ' 등은
실제 발화에서 제대로 확인되지 않을 수 있다.

앞에서 '이피'라고 하다가도 '나뭇니비', '풀리비'라고 하는 화자가 있
다고 했다. 그 이유는 단음절 어간과 다음절 어간의 차이로 이해하면 될
듯하다. 'ㅋ', 'ㄲ'으로 끝나는 단어에서도 이를 확인할 수 있다. 'ㅋ', 'ㄲ'
으로 끝나는 체언 '부엌', '(해질) 녘', '안팎'의 경우는 조사가 결합할 때
'부어기', '해질 녀기', '안파기'처럼 'ㄱ'으로 발음되지만 단음절 명사
'밖'의 경우는 '바기'처럼 'ㄱ'으로 발음되는 경향이 낮다.

반면 단음절 명사라 할지라도 명사와 조사가 결합하는 환경에서 'ㅈ',
'ㅊ', 'ㅌ' 등은 웬만하면 'ㅅ'으로 발음된다.

한반도의 서쪽 지역에서는 '이
비'로의 발화도 쉽게 확인할 수
있다.

'저지>저시, '꼬치>꼬시'를 마
찰음화라고도 한다. 파찰음이
마찰음으로 바뀐 것이다.

아가가 엄마 젓을 자꾸 깨문다(젖+을).

꼿이 예쁘다(꽃+이).

밧이 크다(밭+이).

유표성(Markedness)은 속담 '모
난 돌[유표적인 것]이 정 맞는
다'와 관련지어 이해할 수 있다.

• 유표적=특징적
• 무표적=일반적

'ㅅ'은 'ㅈ'과 'ㅉ', 'ㅊ'보다 무표적(unmarked)이다. **유표적인 'ㅈ', 'ㅊ'**
보다 무표적인 'ㅅ'으로 발화하는 것이 어떤 면에서는 경제적일 수 있다.
그래서 '젖', '꽃'은 무표적인 '젓', '꼿'으로 바뀔 수 있다. 그렇다면 'ㅌ'
받침을 가진 '밭이'는 왜 '바시'로 발음되기도 하는가. 아래에서는 'ㅊ',
'ㅌ' 받침 명사가 확인된다.

꽃이, 꽃은, 꽃을 [꼬치, 꼬츤, 고츨]

밭이, 밭은, 밭을 [바치, 바튼, 바틀]

'ㅊ'은 유표적이기에 가장 무표적인 'ㅅ'으로 바뀔 수 있다. 그래서
'꼬시, 고슨, 꼬슬'이라는 발화가 생겨날 수 있다. 이른바 서울 사투리
유형이다. 문제는 '밭'의 곡용형(체언+조사)인데 첫 번째 곡용형 '바치'
가 그 단초를 제공할 수 있다. 이때 '꼬치>꼬시'에서와 같이 'ㅊ'은 다시
무표적인 'ㅅ'으로 바뀔 수 있다. 그래서 '바시, 바튼, 바틀'과 같은 발화
가 가능한 것이다. 여기에 또 단일화(밧⌣밭 > 밧)가 일어나 **'바시, 바슨,
바슬'**로 실현될 수 있는 것이다.

'바시, 바슬, 바세'로 단일화한
화자가 있는가 하면 '바시, 바슬,
바테'로 발화하는 화자도 있다.
이처럼 처격 조사 '에' 결합형은
보수성을 띠어 이전 시기의 형
태를 보여 줄 수도 있다.

경상도 일부 지역에서는 '바치, 바츤, 바츨'과 같이 발음하기도 한다.
바로 'ㅊ'으로 단일화한 것이다. 청장년층은 대중매체의 영향으로 서서
히 '바시'라 발화하기도 한다.

보충 재구

위에서 이전 시기의 형태에서 변화한 재구조화를 살펴보았다. 아래에서는 이전 시기의 형태를 이끌어내는 재구에 대해서 살펴보기로 한다.

현대 방언형으로 '나물'도 있고 '너물'도 있고 '노물'도 있다면 이전 시기에는 'ᄂᆞ물'일 확률이 높다. 이처럼 공시적으로 확인되는 어형을 통해 이전 시기의 어형을 이끌어내는 것을 재구라 한다. 한 언어의 방언형을 활용하니 내적 재구인 셈이다. 모음의 차이는 /ᆞ/의 재구와 관련되는 것이 많다. 'ᄂᆞᆷ'이라는 이전 시기의 단어는 지역에 따라 '남'으로 나타날 수도 있고 '넘'으로 나타날 수도 있다. 또 '놈'으로 나타날 수 있다. 재구와는 방향이 다른 역사적인 변화이다. '졸:고'는 중부방언에서, '자불고'는 동남방언에서 확인된다. 같은 시기의 두 어형 '졸:고', '자불고'를 통해 이전 시기의 어형 '*ᄌᆞ불-'을 재구할 수 있다. 중부방언형 '졸:-'이 장음이기에 재구하는 데 어려움이 없다. 그 첫 음절 장음이 다른 방언형에 두 음절로 대응되는 것이다. '졸:고', '자불고'의 차이는 두 가지, 'ㅂ'의 유무와 모음 'ㅗ/ㅏ'이다. 'ㅂ'의 유무는 이전 시기의 **/ㅸ/의 재구**와, 모음 'ㅗ/ㅏ'는 이전 시기의 /ᆞ/의 재구와 관계된다. 위에서 예로 든 '노물, 나물(15c ᄂᆞ몷)', '놈, 남(15c ᄂᆞᆷ)'을 참고할 수 있다.

15세기는 'ᄌᆞ올'이었다. '*ᄌᆞ불-'의 재구를 통해 15세기 이전의 어형도 알아낼 수 있으니 그만큼 방언형은 가치가 있는 것이다.

'더워, 더버[15c 더버]', '벙어리, 버버리(버부리. 버보리)[*버버리, 15c 버워리]', '둘, 두불[*두볼, 15c 둟]', '우엉(우웡), 우벙(우붕, 우벙)[*우븡, 15c 우웡]'을 통해서 /ㅸ/과의 관련성을 확인할 수 있다. '파리, 포리(퍼리)[15c 풀]', '마실, 모실(머실)[村, 15c ᄆᆞᅀᆞᆯ]', '바람, 보름[15c ᄇᆞᄅᆞᆷ]'를 통해서는 /ᆞ/와의 관련성을 확인할 수 있다. '주어(주워), 주서[15c 주셔]', '이어, 이서(니서)[15c 니서]', '김:, 기슴[15c 기슴]'은 /ㅿ/과 관계된다.

6.3.2. 어미의 기저형 설정 방법

어간의 기저형을 설정할 때와 같은 방식으로 곡용형(체언+조사)에서 확인되는 조사의 기저형을 검토해 보자.

입또(口), 이도(齒)

곡용형 '입또, 이도'는 각각 어간 '입', '이'에 조사 '도'가 통합된 것이다. 어미는 '-또'와 '-도'로 교체되어 실현된다. 기저형을 '도'로 설정하지 않고

'또'로 설정한다면 '이+또 → 이도'의 과정을 설명하기 어렵다. 표면형을
도출하는 과정에 음운론적 동기를 전혀 찾을 수 없다. 기저형을 '도'로 설
정한다면 '입+도 → 입또'의 과정은 파열음 뒤에서의 경음화 규칙으로 명
료하게 설명할 수 있다. 그러므로 이 어미의 기저형은 당연히 '도'로 설정
되어야 한다.

활용형에서 어미의 기저형을 설정해 보자.

먹꼬, 가고

위에서 확인되는 이형태는 '꼬'와 '고'이다. 하나의 이형태로 다른 이형태
를 설명할 수 있어야 한다. 기저형을 '-꼬'로 설정한다면 '가+꼬 → 가고'의
과정을 설명하기 힘들다. 기저형을 '-고'로 설정한다면 '먹+고 → 먹꼬'의 과
정은 파열음 뒤에서의 경음화 규칙으로 설명할 수 있다. 그러므로 이 어미의
기저형은 당연히 '-고'로 설정되어야 한다.

6.4. 기저형 설정의 원칙

간결하다는 이유로 표면형에 실현되는 않는 음소를 동원하여 기저형을
설정해서는 안 된다. 요즘은 이런 논의를 찾을 수 없지만 생성음운론 초창기
에는 아래 제시된 어간의 기저형을 /춥-/으로 설정하기도 했었다.

춥고, 추우니, 추워

기저형은 이형태 중에서 설정되는 것이 원칙이다. 곧 표면형에서 분석되지
않는 이형태는 기저형이 될 수 없다. 위에서의 이형태는 '춥'과 '추우-'이기
에 이 두 가지를 기저형 후보로 상정해야 한다는 뜻이다.

아래에 제시된 패러다임에서는 어간의 이형태가 '흘르-'뿐이므로 '흘르-'가 기저형이 되어야 한다. 표준어에 경도되어 '흐르-'를 기저형으로 설정해서는 안 된다.

흘르구, 흘르니, 흘러

기저형 설정은 표면형에 이르는 도출 과정이 자연스러울 때 그 의의가 있다. 음운론적인 이유로 표면형을 명료하게 설명할 수 있어야 한다는 것이다.

먹꾸, 가구

위에 제시된 어미의 이형태는 '-꾸'와 '-구'이다. 기저형을 '-구'로 설정하지 않고 '-꾸'로 설정한다면 '가+꾸 → 가구'의 과정을 설명하기 어렵다. 표면형을 도출하는 과정에서 음운론적 이유를 전혀 찾을 수 없다. 모음 사이에서 경음이 평음으로 실현될 음운론적 이유가 없다는 것이다. 기저형을 '-구'로 설정한다면 '먹+구 → 먹구'의 과정은 파열음 뒤에서의 경음화 규칙으로 명료하게 설명할 수 있다.

단수기저형으로 이형태를 명료히 설명할 수 없다면 기저형을 둘 이상으로 설정해야 한다. 다음 절에서는 복수기저형에 대해 살펴보자.

6.5. 기저형의 유형: 단수기저형과 복수기저형

하나의 이형태로 모든 교체형을 설명할 수 있다면 단수기저형이 설정되며 하나의 이형태로 다른 교체형을 설명할 수 없다면 복수기저형이 설정된다. 앞선 절에서는 주로 단수기저형을 확인하였다. 아래에서는 하나의 이형태로 다른 교체형을 설명하기 어려운 **복수기저형**에 대해 서술해 보기로 한다.

'복수기저형'을 '복합기저형/다중기저형', '단수기저형'을 '단일기저형'이라 하기도 한다. 복수기저형 패러다임은 하나의 어휘소(lexeme)에 대한 패러다임이므로 복합기저형이 더 합리적인 용어로 보인다.
기저형 '가-(去)', '오-(來)' 둘은 다른 어휘소인 데 반해 '가르고, 가르면, 갈라'에서 확인되는 기저형 '가르-', '갈르-'는 하나의 어휘소에 속한다.

가르고, 가르면, 갈라

'가르고', '가르면', '갈라'는 각각 어간에 어미 '-고', '-면', '-아'가 통합된 형태이다. 어간은 '가르-'와 '갈르-'로 교체된다. 교체형 '가르-'로는 제시된 세 번째 표면형을 도출할 수 없다. '가르+아 → 가라'와 같이 어간말 '으' 탈락 규칙을 적용하면 '가라'로 실현되기 때문이다. 또 다른 교체형 '갈르-'로는 첫 번째, 두 번째 활용형을 도출할 수 없다. '갈르+고'와 '갈르+면'의 통합은 '갈르고'와 '갈르면'으로 도출되기 때문이다. 그 어느 교체형으로도 다른 교체형을 설명할 수 없기 때문에 이와 같은 예들은 다음과 같이 기저형을 둘로 설정해야 한다. 이들은 선택 규칙에 의해 결합되고 발화된다.

/가르-/: 자음어미, 매개모음어미와 결합함
/갈르-/: 모음어미와 결합함

화자가 '分'의 의미로 가정의 상황을 발화한다고 할 경우, 가정의 상황에 해당하는 어미 '(으)면'을 선택하고 기저형 '가르-'를 결합하여 발화하면 되는 것이다. 화자가 명령을 하는 상황이라면 명령형 어미 '-아라'를 선택하고 기저형 '갈르-'를 결합하여 발화하면 되는 것이다. 이때 음소 배열에 따라 대치, 탈락 등의 음운 변동이 일어날 수 있다.

어미의 경우도 복수기저형으로 처리할 수 있는 경우가 흔하다. 대표적인 예로 조사 '이'와 '가'를 들 수 있다.

이비(口), 무리(水), 이가(齒)

개음절은 모음으로 끝나는 음절이고 폐음절은 자음으로 끝나는 음절이다. 종성이 있는 어간이 폐음절 어간이다.

어간이 자음으로 끝나느냐 모음으로 끝나느냐에 따라 어미가 교체된 것을 확인할 수 있다. 즉 '입', '물'에서와 같이 **폐음절 어간**인 경우는 주격 조사가 '이'로 실현되고 '이'에서와 같이 개음절 어간인 경우에는 주격 조사가 '가'

로 실현된다. 교체형 '이'를 통해서 후자를 설명할 수 없고 교체형 '가'를 통해서 전자를 설명할 수 없기 때문에 **주격 조사**는 기저형을 둘로 설정해야 한다.

> /이/: 종성이 있는 어간과 결합함
> /가/: 종성이 없는 어간과 결합함

'입(口)'을 주어로 표시해야 하는 상황이라면 조사 '이'가 선택되고, '이(齒)'를 주어로 표시해야 하는 상황이라면 조사 '가'가 선택된다는 것이다.

아래의 각 곡용(체언+조사) 패러다임에서 기저형이 잘못 설정된 것을 있는 대로 찾아보자.

(1) ① 흥만, 흑또, 흘기, 흘게   /흙/
     ② 흥만, 흑또, 흐기, 흐게   /흑/
     ③ 안팡만, 안팍또, 안파기, 안파게   /안팍/
     ④ 안팡만, 안팍또, 안파끼, 안파께   /안팎/
     ⑤ 여덜만, 여덜도, 여더리   /여덟/

(2) ① 반만, 받또, 바치, 바체   /밫/
     ② 반만, 받또, 바시, 바시   /밧/
     ③ 반만, 받까지, 바치, 바테   /밭/
     ④ 반만, 받꺼지, 바시, 바테   /밧∽밭/
     ⑤ 민만, 믿또, 미치, 미테   /밑/
     ⑥ 민만, 믿또, 미치, 미체   /및/
     ⑦ 민만, 믿또, 미시, 미세   /밋/
     ⑧ **끔만**, 끋또, 끄치, 끄테   /끝/
     ⑨ 끔만, 끋또, 끄시, 끄테   /끗/
     ⑩ 넝만, 넉또, **넉씨**, 넉쩨   /넉/

주격 조사의 경우, 기본형의 관점이라면 인위적으로 대표형을 설정하기도 하지만 기저형의 관점에서는 '이∽가' 복수로 처리한다.

'끔만'은 '끋만'에서 위치동화된 것이다.

'넉씨, 넉또, 넝만' 등에서의 기저형은 '넋'으로 설정한다. 한 번도 이형태로 출현하지 않는 '넋'이지만 '넉씨'으로 기저형을 설정하지 않는다. '국수'의 기저형을 '국쑤'라 하지 않는 것과 같은 이치인데, 소위 파열음 뒤의 자동적 교체에 대한 화자들이 인식을 고려한 입장이다.

아래의 각 활용 패러다임에서 기저형이 잘못 설정된 것을 있는 대로 찾아
보자(일단 장단 교체는 보류하고 접근하자).

<table>
<tr><td>(1)</td><td>① 치고, 치니, 처도(舞)</td><td>/치-/</td></tr>
<tr><td></td><td>**② 처고, 처니, 처도(舞)**</td><td>**/처-/**</td></tr>
<tr><td></td><td>③ 이고, 이면, 여도(戴)</td><td>/이-/</td></tr>
<tr><td></td><td>④ 여고, 여면, 여도(戴)</td><td>/여-/</td></tr>
<tr><td></td><td>⑤ 드리키고, 드리키면, 드리켜도</td><td>/드리키-/</td></tr>
<tr><td></td><td>⑥ 키고, 키면, 켜도</td><td>/키-/</td></tr>
<tr><td></td><td>⑦ 넘기고, 넘기면, 넘긴따</td><td>/넘기-/</td></tr>
<tr><td></td><td>⑧ 넘:는, 넘:꼬, 너머도</td><td>/넘:-/</td></tr>
<tr><td></td><td>⑨ 베푸는, 베풀고, 베풀어</td><td>/베풀-/</td></tr>
<tr><td></td><td>⑩ 두고, 두니, 둬도</td><td>/두-/</td></tr>
<tr><td></td><td>⑪ 푸고, 풍께, 퍼도(汲)</td><td>/푸-/</td></tr>
<tr><td></td><td>⑫ 퍼고, 퍼만, 퍼도(汲)</td><td>/퍼-/</td></tr>
</table>

②, ④, ⑫는 경북서부방언에서
확인된다.

<table>
<tr><td>(2)</td><td>① 이르고, 이르면, 일러</td><td>/이르-∽일르-/</td></tr>
<tr><td></td><td>② 일르고, 일르면, 일러</td><td>/일르-/</td></tr>
<tr><td></td><td>③ 자르고, 자르면, 잘라</td><td>/자르-∽잘르-/</td></tr>
<tr><td></td><td>④ 잘르고, 잘르면, 잘라</td><td>/잘르-/</td></tr>
<tr><td></td><td>⑤ 신:꼬, 시르면, 시러도</td><td>/신:-∽시르-/</td></tr>
<tr><td></td><td>⑥ 실:코, 시르면, 시러도</td><td>/싫:-/</td></tr>
<tr><td></td><td>⑦ 일코, 이르니, 이러서</td><td>/잃-/</td></tr>
<tr><td></td><td>⑧ 듣꼬, 드르니, 드러도</td><td>/듣-∽드르-/</td></tr>
<tr><td></td><td>⑨ 줍꼬, 주우니, 주워도</td><td>/줍:-∽주우-/</td></tr>
<tr><td></td><td>⑩ 준:꼬, 주스니, 주서도</td><td>/준:-/</td></tr>
</table>

<table>
<tr><td>(3)</td><td>① 훑:꼬, 훑트면, 훑터도</td><td>/훑:-/</td></tr>
<tr><td></td><td>② 뚫:꼬, 뚫부면, 뚫버도</td><td>/뚫:-/</td></tr>
<tr><td></td><td>③ 뚫:코, 뚜르면, 뚜러도</td><td>/뚫:-/</td></tr>
</table>

④ 지:코, 지으면, 지어도   /짛:-/
⑤ 삼:꼬, 살무면, 살마도   /삻:-/
⑥ 삼:꼬, 삼무면, 삼마도   /삾:-/
⑦ 엄:꼬, 엄:쓰면, 엄:써도   /없:-/

보충 **단음화 관련 기저형 검토**

소위 단음화 규칙이라 하는 유형과 관련된 기저형에 대해 검토해 보자.

알:고, 알:면, 아라서
울:고, 울:면, 우러서
살:고, 살:면, 사라서
신:꼬, 시느면, 시너서
감:꼬, 가무면, 가마도
뺃:꼬, 배트면, 배터도
덥:꼬, 더우면, 더워도
뺃:꼬, 빼스면, 빼서도
얇:꼬, 얄부니, 얄바서

제시된 **'알:고, 알:면, 아라서'** 유형은 '알:고, '알:면, '아:라서'로 나타나야 규칙적인 패러다임이라 할 수 있다. 어간 '알:-'이 모두 장음으로 실현되는 것이 규칙적이라는 뜻이다. 그런데 모음어미와 통합할 때에는 어간이 장음으로 실현되지 않는다. 그런데 이를 규칙화할 수 있는가가 문제이다. 모음어미와 결합할 때 모두 단음으로 변동된다면 그것은 당연히 규칙화할 수 있다.

그런데 아래의 예와 대비해 본다면 규칙화는 요원하다는 것을 알 수 있다.

떨:꼬, 떨:부니, 떨:버서

'알:고, 알:면, 아라서'와 '신:꼬, 시느면, 시너서'를 통해 매개모음어미에 의미를 부여해야 함을 알 수 있다. 매개모음 어미와 결합하는 경우 장단음 실현에서 두 부류는 차이를 보인다.

벌:고, 벌:면, 버:러서

끌:고, 끌:면, 끄:러서

얻:꼬, 어:드면, 어:더서

적:꼬, 저:그면, 저:거도

업:꼬, 업:쓰면, 업:써도

쉽:꼬, 쉬:우면, 쉬:워도

모음어미와 통합하더라도 단음으로 변동되지 않는 패러다임이 확인되기 때문이다. '알-∽알-', '뱉:-∽뱉-' 유형이 일반적이지만 '벌:-', '얻:-' 유형의 수도 무시할 수 없다. 그래서 '알-∽알-', '뱉:-∽뱉-' 유형은, 단수기저형으로 설정되는 '벌:-', '얻:-'유형과 대비해 볼 때, 공시적 규칙 포착이 어려우므로 각각이 어휘부에 따로 등재되어야 하는 복수기저형이다. 단음화 규칙을 일반화할 수 있는 음운론적 환경이 포착되지 않기 때문이다.

보충 **복수기저형과 단일화, 그 언어능력**

다음에 제시된 '빠르-'의 활용형에 대해 그 기저형을 생각해 보자.

빠르고, 빠르면, 빨라(速)

이 경우 잘 알려진 바와 같이 하나의 기저형으로 모든 활용형을 설명할 수 없다. 그래서 '빠르-∽빨르-'를 복수기저형으로 설정한다. 이들은 불가분의 관계를 맺으면서 환경에 따라 적절한 통합이 이루어지고 그에 적절한 규칙이 적용되면서 표면형을 도출하는 것이다. '빠르-∽빨르-'에서 '빨르-'로의 단일화(빠르고, 빠르면, 빨라 > 빨르고, 빨르면, 빨라)는 화자의 언어능력을 설명하기에 좋은 근거가 된다. **단일화**는 복수기저형이 자리를 잡고 있다가 그 불편을 최소화하기 위한 방편으로 이루어지

다음의 '주-∽조-'의 경우는 단일화된 방언을 찾기 힘들다.

주고, 주니, 조도

복수기저형의 단일화는 특히 모음어미 쪽으로의 단일화가 지배적인데 '조고', '조면'과 같은 어형은 확인되지 않는다. 복수기저형이라고 해서 모두 단일화될 필요는 없지만 무언가 '빠르-∽빨르-'와는 성격이 다르다고 해야 할 것이다.

는 경우가 지배적이다. 단일화와 관련하여 상황이 이러하다면 복수기저형은 인간의 언어능력을 설명하는 훌륭한 방식임에 틀림없다. 이러한 단일화를 토대로 '흐르-(流)', '길르-(育)' 등에까지 단일화를 이루어내는 유추 또한 관련 유형을 묶어내는 언중의 탁월한 능력이다.

다음 두 경우도 화자의 언어능력과 결부시켜 보기로 한다.

밉고, 밉지, 미우니, 미워
미웁고, 미웁지, 미우니, 미워

복수기저형 '밉-'∽'미우-'에서, 형태소구조조건이 유사하게 되는 방식인 '미웁-'∽'미우-'로의 변화는 관련되는 유형들, '매웁-(辛)', '더웁-(暑)'에까지 변화를 유발하게 되는데 이렇듯 관련 유형을 엮어내는 것이 바로 언중의 능력이라고 보아야 할 것이다.

우리가 잘 아는 중부방언의 'ㅅ' 변칙 용언, 'ㄷ' 변칙 용언을 복수기저형으로 접근해 보자(장음 표시 생략).

짓고, 지으면, 지어(作)
묻고, 무르면, 물어(問)

제시된 두 용언은 각각 복수기저형으로 나타난다.

짓-∽지으-
묻-∽무르-

화자들에게 '빠르-∽빨르-'를 이해시키고 그들이 긴밀한 관계를 가지며 활용형들을 생산한다고 하면 일면 수긍하기도 한다. 문제는 위에 제시된 각각의 복수기저형들이다. 언중을 이해시키기는 만만치 않다. 즉 '지으-', '무르-' 등이 자신의 언어능력인가 하는 점에서 의구심을 품는다.

유추와 같은 관련 사항을 묶어 내는 것은 화자의 특출한 언어 능력이다. 이와 같은 능력이 패러다임을 외는 것과도 직간접적으로 관련될 수 있다.

여기에서 바로 화자들은 **패러다임을 왼다**는 입장을 취하고자 한다. 특히 관련된 패러다임을 잘 이해한다고 하여야 할 것이다. 관련되는 것을 묶어내는 능력은 화자의 논리이자 언어능력으로 작용하는 것이다.

경북북부지역에서 '빠르고, 빠르면, 빨라'와 같은 '르' 변칙 용언이 상당히 안정적인 패러다임을 보이는 것도 같은 맥락이다. '트르고, 트르니, 틀러(誤)', '드르고, 드르니, 들러(訪)'와 같은 '르' 변칙 용언 유형으로의 재구조화가 가능한 것 또한 관련 패러다임의 압박일 것이다. 관련되는 유형을 엮는 것은 유추이다. 그리고 관련되지 않는 '따르-' 등은 다른 방식의 패러다임(**딸코, 따르니, 따라**)으로 변화하는 것이다. 관련 패러다임의 압박은 기저형을 달리 설정할 수 없게끔 변화에 대한 저지 요소로 작용하는 것이다.

이전 시기의 활용형 중 가장 높은 빈도로 출현하는 모음어미와의 통합형이 재분석의 기준형이 되어 새로운 어간 '딿-'이 형성된 것이다.
화자들이 규칙을 이해한다면 모음어미 통합형 '따라'는 다음 중 어느 하나로 분석될 수 있다.

따르+아 → 따라
딸+아 → 따라
딿+아 → 따라

이러한 분석이 가능한 이유는 'ㅀ'을 말음으로 하는 여러 어간('딿-', '잃-')에서의 적용 규칙 및 그 어간류의 패러다임을 화자들이 인식하고 있기 때문이다.

형태를 밝혀 적는 표기법을 형태음소적 표기법이라 한다. 반면 '머그니', '바드니'처럼 소리나는 대로 적는 표기법을 음소적 표기법이라 한다.

삽입되는 '으'를 매개모음이라 하는 것이 통용되던 시기가 있었다. 그래서 지금도 매개모음어미라는 술어가 쓰이기도 한다. 어미의 세 부류를 자음어미, 모음어미, '으'계 어미라 하는 것보다 '매개모음어미'라 하면 통일성이 있기 때문이다.

보충 | 매개모음어미의 기저형

매개모음어미는 '으'계 어미라고도 칭한다. '우리말겨루기' 같은 TV 프로그램의 문제가 '□□(으)니 외출하기 힘들다', '□□(으)로 간다'로 표시될 때 괄호를 '(으)니', '(으)로'로 표시되는 것이 바로 매개모음어미이다. 사실은 이 매개모음어미라는 술어에서 이 모음의 기저형을 어떻게 설정해 왔는가 암시되어 있다. 다음은 어간에 이유를 나타내는 어미가 결합된 형태이다.

가니, 오니, 먹으니, 받으니(이하 편의상 **형태를 밝혀** 적음)

위에서 확인되는 어미의 기저형을 어떻게 설정할 수 있을까 생각해 보자. 가장 오래된 학설이 바로 기저형을 '-니'로 보는 것이다. 그래서 어간이 자음으로 끝날 때 매개모음 '으'가 **삽입**된다고 보는 것이다. 바로 '으' 삽입설이다. 이 입장이라면 위의 '먹으니', '받으니'는 다음과 같은 과정을 거쳐서 도출되는 것으로 이해할 수 있다.

먹+니 → 먹으니, 받+니까 → 받으니

그런데 다음과 같은 자료가 문제가 된 것이다.

저녁 벌써 먹니? 벌써 과제를 받니?

이유를 나타내는 어미와 의문을 나타내는 어미는 형태가 같다. 그런데 후자는 어간이 자음으로 끝나더라도 '으'가 삽입되지 않는다.

먹네, 받네, 좋네요, 많네요, 먹습니다, 받습니다

그래서 어미의 기저형에 대한 반성이 일었던 것이다. 그래서 이유를 나타내는 어미의 기저형을 '-으니'로, 의문형 나타내는 어미의 기저형을 '-니'로 설정할 수 있었던 것이다. '-네(요)', '-습니다' 또한 의문을 나타내는 어미, '-니'와 함께 '으'계 어미가 아님을 알 수 있다.

'으'로 시작하는 어미의 기저형을 '으X(-으니, -으면 등)'로 설정하여 음운 과정을 도출해 보자. 다음과 같은 '으' 탈락 규칙이 확인된다.

가+으니 → 가니
쓰+으니 → 쓰니

학교문법을 고려하면 '으니'를 기저형으로 설정하는 것이 합리적일 수 있지만 여기에도 문제가 없는 것은 아니다.

쓸+으니 → 쓸니 → 쓰니
틀+은 → 틀ㄴ → 튼

위에서의 과정은 어간에 어미 '으X'가 통합하여 먼저 어미초모음 '으'가 탈락하고 이어서 어간말의 유음이 탈락한 것이다. 'ㄹ'이 모음 '—'를 탈락시킬 수 있는가 하는 점은 지금도 비판을 받고 있다. 자연성이 의심스럽다는 것이다. 그래서 일부 논자들은 매개모음어미의 기저형은 둘, 즉 복수기저형으로 파악한다. 환경에 따라 '으X(으니, 으면 등)'가 선택되기도 하고 'X(니, 면 등)'가 선택되기도 한다는 것이다.

표면형을 도출하기 위한 **인위적 규칙순**은 가능한 한 배제해야 한다. 바로 위에서 보인 연속 탈락이 문제이다. 다음에서 연속 탈락이 적용되면 비적격형(올바르지 않은 표면형)을 도출할 수밖에 없다.

> 쌓+아도 → 싸아도 → *싸도(동모음 연쇄에서의 탈락이 불가함)
> 핥+는 → 할는 → *하는('ㄹ-ㄴ' 연쇄에서의 'ㄹ' 탈락이 불가함)

'쌓+아도', '핥+는'에서는 연속으로 탈락 규칙을 적용할 수 없고 '쓸+으니', '틀+은'에서는 연속으로 탈락 규칙을 적용해야 한다는 것은 매우 인위적인 설명 방식임에 틀림없다. 이런 점에서 볼 때 '-으니, -으면' 등은 단수기저형 '으X'가 아니라 볼 수 있다. 유음으로 끝나는 어간인 경우 '-니까'가 통합되면 위와 같은 인위적 장치는 필요 없게 된다. 아래와 같이 매우 자연스러운 음운 과정을 도출할 수 있다.

> 쓸+니까 → 쓰니까('ㄴ' 앞에서의 유음 탈락)

중부방언에서 어간 '불:-'에 '-으니', **'-으면', '-을까', '-읍시다'** 등이 통합된 형태가 실제로 발화된다. 그 형태는 어떠한가?

> 불으니, 불으면, 불을까, 불읍시다

'으'가 탈락되지 않는 것도 문제지만 '불:'에서의 장음이 삭제되는 것

인위적으로 설정된 규칙순을 외재적 규칙순이라 하고 자연적으로 음운 과정이 결정된 규칙순을 내재적 규칙순이라 한다. 한국어에서는 다음과 같은 자음군 어간에서의 경음화가 대표적인 외재적 규칙순이다.

핥+고 → 핥고 → 핥꼬 → 할꼬

자음 셋이 놓인 VCCCV 환경에서 VCCV로 변동하는 것이 자연스러운 과정이기 때문이다. 문제는 자음군이 단순화되어 'ㄹ'만 남게 되면 후행 자음 'ㄱ'의 경음화는 기대할 수 없다는 것이다.

'-(으)면', '-(으)ㄹ까', '-(으)ㅂ시다'의 음운 과정을 아래에서 확인할 수 있다.

• 쓸+면 → 쓸면 / 쓸+ㄹ까 → 쓸까 / 쓸+ㅂ시다 → 쓰ㅂ시다(복수기저형 설)
• 쓸+으면 → 쓸면 / 쓸+을까 → 쓸ㄹ까 → 쓸까 / 쓸+읍시다 → 쓸ㅂ시다 → 쓰ㅂ시다('-으니' 설)

또한 문제이다. 이를 설명해 낼 수 있어야 단수기저형 '으니'설의 의의는 명확해진다.

체언에서도 같은 문제가 야기된다. 기저형끼리의 통합만 간단히 제시한다.

> 손으로, 발로, 배로

'으' 삽입설: 손+로, 발+로, 배+로(환경에 따라 '으' 삽입)
'으X' 설: 손+으로, 발+으로, 배+으로(환경에 따라 '으' 탈락)
'으X' 설∽'X' 설: 손+으로, 발+로, 배+로(환경에 따른 선택)

이상을 토대로 다음과 같은 결론에 이른다.

> **유음 또는 모음**으로 끝나는 어간에 통합하는 어미: 으X(쓰면, 가면)
> 유음을 제외한 자음으로 끝나는 어간에 통합하는 어미: X(먹으면)

> 손으로, 발으로, 배로
>
> '불으니', '불으면' 등과 같이 'ㄹ'의 자음성이 관여한 결과로 이해된다. 'ㄱ'이 자음이듯이 'ㄹ'도 자음이니 '손으로'와 평행하게 '발으로'로 발화할 수 있는 것이다. 'ㄹ'을 더 이상 모음류에 편입시키지 않으려는 언중의 의도일 수 있다.

> 이를 자질을 활용하여 나타내 본다.
>
> 어간 말음이 [-vocalic]인 경우: 어미 '으X'가 선택
> 어간 말음이 [+vocalic]인 경우: 어미 'X'가 선택

보충 매개모음어미와 원순모음화

충청도를 포함한 일부 방언권에서는 '꿈'과 목적격 조사 '을'이 통합할 때 원순모음화가 일어난다(꿈+을 → 꾸물). 그러나 '으'와 '어'가 변별되는 방언권에서도 목적격 조사가 '을/를'이 아니라 **얼/럴**로 실현되기도 한다. 그러면 원순모음화는 기대할 수 없다[꾸물, 꾸멀(夢)].

다만 어느 방언권에서나 매개모음으로 시작하는 '으로', '-으면'이 통합될 때에는 원순모음화가 적용되는 듯하다. 체언 '꿈'과 '으로', 용언 '심-'과 '-으면'이 통합할 때에는 '꾸무로(夢)', '시무면(隱)'에서와 같이 원순모음으로 실현되는 것이 일반적이다.

> 동남방언이 아니더라도 '-얼/럴'로 실현되는 지역이 의외로 많다.

'으'와 '어'가 구분되지 않는 경상도 지역이 문제이다. 그런데 많은 지역에서 '꾸무로', '시무면'과 같은 원순모음화가 확인된다. 목적격 조사도 매개모음어미도 모두 '어'로 시작한다. 같은 음운론적 환경이라면 '꿈+얼'에서도 원순모음화가 확인되어야 하나 사실은 그렇지 않다. 여기에서 매개모음어미와 관련된 중요한 사실을 알 수 있다. 원순모음화를 겪는 것은 매개모음어미이며, 그렇지 않은 것은 매개모음어미가 아니다. '시물떼(심을#데), 시물때(심을#때)', '주굴떼(죽을#데), **주굴때**(죽을#때)'에서도 원순모음화가 일어나므로 관형사형 어미 또한 매개모음어미 계열이다.

'주굴때'는 원순모음에 의한 원순모음화이며, '시물때'는 순자음에 의한 원순모음화이다.

7
음운 변동과 그 유형

7.1. 음운 변동의 원인

'**기저형 간 통합**(잡+고)'에서 표면형이 도출될 때 음운이 변동될 수 있다. 음운 변동은 크게 제약에 의한 것이 있고 조음의 편의에 의한 것이 있다. 전자의 예로는 '밥+만 → 밤만', 후자의 예로는 '산+만큼 → 삼만큼'을 들 수 있다.

기저형끼리의 통합은 입력부라 하고, 표면형은 출력부라고 한다. 이들에 대응하여 입력형, 출력형(도출형)이라는 술어를 쓰기도 한다.

7.1.1. 제약에 따른 음운 변동

음절	가	나	다	라	마	바	사	아	자	차	카	타	파	하	까	따	빠	싸	짜
악	×	×	×	×	×	×	×	?	×					×					
안				×				?						×					
앋	×	×	×	×	×	×	×	?	×					×					
알		×						?						×					
암				×				?						×					
압	×	×	×	×	×	×	×	?	×					×					
앙				×				?						×					

? 부분은 마지막 칸 외에는 모두 ×로 표시된다. '앙아'는 발음될 수 있는데 초성 자리로 자음이 밀리지 않기 때문이다. 이를 통해 /ㅇ[ŋ]/이 초성에 올 수 없다는 초성 제약을 이해할 수 있다. 한글 전사상 '악아', '안아' 등은 음절화되는 것으로 파악할 수 있을 텐데, 음절화되는 방법은 연음화에 의한 음절화, 종성 제약으로 인한 음절화 등 여러 가지가 있다.

음운론적 제약을 이해하기 위해 위의 표에 집중해 보자. 세로축을 첫 음절로, 가로축을 둘째 음절로 하여 발화해 보자.

'악-가'와 '악-나'는 '악까', '앙나'로 발음된다. 반면 '안-가', '안-나'는 정상적으로 발화된다. '악가'로 발음될 수 없으므로 발음과 관련된 제약을 확인할 수 있다. 'ㄱ' 뒤에서 'ㄱ'은 발음될 수 없다는 제약을 잠정적으로 확인한다. 이를 일반화하기 위해 다음 두 부류를 검토해 보자.

> '안-가', '안-다', '압-가', '압-바', '악-사', '압-사', '악-자', '압-자' 등도 음소 그대로 발음되지 못한다.
> '악-따', '악-타', '악-짜', '악-차'와 같은 '파열음-경음', '파열음-유기음'의 발화는 자연스럽다.

이를 통해 파열음 뒤에는 평음이 올 수 없다는 음운론적 제약을 확인할 수 있다. 그러니 발화를 위해 적절한 변동이 있어야 한다.

'악-나' 또한 발음될 수 없다고 하였다. 그러면 'ㄱ' 뒤에서 'ㄴ'은 발화될 수 없다고 해야 한다. 다음과 같은 음절 조합을 통해 일반화를 해 보자.

> '악-마', '안-나', '안-마', '압-나', '압-마' 등도 음소 그대로 발음되지 못한다.

이를 통해 '파열음 뒤에서 비음은 발화될 수 없다/비음 앞에서 파열음은 발화될 수 없다'라고 일반화할 수 있다.

'악' 줄과 '라' 칸에도 × 표시가 되어 있다. 그러면 'ㄱ' 다음에는 'ㄹ'이 올 수 없다고 해야 한다. 일반화를 위해서 '안' 줄, '압' 줄도 검토해 보자. 그런데 × 표시가 '알' 줄 외에 모두 확인된다.

'악-라'는 '(악나 →) 앙나'로 발음된다. '앙-라' 또한 '앙나'로 발음된다. 전자에 속하는 유형으로는 '독립'을, 후자에 속하는 유형으로는 '□로'를 생각할 수 있다.

> **'악-라'**, '안-라', '압-라' ; '안-라', '암-라', '앙-라' 배열은 음소 그대로 발화될 수 없다. cf. 알-라(0)

'ㄹ' 앞에 올 수 있는 자음은 'ㄹ'뿐이라고 하는 것이 어떤가.

'하' 칸에도 × 표시가 많이 보인다.

> '악-하', '안-하', '압-하'
> '안-하', '암-하', '앙-하', '알-하'

'ㅎ' 앞에 올 수 있는 자음은 없다. 또는 종성 뒤 'ㅎ'은 발화될 수 없다 정도로 일반화할 수 있다. 그러면 이 배열은 어떻게든 변동을 겪어야 한다. 한 가지는 축약의 방식이고 한 가지는 탈락의 방식이다. 'ㅎ'은 다른 자음을 탈락시킬 수는 없으니 자신이 보조적인 역할에 그칠 가능성이 높을 것이다. 보조적이라면 앞 음소에 **유기성**을 더해 주는 방식이다. 그조차도 어렵다면 탈락의 운명에 놓일 것이다.

세로축과 가로축이 모두 '음절'에 해당하니 위 표에서 빠져 있기는 하나, '앗' 줄과 '앟' 줄을 생각해 볼 수 있다.

'앗-가', '앗-나', '앗-다', '앗-라', '앗-마', '앗-바', '앗-사', '앗-자', '앗-차', '앗-짜', '앗-하' 등도 발음될 수 없다. 유일하게 '앗-아'만이 **연음화**될 뿐이다. 모두 선행 자음이 'ㄷ'으로 교체된다고 이해하면 된다. 이른바 종성 제약이다. 남은 것은 '앟' 줄이다.

> '앟-가', '앟-나', '앟-다', '앟-라', '앟-마', '앟-바', '앟-사', '앟-아', '앟-자', '앟-차', '앟-짜', '앟-하'

위의 조합도 발음될 수 없다. '앟-가', '앟-다', '앟-바', '앟-자'는 익숙한 '놓-고', '놓-다'를 통해 이해할 수 있다. 모두 '음절말 후음-평음'의 배열이다. 위에서 살펴본 것처럼 'ㅎ'이 후행하는 평음과 결합하여 유기음으로 변동되는 것이다. 사실 'ㄱ'과 'ㅋ'의 차이는 유기성의 정도로 설명된다. 'ㄱ+ㅎ', 'ㅎ+ㄱ'은 'ㅋ'으로 변동되는 것이다. 'ㄱ'에 유기성을 주는 것으로 음소 'ㅎ'

한글은 자모문자라고 한다. 자질문자의 특성도 보인다고 하는데 이는 'ㄱ:ㅋ'에서 확인되는 획 하나에 근거한 견해이다. 이다. 가획이 바로 유기성[ASPIRATE]을 나타낸다는 관점이다. 그만큼 한글이 매우 과학적인 문자라는 뜻이다. '그 무엇과도 견줄 수 없는 문자학적 사치'라는 표현은 바로 이런 점에 근거한 것이다.

일반적으로 **syllable**(음절)의 두 문자(頭文字)를 활용하여 음절 경계 $를 표시한다. '앗$아'에서 음절 경계가 없어지면 자동적으로 음절화가 된다. 1차 음운 과정이 바로 음절화이며 그것이 바로 연음으로 실현되는 것이다. '앗$나'는 후행 음절 자음 앞에서 음절화되어 평파열음화 '앋나'로 실현되고 이후 비음화가 적용된다. 경계가 없어지는 차원이 바로 음절화이다.

의 역할은 끝나는 것이다. '앟-아'를 제외한 배열, 즉 '앟-나', '앟-마', '앟-라', '앟-사', '앟-짜', '앟-차', '앟-하' 등은 모두 종성 제약에 의해 선행 음절의 'ㅎ'이 'ㄷ'으로 변동한다. '앟-나'는 '앋나 → 안나'로, '앟-하'는 '앋하 → 아타'로 변동된다.

이제 '안-라', '알-나' 배열만이 남았다. 'ㄴ-ㄹ'도 발음될 수 없고 그 순서를 바꾼 'ㄹ-ㄴ'도 발음될 수 없다. 그러니 여기에는 적절한 음운 변동이 뒤따르게 된다. '원룸'을 어떻게 발음하는가, '달님'을 어떻게 발음하는가 생각해 보자.

'ㄴ-ㄹ' 배열은 영어의 *only*에서 확인된다. 그런데 *only*는 철자 그대로 발음되는데 '원룸'은 그렇지 않다. 조음위치의 차이라면 한국어의 자음체계로는 해결이 되지 않는다. 이미지에서 'ㄹ'을 조금 뒤에 배치한 이유는 어떻든 한국어의 'ㄹ'이 영어의 l과는 다름을 보여 주기 위함이다.

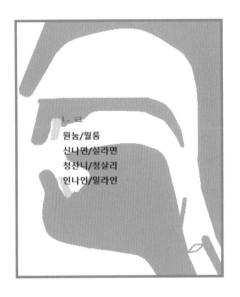

이상을 토대로 한국어에서 확인되는 여러 제약을 제시하기로 한다.

제약 ①: 파열음 뒤에서는 평음이 놓일 수 없다.

이러한 제약에 의해 파열음 뒤의 평음은 경음으로 변동된다.

잡+고 → 잡꼬, 받+고 → 받꼬, 먹+고 → 먹꼬

제약 ②: 비음 앞에는 파열음이 놓일 수 없다.

이러한 제약에 의해 비음 앞의 파열음은 비음으로 변동된다.

잡+는 → 잠는, 받+는 → 반는, 먹+는 → 멍는

제약 ③: 'ㄴ-ㄹ'은 연이어 올 수 없다.

이러한 제약에 의해 'ㄴ-ㄴ'으로 변동하든지(원늄/신나면) 'ㄹ-ㄹ'로 변동하게 된다(월룸/실라면). 전자에는 비음화 규칙이, 후자에는 유음화 규칙이 적용된다.

원늄/월룸(원룸), 신나면/실라면(**신라면**)

<aside>'신라면'과 '진라면'의 음운 현상이 일치하는지 자신의 발화로 점검해 보자.</aside>

제약 ④: 'ㄹ-ㄴ'은 연이어 올 수 없다.

이러한 제약에 의해 'ㄹ'이 탈락하든지, 'ㄹ-ㄹ'로 변동하게 된다. 전자에는 유음 탈락 규칙이, 후자에는 유음화 규칙이 적용된다.

쓸+는 → 쓰는, 쓸+네 → 쓰네, 틀+ㄴ → 튼, 틀+신다 → 트신다
달+나라 → 달라라, 달+님 → 달림

제약 ⑤: 치경구개음과 반모음 j는 연이어 올 수 없다.

이러한 제약 때문에 반모음 j가 탈락한다.

지+어 → 져 → 저, 치+어 → 쳐 → 처, 찌+어 → 쪄 → 쩌

<aside>전자는 후추 따위를 쳐서 먹는 것이고 후자는 어감이 좋지 않은 말이다. 전자는 띄어 써야 하는 구 구성이다. '(시대에) 뒤처진'을 '뒤쳐진'으로, '(자전거를) 처박다'를 '쳐박다'로 '(거름을) 처내다'를 '쳐내다'로, '(신의를) 저버리다'를 '져버리다'로 쓰는 것 또한 이 제약과 관련된 실체적 증거이다. '뒤쳐지다', '쳐 박다', '쳐내다', '져 버리다'의 뜻도 생각해 보자.</aside>

치경구개음과 반모음 j의 조음위치가 거의 일치하기 때문에 j가 탈락하는 것으로 파악한다. 이와 관련해 맞춤법상 '**쳐먹어**'와 '**처먹어**'가 헷갈리는 사람이 있다. 이런 것이 바로 이 제약에 대한 실체적 증거이다.

제약 ⑥: 순음과 '_'는 연이어 올 수 없다.

이런 제약에 의해 '_'는 'ㅜ'로 변동된다.

감+으면 → 가무면, 업+으면 → 어부면, 갚+으면 → 가푸면

바로 원순모음화 규칙이 파생되는 것이다. 마스크를 쓰고 발음하면 청자에게는 '(크리스마스) 이브' : '이부'의 구분이 어렵다. '(아담과) 이브' : '이부'도 마찬가지이다. 또한 과장하여 '(아담과) 이부'라고 발음해도 보통은 '이브'로 받아들이려 한다. 철자법에 이끌린 것이다. '크리스마스 이무'라든가 '크리스마스 이보', '크리스마스 이버'와 같은 발화에 대해서도 철자법에 이끌려 '이브'라고 판단할지 생각해 보라. '이브'로 발음하든 '이부'로 발음하든 알아차리지 못한다는 것은 그만큼 변별적이지 않다는 뜻이다. 이것이 바로 순음 뒤에서는 '_'가 원순모음으로 변동한다는 실체적 증거이다.

제약 ⑦: 초성과 종성에는 하나의 자음만이 놓일 수 있다.

초성 제약과 종성 제약은 음절의 구조와 관계된 제약이다. 이는 음절을 소개하는 자리에서 검토된 바 있다. 간단히 제시하기로 한다. 초성에도 하나의 자음만(ŋ 제외), 종성에도 하나의 자음만 올 수 있다는 제약이다. 여기에 종성 제약은 다시 불파음으로만 발화된다고 구체화할 수 있다. 한국어의 불파음은 'ㄱ, ㄴ, ㄷ, ㄹ, ㅁ, ㅂ, ㅇ', 7가지이다. **불파음을 이해하기 위해** 영어와 불어의 몇 단어를 상기해 볼 수 있다(체ㅋ∼첵, 팜므 파탈르)

이러한 종성 제약과 관련해 모음 사이에는 세 자음이 놓일 수 없다는 제약이 파생될 수 있다.

이러한 제약에 의해 VCCCV → VCCV와 같은 자음군단순화 규칙이 파생된다(모음 사이의 세 자음은 두 자음으로 변동된다).

한국어는 음절말에서 불파음으로 발음되기에 영어의 pick up을 '피컵/피껍'으로 발음하려 하지 않는다. 일반인이라면 '피컵' 정도로 발화한다. 프랑스어의 fatal, table는 '파탈르', '타블르'로 파열된다(영어와 불어의 예는 '5. 음절'을 참조).

잃+는데 → 일는데 (→ 일른데)

잃+고 → 일코

이상을 통해 제약 때문에 규칙이 파생된다고 말할 수 있다. 그러므로 규칙보다 상위의 제약에 대해 이해하는 것이 무엇보다 중요하다. 음운론에서 가장 중요한 것은 음소 설정과 더불어 제약이라고 해도 무방하다.

7.1.2. 조음 편의에 따른 음운 변동

아래에서는 위치동화, 움라우트와 구개음화, 전설모음화를 통해서 조음 편의성에 대해 알아보기로 하자.

7.1.2.1. 위치동화

아래 그림에 제시된 '**임마**(인마)', '암빵(안방)' ; '방가방가', '웅큼'을 통해 조음이 그만큼 편리해지는 이유를 확인해 보자.

사이트 '우리말샘'에 등재되어 있지는 않지만 '임마～일마(인마)'와 관련해 '점마～절마(전마)', '금마～글마(근마)'도 흥미롭다.

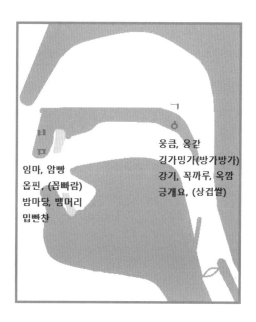

'인마'는 '임마'로 '반갑-'은 '방갑-'으로 발음하는 것이 편하다. '인마'는 첫 음절 종성이 'ㄴ'이므로 혀끝을 치조에 붙이는 과정이 동반되나 '임마'는 'ㄴ' 발음을 위한 혀의 수고를 덜어 주니 그만큼 편리하다는 뜻이다. 이른바 조음위치가 같아진 것이다. '반갑-'에서 '방갑-'으로 변한 것도 마찬가지이다. 첫 음절 초성 'ㄴ'은 혀끝을 사용하는 음이며 둘째 음절 초성은 혀뿌리를 사용해야 하는 음이다. 'ㄴ-ㄱ'의 발음은 그만큼 경제적이지 않다는 말이다. 역시 'ㄴ' 발음을 위한 혀의 부담이 크게 줄어들었으니 매우 경제적이라 할 만하다.

'ㄴ → ㅁ / __ㅁ'에서 'ㄴ'을 입력부, ㅁ을 출력부, '__ㅁ'을 환경이라 한다.

ㄴ → ㅁ / __ㅁ(순음 'ㅁ' 앞에서 비순음 'ㄴ'이 순음 'ㅁ'으로 변동한다)

ㄴ → ㅇ / __ㄱ(연구개음 'ㄱ' 앞에서 비연구개음 'ㄴ'이 연구개음 'ㅇ'으로 변동한다)

양순음으로 바뀌는 위치동화 때문에 병명 '신부전'과 '심부전'도 헷갈리게 된다. 빠른 발화 조건이나 주의 깊게 듣지 못하는 조건이라면 병명을 제대로 인식할 수 없다. 그러면 '신장?' 내지는 '심장?' 등으로 잘못 이해할 수 있다.

이러한 위치동화(양순음화)의 예로는 위 이미지의 '임마(인마)', '암빵(안방)', '옵핀(옷핀)', '꼽빠람(꽃바람)', '밤마당(밭마당)', '뱀머리(뱃머리)', '밉빤찬(밑반찬)' 등을 포함하여, '심발(신발)', '곱빠로(곧바로)', '감보다(간보다)', '첨방(川防)', '주점부리(주전부리)', '심문(신문)', '임명진(인명진, 인명)', '감미현(간미현, 인명)' 등을 들 수 있다.

역방향도 확인된다. 실제 확인된 표기이다.

볶은밥(볶음밥), 김단비(김담비)

'비빔밥[비빔빱]'에 비해 '볶음밥'은 '보끔빱'으로의 경음화가 일반적이지 않다. '**비빔빱**'과 달리 경음화가 이루어지지 않았다면 관형사형 어미 '-은'과 연관시켰을 수도 있다. 빠른 발화에서 어차피 '볶은밥'과 '볶음밥'의 발음은 구분되지 않으니 말이다. 훌륭한 언어능력의 산물이다. '김단비' 또한 실명 '김담비'에 대한 정보가 부족한 경우 충분히 이해될 수 있는 표기이다. '김담 비'라는 이름을 계속 듣기만 했다면 '김단비'로 써야 할지 '김담비'로 써야 할지 망설여질 것이다. '단비'라는 사람도 있고 '담비'라는 사람도 있기 때문 이다.

'비빔밥'을 '비빈밥'으로 표기 된 것도 본 적이 있는 듯하다. '비빔밥'을 경음화시키지 않는 화자라면 가능한 표기일 수 있 다.

역사적으로도 이러한 위치동화는 확인된다.

솜씨(<손ㅅㅣ), 함께(<ᄒᆞᆫᄢᅴ), 몹쓸(<몯쓸)

후행 성분에 있는 'ㅂ'에 의한 위치동화로 설명된다. '손'과 'ᄒᆞᆫ', '몯'이 후 행 성분의 'ㅂ'에 동화되어 '솜', '흠(>함)', '몹'으로 변동된 것이다.

다음으로는 연구개음으로 바뀌는 위치동화에 대해 알아보자. '**움큼**'의 첫 음절 종성 'ㅁ'은 입술을 사용해야 하는 음이다. 그런데 뒤의 'ㅋ'은 입술을 사용하는 음이 아니다. 그러면 입술을 사용하지 않고 발화하여 의사소통을 할 수는 없을까. 그것이 바로 '웅큼'이다. 연구개라는 위치에서 두 자음을 연 속으로 발음하게 되면 그만큼 혀의 수고는 줄어들게 된다. 순음이 연구개음 으로 변동하였기에 연구개음화이다.

'움큼'이 표준어이고 위치동화 된 형태 '웅큼'은 비표준어이다. '연구개음화[영구개으돠]' 자체 에도 위치동화가 확인된다.

ㅁ → ㅇ / __ㅋ
(연구개음 'ㅋ' 앞에서 비연구개음 'ㅁ'이 연구개음 'ㅇ'으로 변동한다)

앞서 살펴본 '반갑-'은 치경음이 연구개음으로 바뀐 것이다. 연구개음으로 동화된 예로는 앞에 제시된 이미지의 '웅큼(움큼)', '옹ː간(온갖)', '깅가밍가 (긴가민가)', '방가방가(반가반가)', '강ː기(감기)', '꼭까루(꽃가루)', '옥깜(옷

'그러니까'를 고려하면 '근개' 정도로 표기될 수 있다. 물론 이를 화자들이 전혀 인식하지 못한다면 그 기저형은 '긍개' 자체로 설정해야 한다.

감)', '**긍개(근개)**', '상겹쌀(삼겹살)'을 포함하여 '김영경(김연경)', '국:꼬(굽고)', '박기(받기)', '앙:꼬(안고)', '당:끼(담기)' 등을 들 수 있다. 'ㅂ-ㄱ', 'ㄷ-ㄱ', 'ㅁ-ㄱ', 'ㄴ-ㄱ' 등에서 앞 자음이 후행하는 자음에 동화된다. 결과적으로 입술을 사용하지 않거나 혀를 덜 사용하면서 오로지 연구개음으로만 발음하게 된 것이다.

그 역방향도 확인할 수 있다.

산:겹살, 현광등, 조:현기(조형기, 인명)

일상생활에서 발화된 연구개음화형 '상:겹살'을 통해 기저형을 '산:겹살'로 재분석하였다. 재분석된 기저형에 위치동화를 적용하여 '상:겹살'을 도출할 수 있으니 대단한 언어능력으로 이해된다. 마찬가지로 발화 '형광등'을 통해 원래는 '현광등'이 아니었을까 하는 언어의식이 작용하여 '현광등'을 도출한 것이다. 재분석된 기저형 '현광등'에 위치동화를 적용하여 '형광등'을 도출할 수 있으니 재분석된 기저형에 전혀 의심이 없다. '조현기'라는 사람도 있고 '조형기'라는 사람도 있다. 발화 '조형기'를 듣고 실제 이름이 무엇인지 가려내기란 만만치 않다. 이런 역방향 유형들이 현재에도 위치동화가 활발히 적용될 수 있음을 보여주는 실체적 증거이다. 역사적으로도 연구개음화는 확인된다. 위에서 든 '삼겹~상겹'과 같은 양상이다.

습겁다>싱겁다, 염글다>영글다, 삼기다>상기다>생기다

7.1.2.2. 움라우트와 구개음화

다음으로는 움라우트와 구개음화를 통해 어떤 식으로 조음이 편리하게 되는지를 살펴보도록 하자. 움라우트와 구개음화는 동화음이 i, y라는 공통점이 있다. 먼저 움라우트를 보도록 하자.

바람+이 → 바래미, (그런#)법+이 → (그런#)베비, 금+이 → 김이, 쌀통+이 →

쌀퉁이, 국+이 → 귀기

cf. 애기(애기), 에미(어미), 딍겨(등겨), 괴기(고기), 귀경(구경)

후설모음 'ㅏ, ㅓ, ㅡ, ㅗ, ㅜ'가 i, j의 영향으로 전설모음 'ㅐ, ㅔ, ㅣ, ㅚ, ㅟ'로 변동된다. 결과적으로 '후설-전설'의 연쇄가 '전설-전설'의 연쇄로 변동되는 것이니 그만큼 조음은 편리해진다. **전설모음화**의 일종이다. 다음 표를 통해서 전설모음화라고 할 수 있는 이유에 대해 알아보자.

> '젖+으니 → 저지니'와 같은 전설모음화와 충돌되기에 전설모음화 대신 움라우트, 'ㅣ' 역행 동화를 사용하기도 한다.

허의 높낮이	허의 전후 위치 입술 모양	전 설		후 설	
		비원순	원 순	비원순	원 순
고 모 음		ㅣ i	ㅟ ü	ㅡ i	ㅜ u
중 모 음		ㅔ e	ㅚ ö	ㅓ ə	ㅗ o
저 모 음		ㅐ ɛ		ㅏ a	

다음으로는 구개음화에 대해 살펴보자.

밭+이다 → 바치다, 밑+이 → 미치

cf. 티다>치다, 디다>지다, 기름>지름, 키>치

'ㄷ, ㄸ, ㅌ'의 조음위치는 'ㅣ'를 발음할 때의 혀끝의 위치와 약간의 거리를 둔다. 반면 'ㅈ, ㅉ, ㅊ'의 조음위치는 'ㅣ'와 흡사하다. 그래서 '바티'라는 발음보다는 '바치'라는 발음이 그만큼 편하다고 할 수 있다.

'티다>치다', '디다>지다'에서 확인되는 **통시적인 구개음화** 또한 조음 편의와 관계된다. 중세국어의 'ㅊ, ㅈ, ㅉ'은 치음이었다. 그러니 치경음인 'ㅌ, ㄷ'에 비해 'ㅊ(ㅈ 포함)'은 'ㅣ'와의 조음위치가 더 멀 수밖에 없었다. 이런 상황에서 '티'가 '치'로 변동될 가능성은 전혀 없다. '티'나 '치'나 어차피 쉬운

> 구개음화는 공시적인 것도 있고 (밭+이 → 바치), 통시적인 것도 있다(텬디>천지). 움라우트도 마찬가지이다(바람+이 → 바램이, 아기>애기)

'ㅌ'의 변이음 중에서 치경구개음으로 발음되는 경우가 있다면 조음 위치 변동의 단초가 될 수 있다. i, j가 결합된 '티', '텨'의 환경에서 그런 변이음이 형성되었을 가능성이 높다.

발음은 아니기 때문이다. 이후 'ㅊ'의 **조음위치가 치경구개** 쪽으로 이동하는 변화가 생기게 되었다. 드디어 'ㅣ'의 조음위치와 'ㅊ'의 조음위치가 흡사하게 되니 '치' 발음이야말로 매우 경제적인 발음이 된 것이다. '티' 발음보다 '치' 발음이 쉬우니 편리한 방향으로의 변화가 초래된 것이다. 그것이 구개음화이다.

'갈>질', '기름>지름', '키>치' 등에서 보이는 남부방언의 구개음화 또한 조음 편의성과 맞닿아 있다. 모음 'ㅣ'와 'ㄱ'의 조음위치는 매우 멀다. 그만큼 발음이 쉽지 않다는 뜻이다. 그러니 'ㅣ'와 조음위치가 흡사한 'ㅈ, ㅊ'으로 바뀐 것이다.

7.1.2.3. 전설모음화

다음으로는 전설모음화를 통해 조음의 편의성에 대해 알아보자.

> 빗으니/비시니, 젖으니/저지니, 쫓으니/쪼치니, 젖은/저진, 쫓은/쪼친
> cf. '빗+으로 → *비시로', '덫+으로 → *더치로'

앞의 구개음화 부분에서 'ㅣ'의 조음위치가 'ㅈ, ㅊ'과 흡사하다고 했다. 그러니 '즈', '츠'보다는 '지', '치'로 발음하는 것이 그만큼 경제적이다. 이는 위의 전설모음화에도 적용된다. '저즈니', '차즈니'보다는 '저지니', '차지니'가 쉬운 발음이다. 둘째 음절의 '즈'가 '지'로 변동된 것이다. 그런데 모든 환경에서 '즈/츠'가 '지/치'로 변동되지 않는 것이 문제이다. 곡용에서는 전설모음화가 적용되지 않는 지역어가 꽤 확인된다. '빗+으로 → 비스로, *비시로', '덫+으로 → 더츠로, *더치로'를 그 예로 들 수 있다. 이런 자료들 때문에 활용에서의 음운 현상과 곡용에서의 음운 현상을 철저히 구분하여 정밀하게 다루어야 한다.

이상에서 여러 음운 현상을 토대로 조음의 편의성에 대해 검토해 보았다.

이 밖에도 '좋:+으면 → **조:우면**'과 같은 원순모음에 의한 원순모음화, '보+아 → 보와'와 같은 반모음 첨가 등을 조음 편의성에 기댄 음운 변동으로 들 수 있지만 이 절에서는 구체화하지 않기로 한다.

'조:우면'과 '보와', 전자는 대치에 속하고 후자는 첨가에 속한다. 결과는 판이하지만 변동의 동기는 같다고 해야 한다. 입술 모양이 후속 모음에 계속 영향을 미친 것이 변동의 이유이다.

7.2. 음운 변동의 유형

음운 변동은 양상에 따라 네 부류로 나눌 수 있다. 대치, 탈락, 첨가, 축약이 그것이다.

하나의 음운이 다른 음운으로 바뀌는 대치 $X \rightarrow Y / \_Z$
하나의 음운이 없어지는 탈락 $XY \rightarrow X / \_Z$
하나의 음운이 새로이 들어가는 첨가 $X \rightarrow XY / \_Z$
두 개의 음운이 하나로 바뀌는 축약 $XY \rightarrow Z$
cf. 두 개의 음운이 위치를 바꾸는 **도치**

아래에서는 네 유형을 간략히 제시하기로 한다.

음운의 도치를 포함하여 다섯 부류로 나누기도 한다. 그런데 현대국어에서는 도치 현상이라 볼 수 있는 예를 발화 실수 외에는 확인하기 어렵다. 역사적으로는 다음 몇 예를 도치의 예로 든다.

빗복>배꼽, 하야로비>해오라기 'Chomsky & Halle'의 발화 실수 'Homsky & Challe'도 대표적인 도치의 예이다.

① 대치

기+어 → 겨(반모음화)
ki+ ə → kjə

i가 j로 대치되었음을, 즉 다른 음소로 바뀌었음을 확인할 수 있다.

받+는디 → 반는디(비음화)
pat+nindi → pannindi

'ㄷ(t)'이 'ㄴ(n)'으로 대치되었음을, 즉 다른 음소로 바뀌었음을 확인할 있다.

② 탈락

잃+는데 → 일는데 (→ 일른데)
ilh+ninde → ilninde (→ illinde)

종성에는 하나의 자음만 놓일 수 있으므로, '잃'에서는 'ㅎ(h)'이 탈락한다.

쓸+는 → 쓰는
s'il+nin → s'inin

'ㄹ-ㄴ'은 나란히 놓일 수 없어서 어간말 유음이 'ㄴ' 앞에서 탈락한다.

③ 첨가

기+어 → 기여
ki+ə → kijə

'i(ㅣ)'와 'ㅓ(ə)' 사이, 입력형에는 없었던 j가 표면형에서 확인된다. 기저형에는 없었던 모음이 첨가된 것이다. **모음 충돌을 회피**하는 방식의 하나이다(VV → VjV). 두 모음 사이에 j가 삽입되어 모음끼리 연쇄되는 것을 막아 준다.

> 모음 충돌을 회피하는 또 다른 방식(모음 연쇄를 피하는 방식) 으로는 반모음화와 모음 탈락을 들 수 있다.
>
> 기+어 → 겨 VV → SV
> i+ə → jə:
> cf. S: semivowel(반모음)
>
> 가+아 → 가 VV → ØV
> a+a → a

한#일 → 한닐
han#il → hannil

표면형의 모음 'ㅣ(i)' 앞에는 'ㄴ(n)'이 둘 확인된다. 두 요소가 하나의 기식군을 이루면서 기저형에는 없었던 'ㄴ'이 하나 첨가된 것이다. 후행 성분

'일'의 'ㅣ(i)' 앞에서 'ㄴ(n)'이 첨가된 것이다.

④ 축약

놓+고 → 노코

noh+ko → nokʰo

'ㅎ'은 평음 'ㄱ(k)'과 축약되어 유기음 'ㅋ'으로 변동된다. 두 음소가 하나로 줄어드는 것이 축약이니 제시된 예는 이 조건을 만족한다.

아홉+하고 → 아호파고

ahop+hago → ahopʰago

'ㅎ'은 평음 'ㅂ(p)'과 축약되어 유기음 'ㅍ'으로 변동된다. 역시 두 음소가 하나의 음소로 변동하였으니 축약 조건을 만족한다.

마시+어두 → 마셔두 → 마세두

masi+ədu →   masjədu → masedu

두 음소, **반모음 j와 ə가 축약**되어 하나의 음소 'ㅔ(e)'로 변동하였으니 축약 조건을 만족한다. 공시적인 현상은 아니지만 '안녕하셔요>안녕하세요'가 바로 이 부류이다.

요사이>요새

josai>josɛ

형태소 경계는 아니지만 두 음소, a와 i가 축약되어 하나의 음소 'ㅐ(ɛ)'로 변동하였으니 축약 조건을 만족한 것이다.

방언에 따라 '마셔두'가 최종 도출형인 경우도 있고 강릉 지역어처럼 '마서두'가 최종 도출형인 경우도 있다. 전자는 반모음화(대치), 후자는 반모음화 이후 반모음이 탈락한 것이다. 축약된 '마세두/마세도' 어형은 주로 한반도의 동쪽 지역에 분포해 있다.

| 보충 | 동화의 분류 |

동화의 반대 방향을 이화라고 한다. '봇나무>벗나무', '보라>버리'와 같은 비원순모음화가 이화에 속한다. '순음-원순모음' 배열이 '순음-비원순모음'으로 바뀌었기에 이화라 하는 것이다.

대치의 한 유형에는 동화가 있다. **동화**는 여러 기준에 의해 나눌 수 있다. 동화의 방향에 따라, 동화의 정도에 따라, 동화의 거리에 따라 분류해 보기로 한다. 간단하게 예를 제시하는 정도에서 마무리한다.

① **동화의 방향에 따른 분류**
순행동화와 역행동화로 나뉜다.

달나라 → 달라라, 밥+만 → 밤만
믈>물, 아기>애기

앞 음의 영향으로 뒤 음이 변동하는 순행동화(달라라, 물)와 뒤 음의 영향으로 앞 음이 변동하는 역행동화(밤만, 애기)가 있다.

② **동화의 정도에 따른 분류**
완전동화와 부분동화로 나뉜다.

불나방 → 불라방, 국물 → 궁물
받+는 → 반는, 믈>물, 아기>애기
cf. **답란 → 담난**

표면적으로 볼 때 '답란 → 담난'은 입력형의 두 음소가 모두 바뀌었다. 그런데 '답란→ 답난→ 답란'에서 첫 번째 음운 과정이 동화라 볼 수 없다는 점이 문제이다. '독립[동닙]'에서도 동일하게 적용된다.

완전동화는 두 음소가 완전히 같아지는 것(불라방, 반는)을 말하고 부분동화는 같은 부류의 음, 즉 비음이면 비음, 전설모음이면 전설모음 등으로 변동하는 것(궁물, 물, 애기)을 말한다.

③ **동화의 거리에 따른 분류**
직접동화(인접동화)와 간접동화(원격동화)로 나뉜다.

달나라 → 달라라, 국물 → 궁물

받+는 → 반는, 블>불, 함>심, 아기>애기

'아기>애기' 외에는 모두 직접동화이다. 동화에 관계되는 두 음소가 인접해 있느냐의 여부이다. '아기'는 모음 사이에 'ㄱ'이 개재되어 있다. 그래서 동화주 'ㅣ'는 'ㅏ'를 원격조정한다는 의미로 이해할 수 있다.

위에서 보듯 '아기>애기'의 변화는 전설모음 'ㅣ'가 앞의 후설모음을 변동시켰다는 점에서 역행동화, 같은 전설성으로 바꾸었다는 점에서 부분동화, 피동화음이 개재자음 'ㄱ'을 사이에 두었다는 점에서 원격동화이다. '블>불'은 초성 'ㅁ'이 후행하는 중성 'ㅡ'에 영향을 주었다는 점에서 순행동화, 원순성이라는 공통점을 갖는다는 점에서 부분동화, 변동에 관여된 두 음소가 인접해 있다는 점에서 인접동화이다.

'밭+이 → 밭이', 이른바 치경구개음화는 역행동화, 부분동화, 인접동화임을 밝혀 보자.

후행하는 모음 'ㅣ'의 영향으로 선행하는 자음이 치경구개음으로 바뀌었다. 역행동화이다. 'ㅣ'의 조음위치와 치경구개음의 조음위치는 전설성으로 특징지을 수 있다. 완전히 같은 음소로 바뀐 것이 아니므로 부분동화이다. 표기에서의 '이'는 음운론적으로 i이므로 결국 patʲi의 배열이다. 그러므로 인접동화이다. '기름'이 '지름'으로 변동하는 'ㄱ' 구개음화도 k와 i가 인접해 있음을 알 수 있다.

끝으로 다음과 같은 전설모음화가 순행동화, 부분동화, 직접동화라는 것을 설명해 보자.

젖+으니까 → 저지니까

으스스하다>으시시하다, 거츨다>거칠다

동화주 j를 제외하고 동화주 'ㅣ'만을 대상으로 'ㅣ' 역행동화라고 하면 'ㅣ' 역행동화에는 구개음화(해돋이>해도지), 움라우트(막히다 → 매키다)가 포함된다. 동화는 아니지만 두음법칙(리장>이장, 료금>요금) 또한 i, j가 관여한다.

보충 | p/k 대치

낙랑공주는 호동왕자를 위해 '붚>북(鼓)'을 찢는다(cf. 쇠붚>쇠북). 이렇듯 'ㅂ' 계열이 'ㄱ' 계열로 변화한 것을 'p>k'라고 한다. '솝>속(裏)', '브섭>부엌(廚)' 등도 같은 유형이다. '병ㄱ소배(≪월인석보≫ 권1, 병 속에)'에서의 'ㄱ'은 현대의 사이시옷에 대응된다. 현대 방언형으로는 '거품>거큼(경기·충청·전라)', '수제비>수지기(경상)', '밥죽>박죽(경상·전라·평안·함경)', '무렵>무륵(전라)', '가볍다>개급다(전남)' 등을 들 수 있다. '주걱>주벅(전라·강원)'과 같은 반대 방향의 변화도 확인할 수 있다. 일상생활 속에서 이들의 교체를 어렵지 않게 확인할 수 있다. '김봉국/김공국(인명)', '서군(남의 사위를 높여 이르는 '서랑(壻郎)', '영서(令壻)'의 경북방언)/서분' 등을 들 수 있다. '코로나19'를 글쓴이는 '코로나일부'로 알아듣기도 했었다.

보충 | 이어요 > 이에요, 이에요 → 이예요

'마늘+이에요'의 결합은 '마늘이에요'로 도출된다. '이어요'가 '이에요'로 변한 것인데 일견 전설모음 'ㅣ'와 관련 있어 보인다. 그런 관점이라면 '마늘이어야'도 '마늘이에야'로 변해야 할 것이다. 사실은 '-에요', '-세요'가 특별한 형태이다. '안녕하셔요', '오셔요'가 원칙적인 구성이고 '안녕하세요'와 '오세요'는 세월이 흐르면서 변화된 형태이다. 서울 토박이들이 많이들 사용하면서 표준어가 된 것이다. 이 두 형태, '-에요', '-세요'는 공시적 음운 과정으로 설명할 수 없기에 ≪표준국어대사전≫에도 당당히 표제어로 등재되어 있다.

-에요('이다'나 '아니다'의 어간 뒤에 붙어)
해요할 자리에 쓰며, 설명·의문의 뜻을 나타내는 종결 어미.

그건 내가 한 게 아니에요.

그 아이는 읍내 중학교에 다니는 학생이에요.

-세요('이다'의 어간, 받침 없는 용언의 어간 또는 'ㄹ' 받침인 용언의 어간 뒤에 붙어) '-시어요'의 준말. =-셔요.

갑자기 웬일이세요?

이분이 우리 어머님이세요.

어서 가세요.

-셔요('이다'의 어간, 받침 없는 용언의 어간 또는 'ㄹ' 받침인 용언의 어간 뒤에 붙어) '-시어요'의 준말. ≒-세요.

이분은 제 생명의 은인이셔요.

말씀하셔요.

어서 가셔요.

사실 '-셔요'는 등재되어서는 안 된다. '오셔야'를 고려하면 '시+어요', '시+어야'는 반모음화로 설명할 수 있기 때문이다.

'(물)이에요'의 두 모음 '이-에' 사이에 반모음 j가 삽입되어 순수 모음 둘이 충돌하는 것을 막아 주기도 한다. 이른바 모음 충돌(hiatus)을 회피하는 방식 중 하나인 반모음 j 첨가이다. 그것이 표기에도 반영되어 '물이예요'로 적는 사람도 있다. 반모음 첨가의 실체적 증거이다. '(물)이어요'의 경우도 매한가지이다. iəjo → ijəjo, 두 모음 'i-ə(이-어)' 사이에 반모음 j가 첨가되어 순수 모음 둘이 충돌하는 것을 막아 준다. 그것이 표기에 반영되면 '(물)이여요'로 나타난다. '(물)이었다'를 '(물)이였다'로 적는 것, '되었다'를 '되였다'로 적는 것도 마찬가지이다. 중국 학생들은 반모음 첨가 형태를 선호한다. 북측 맞춤법에 익숙해 있기 때문이다.

보충 음운 현상의 명명

'아이돌화'는 무슨 뜻인가? '아이돌'이 아닌 게 '아이돌'이 되었다는 뜻으로 받아들이면 어떨까? 음운 현상의 'X화'도 마찬가지이다. 'X화'는 'X 아닌 게 X되는 현상'이라고 말하면 된다. 그 X 자리에 비음, 유음을 넣어 보자. 비음화는 비음 아닌 게 비음되는 것, 유음화는 유음 아닌 게 유음되는 것으로 이해하면 된다. 그러면 비음이 무엇이고, 유음이 무엇인가를 알기만 하면 된다.

그러면, 반모음화는 어떻게 이해할 수 있는가? 반모음 아닌 게 반모음되는 것으로 이해하자고 했다. '김치+이에요'의 결합은 '**김치예요**'로 도출된다. '김치'를 제외한 부분을 국제음성기호(IPA, International Phonetic Alphabet)로 표기하면 iejo → jejo인데, i가 j로 바뀌었음을 알 수 있다. 반모음이 아닌 i가 반모음 j로 바뀌었다. j화인바 j의 명칭을 '반모음(또는 활음)'이라고 하니 '반모음화(또는 활음화)'라 명명하면 된다.

'김치이어요 → 김치여요', '김치이에요 → 김치예요'가 반모음화하면 음절이 하나 줄어들게 된다. 사실 이것이 반모음화의 특성이다. 그래서 반모음화를 종종 축약의 일종으로 처리하기도 하지만 음소 축약이 아니라 음절 축약임을 분명히 해야 한다. 음소 측면에서는 대치이기 때문이다.

8

음운 현상

7장에서 음운 현상은 대치, 탈락, 첨가, 축약 네 부류로 나뉜다고 하였다. 각 부류에 속하는 개별 음운 현상에 대해 세부적으로 검토하기로 한다.

8.1. 대치

대치는 어떤 한 음소가 다른 음소로 바뀌는 음운 과정이다. '먹+는 → 멍는'에서는 어간말의 'ㄱ'이 'ㅇ'으로, '먹+고 → 먹꼬'에서는 어미초의 'ㄱ'이 'ㄲ'으로 대치된다.

대치를 교체라 하는 경우도 있으나 음소는 대치, 형태소는 교체라 하는 것이 일반적이다.

8.1.1. 평파열음화

음절 구조 제약으로 인해 종성에는 7가지 자음만 올 수 있다. 7가지 이외의 장애음 'ㅍ ; ㅌ, ㅅ, ㅆ, ㅈ, ㅊ ; ㄲ, ㅋ'은 **자음(# 포함) 앞**에서 평파열음 'ㅂ ; ㄷ ; ㄱ'으로 교체된다. 다음은 활용과 곡용에서의 평파열음화 과정을 보인 것이다.

#은 자음과 동일한 기능을 하는 휴지를 뜻한다(여덟# → 여덜). 모음어미와 결합할 때에는 '앞+이 → 아피', '꽃+이 → 꼬시'처럼 음절화되는 것으로 기술한다.

갚+고 → 갑고 → 갑꼬 ; 뱉+고 → 밷고 → 밷꼬, 씻+고 → 싣고 → 싣꼬,
있+고 → 읻고 → 읻꼬, 찾+고 → 찯고 → 찯꼬, 쫓+고 → 쫃고 → 쫃꼬 ;
깎+고 → 깍고 → 깍꼬

앞+까지 → 압까지 ; 꽃+밖에 → 꼳바께 → 꼳빠께, 옷+부터 → 옫부터 → 옫뿌터,
젖+도 → 젇도 → 젇또, 겉+도 → 걷도 → 걷또 ; 부엌+도 → 부억도 → 부억또
앞# → 압, 꽃# → 꼳, 옷# → 옫, 젖# → 젇, 겉# → 걷, 부엌# → 부억

'ㅍ', 'ㅌ', 'ㅋ', 'ㄲ'은 평음으로, 'ㅅ', 'ㅆ', 'ㅈ', 'ㅊ'은 파열음 'ㄷ'으로 변동되었음을 알 수 있다. 이 둘을 합쳐서 평파열음화라고 한다. 전자를 평음화, 후자를 파열음화로 칭할 수도 있지만 하나의 제약 즉, **종성 제약**에 기인한 것이기에 이를 합쳐 평파열음화라 칭한다.

다만 'ㅎ'이 놓일 때에는 환경에 따라 평파열음화가 일어나기도 하고 유기음화가 일어나기도 한다.

놓+는 → 녿는 → 논는
놓+고 → 노코

공시론의 대상을 어떻게 보느냐에 따라 평파열음화 기술도 쉬운 것이 아니다. '젖히-'의 기저형을 '저치-'로 본다면 특별한 문제는 없다. 그런데 학교문법처럼 '젖+히-'로 파악한다면 비음운론적 정보를 가져와서 기술해야 한다.

젖+하고 → 젇하고 → 저타고
cf. 젖+히+고 → 저치고

용언 '젖-'에서처럼 '젖+하고'에 유기음화를 우선적으로 적용하면 잘못된 표면형 '*저차고'가 도출된다. 용언 어간의 의존성과 체언의 자립성(어미 또는 조사 결합에서의 긴밀도 차이)으로 해결할 수 있는데 이는 음운론적 정보가 아니다.

보충   중화(neutralization)

전통적으로는 평파열음화 대신 **중화(中和)**라는 술어를 사용하기도 했다. 음절말에서 대립이 중화되어 원음소(原音素, archiphoneme)로 바뀐다는 뜻이다. 이해를 위해서는 자질이 필요해 보인다. 중화된 음은 관련 음소의 공통 자질로 명세되는 음이기 때문이다.

한자가 中和라는 데서 원음소의 의미를 짐작할 수 있다. 중간화가 아니다.

    젓, 꽃

'ㅈ'과 'ㅊ'의 자질을 대비해 보자.

- ㅈ: [-유기성], [-긴장성], [-전방성], [+설정성], [-지속성], [+소음성], [-공명성], [+자음성]
- ㅊ: [+유기성], [-긴장성], [-전방성], [+설정성], [-지속성], [+소음성], [-공명성], [+자음성]

'ㅈ'과 'ㅊ'은 오로지 유기성에 의한 대립만 보인다. [유기성을] 뺀 제3의 음소가 바로 원음소라는 뜻인데 여기에 '젓'의 'ㅅ'까지 고려하면 — 'ㅅ'의 'ㅈ', 'ㅊ'과 다른 자질 [+전방성], [+지속성]까지 고려하면 — [-긴장성, +설정성, +소음성, -공명성, +자음성]만 남게 된다. 여기에 [+긴장성]의 'ㅆ', [-소음성]의 'ㅌ'을 포함하면 결국 그 원음소는 [+설정성, -공명성, +자음성]으로 명세된다. 다음을 발음해 보라.

    끋, 끚, 꽃, 끝, 끗, 끚, 꽃

발음이 같음을 알 수 있다. '꽃'의 'ㅎ'까지 고려하면 [+설정성]마저 빠지게 되니 공통 자질은 [-공명성, +자음성]인 것이다. 그러면 이상의 경우를 '장애음화'라고 해야 하는 매우 불합리한 점이 생긴다. 대립이 중화된 것이 아니라 특정 음소, 즉 평파열음으로 바뀐 것이다.

8.1.2. 모음조화

모음에는 양성모음(밝고 경쾌한 특질, 'ㅏ'/'ㅗ')과 그에 대응하는 음성모음 (어둡고 둔탁한 특질, 'ㅓ'/'ㅜ')이 있다. **모음조화**란 양성모음은 양성모음끼리, 음성모음은 음성모음끼리 결합되는 현상을 말한다.

다음은 표준어에서 확인되는 폐음절 어간에서의 모음조화 실현 양상이다.

> 자바(잡-), 다다(닫-), 마가(막-) ; 저버(접-), 거더(걷-), 머거(먹-)
> 노파(높-), 소사(솟-), 쪼차(쫓-) ; 구버(굽-), 푸러(풀-), 뚜러(뚫-)
> cf. 이저야(잊-), 끄너서(끊-), 다드머따(다듬-), 배터도(뺄-)

어간의 모음이 'ㅏ'와 'ㅗ'인 경우(자바, 노파 등), 어간 모음이 'ㅓ'나 'ㅜ' 인 경우(저버, 구버 등)가 구분되고 있다. 어간의 모음이 'ㅣ'나 'ㅡ', 'ㅐ'인 '이저야', '끄너서', '**배터도**' 등을 포함한다면 당연히 양성모음 'ㅏ', 'ㅗ'인 경 우와 그렇지 않은 경우로 나누어 일반화해야 할 것이다.

이런 경우 다음과 같이 기저형을 '어(X)'로 설정해서 어간 모음이 'ㅏ'나 'ㅗ'인 경우, 모음조화에 의해 '아(X)'로 대치된다고 기술한다.

> 잡+어 → 자바, 쫓+어 → 쪼차
> 접+어 → 저버, 풀+어 → 푸러

기저형을 '어(X)'로 설정하는 것이 간결한 이유는 대치되는 환경이 어간 모음이 'ㅏ', 'ㅗ'인 경우에 국한되기 때문이다. 모음 10개 중 두 경우에 한정 되니 환경이 그만큼 좁다고 해야 할 것이다. 이러한 상황은 **개음절 어간**에서 의 모음조화 양상을 통해 더욱 분명하게 드러난다.

> 가도, 나가도 ; 서도, 나서도
> 보아야, 꼬아야 ; 두어야, 꾸어야

'어미 어(X)의 대치'라는 표현도 일반화되어 있다. 방언권에 따라 기저형이 '아(X)'가 될 수도 있고 '어(X)'가 될 수도 있다. 표준어가 아니라면 현대의 여러 방언권에서 '어(X)'를 기저형으로 설정하는 경우가 많다. 어간의 모음이 '아'인 경우에도 '잡어', '앉어', '맡어'처럼 '어'로 실현되는 지역이 많기 때문이다. 이 관점에 서면 '좁 + 어 → 좁아'처럼 기술한다. 'ㅗ' 뒤에서만 모음조화를 적용한다. '아파도', '고파도' 유형처럼 '가느라', '다드마'와 같이 실현되는 일부 서남방언도 있다. 동해안방언의 경우 '저바(접-)', '드라(들-)' '더드마(더듬-)', '빠자(빠지-)', '주+아도 → 좌도, 누+아도 → 놔도, 두+아도 → 돠도'와 같이 '아(X)'가 실현되는 것이 일반적이다. 이들 방언권에서는 '아(X)'를 기저형으로 설정하는 것이 유리할 수 있다. 이런 이유 때문에 '어미 어(X)의 대치'는 공시음운론에서 매우 중요한 주제로 자리 잡았다. 의성어, 의태어에서 확인되는 모음조화 유형(찰카닥/철커덕, 촐랑촐랑/출렁출렁)은 사실 공시음운론의 대상이 아니다. 이 책은 학교문법도 고려하여 모음 조화 전반을 다루려는 목적이 있기에 편의상 모음조화로 칭한다. '배터', '매저', '빼서', '되어', '쬐어' 등을 보건대 표준어의 'ㅐ'나 'ㅚ'는 양성모음이 아니다. 개음절 어간은 종성이 없는 어간이며 폐음절 어간은 종성이 있는 어간이다.

cf. 세어, 깨어, 뛰어, 뵈어

쓰+어도 → 써도, 치+어도 → 쳐도 → 처도, 피+어도 → 펴:도

폐음절 어간에서처럼 어간의 모음이 'ㅏ'나 'ㅗ'인 경우와 그렇지 않은 경우가 차이를 보인다. '가도', '보아야'류 이외에는 모두 '-어(X)'로 실현되어 있음을 확인할 수 있다.

다만 다음과 같은 'ㅡ'로 끝나는 다음절 어간에서의 양상은 다소 복잡하다.

> 고파, 아파, 바빠, 가빠, 나빠, 담가, 따라
> 슬퍼, 기뻐, 들러, 치러
> cf. 빨라, **달라**, 골라, 몰:라 ; 걸러, 별러, 물러, 불러, 흘러

<aside>어미 '어(X)'의 다른 표현으로 모음어미라는 술어를 쓰기도 한다. 원래는 모음으로 시작하는 어미, 자음으로 시작하는 어미라는 표현이 정확하다. 편의상 모음어미, 자음어미, 매개모음어미라는 술어를 사용한다.</aside>

'고프-', '아프-'류 역시 개음절 어간이다. 모음 'ㅡ'로 끝나면 '고퍼', '아퍼'로 실현되어야 하지만 첫 음절 모음에 영향을 받아 '고파', '아파'로 실현된다.

모음 'ㅡ'가 개재되었다고 해도 폐음절 어간에서는 실현 양상이 다르다.

<aside>중세국어 시기 'ㄹ/르' 말음 어간은 두 부류로 나뉜다. '모ᄅᆞ-', '섄ᄅᆞ-', '흐르-', '므르-', '브르-' 부류와 그 외 부류가 구분된다 (몰라, 섈라 ; 달아, 골아).

cf. 중국에 달아, 골오 고ᄃᆞ시고, 둘에예 ᄂᆞ려 ; 비 디ᄃᆞᆺ 흘리 거시늘, 길며 섈롬과</aside>

> 가느러(가늘-), 다드머(다듬-), 가다드머(가다듬-), 쓰다드머(쓰다듬-)

'가느라', '다드마' 등으로 실현되지 않으니 '고파', '아파'와는 양상이 다름을 확인할 수 있다. 표준어가 아니라면 전남동북부 지역을 포함한 몇몇 방언권에서 '가느라', '다드마', 심지어 **다무라**, '가무라', '야무라'와 같은 형태가 확인된다. 다만 전 방언권을 통틀어 어간에 모음 'ㅗ'가 개재된 경우 '고퍼(고프-)', '조버(좁-)'처럼 모음조화를 파괴하는 형태는 충청도 일부 지역과 경상도 일부 지역을 제외하면 그다지 넓은 분포를 보이지 않는다.

<aside>방언권에 따라 '다물-', '가늘-'에서의 이러한 양상을 고려하여 'ㅜ', 'ㅡ'를 중립모음으로 설정하여 기술하기도 한다. 이들 모음조화 양상은 15c 표기('ᄃᆞ물-', '다ᄃᆞᆷ-')와 직접 연결된다.</aside>

보충	모음조화 양상의 변화

모음조화는 현대국어에 일부만 남아 있다. 그 모음조화에 대해 좀 더 구체적으로 살펴보기로 하자.

ㅏ, ㅑ, ㅓ, ㅕ, ㅗ, ㅛ, ㅜ, ㅠ, ㅡ, ㅣ

앞에서 'ㅑ, ㅕ, ㅛ, ㅠ'를 뺀 나머지, 6모음에 /ㆍ/를 더해서 15세기의 단모음 7개를 확인할 수 있다고 했다.

ㅏ, ㅓ, ㅗ, ㅜ, ㅡ, ㅣ, ㆍ

7개의 모음 중에는 양성모음(밝고 경쾌한 특질)도 있고 그에 대응하는 음성모음(어둡고 둔탁한 특질)도 있다. 자모별로 그 대응을 살펴보자. 일단 양과 음의 관점에서 4가지가 확인된다.

'ㅏ ↔ ㅓ, ㅗ ↔ ㅜ'

이 네 가지에 덧붙여 '하늘'을 뜻하는 'ㆍ'와 '땅'을 뜻하는 'ㅡ'가 차례로 양과 음이다. 거기에 땅을 딛고 하늘을 보고 살아가는 '사람'이 있다. 그것을 뜻하는 것이 'ㅣ'이다(중성모음).

다시 양성모음과 음성모음을 아래에 제시해 보자.

> 중성모음은 양성모음과도 어울리고 음성모음과도 어울린다(시>사이, 두디쥐>두더지). '닭가', '흔술'과 같은 환경에서는 당연히 모음조화가 적용되지 않는다.

양성모음: 'ㅏ, ㅗ, ㆍ'
음성모음: 'ㅓ, ㅜ, ㅡ'

양성모음은 양성모음끼리 음성모음은 음성모음끼리 결합하는 모음조화(vowel harmony)는 15세기에는 꽤 철저하게 지켜졌다. 중세국어에서

두 단어를 꺼내면 거기에는 'ㆍ'라는 음이 적어도 하나는 들어가 있을 정도로 'ㆍ'는 기능부담량이 상당히 높았다.

ᄌᄅ/ᄍᄅ(낫자루/쌀자루), ᄆᄅ(산마루), 사ᄋᆞᆯ>사ᄒᆞᆯ(사흘), 말ᄊᆞᆷ(말씀), 다ᄉᆞᆺ(다섯), 하ᄂᆞᆯ(하늘), 아ᄎᆞᆷ(아침), 모ᄅᆞ다(모르다), ᄀᆞᄂᆞᆯ다(가늘다), ᄀᆞ믈다(가물다), ᄀᆞᄅᆞ치다(가르치다)…

실로 엄청나게 많은 단어에 'ㆍ'가 확인된다. 모두 모음조화를 철저히 지키고 있음을 알 수 있다. 'ㆍ'와 결합할 수 있는 것은 'ㆍ', 'ㅏ', 'ㅗ' 중 하나인 것이다. 다음은 곡용(체언+조사)에서의 모음조화 양상이다.

ᄆᆡᄂᆞᆫ, ᄆᆡᄅᆞᆯ, 말ᄋᆞᆫ, 말ᄋᆞᆯ, 남ᄀᆞᆫ, 남ᄀᆞᆯ // 믈은, 믈을, 문은, 문을, 굼근, 굼글

이렇게 모음조화에 큰 영향력을 행사하던 'ㆍ'가 소멸되면 언어생활에는 큰 위기가 올 것이다. 이는 바로 모음조화의 동요로 이어진다.

현대국어에서의 모음조화는 제대로 지켜지지 않고 있다. 관련된 표준어를 아래에서 확인할 수 있다.

잡아, 맡아, 앉아 // 좁아, 보아라, 곪아도
먹어, 적어, 얹어 // 굽어, 주어라, 긁어도

그런데 이조차도 실제 발화는 '**자버**', '**마터**', '**안저**'로 나타나는 경우가 많다. 심지어 폐음절 어간에서 '조버', '골머'라고 하는 충청도 일부 지역, 경상도 일부 지역 화자들도 확인된다. 모음조화가 파괴되고 있는 실상이다. 그래도 '고와'를 '고워', '도와'를 '도워'라고 하는 화자는 그다지 많지 않다. '보아라', '놓아라', '좋아라'류도 마찬가지이다. '오'가 개재해 있을 때는 모음조화가 어느 정도 지켜지는 편이다.

의성어, 의태어에는 모음조화가 많이 보인다. '깡충깡충', '오순도순'

아래 Twice의 Cheer up에서 같은 유형의 단어를 찾아보자.

… 바로바로 대답하는 것도 매력 없어. 메시지만 읽고 확인 안 하는 건 기본. 어어어 너무 심했나 boy, 이러다가 지칠까 봐 걱정되긴 하고, 어어어 안 그러면 내가 더 빠질 것만 같어 빠질 것만 같어 …

정도를 제외하면 '찰싹/철썩', '찰카닥/철커덕', '팔짝/펄쩍', '촐랑촐랑/
출렁출렁' 등에서 모음조화를 쉽게 확인할 수 있다.

이상을 토대로 학교문법에서 다루는 현대국어의 모음조화를 정리해
보기로 한다.

> ① 어간과 어미 '어/아(X)'의 결합에서 확인된다.
>
>   잡아, 잡아도, 잡아라, 잡았다 // 먹어, 먹어도, 먹어라, 먹었다
>
>   쫓아, 쫓아야, 쫓아라, 쫓았다 // 풀어, 풀어야, 풀어라, 풀었다
>
> ② 의성어, 의태어에서 확인된다.
>
>   찰카닥/철커덕, 촐랑촐랑/출렁출렁

보충   '어(X)'류 어미

활용 어간과 결합하는 어미 '어(X)'에는 크게 연결어미 '-어도, -어서,
-어야'와 종결어미 '-어', 과거시제 선어말어미 '-았-', 명령형 어미 '-어
라' 등이 있다. 종결어미 '-어'까지 고려하면 '어X'가 아니라 어미 '어
(X)'이다. 여기서 주의해야 할 것은 명령형 어미 '-어라'를 어미 '어(X)'
에 포함할 수 있느냐 하는 문제이다. 명령형 어미 '-어라'는 '-어라'를 제
외한 '어(X)'와는 성격이 다소 다르다. '가+아라/어라'는 '가도', '가야'와
달리 장음 **가ː라**로 발화하는 서울 토박이 화자도 있기 때문이다. 일부
서남방언에서 확인되는 '비벼라', '비벼서' 유형과 '비베' 유형도 특이하
다. 여기에서는 종결어미 '-어'와 '어X'의 음운 현상이 다르니 구분하여
기술해야 한다.

이는 동남방언에서도 확인된다. 용언 '가(去)'의 활용형 중 '가도, 가서, 간따'와 달리 '가라'는 RH로 나타난다. 중부방언으로 따지면 '가ː라'에 대응된다. '보-', '오-' 등에서 이러한 양상이 확인되는데 이러한 용언의 운소 패턴을 통해 중세국어와의 연관성도 확인할 수 있다(부록 참조).

8.1.3. 비음화

비음화는 비음 아닌 것이 비음으로 변동하는 과정이다.

　　법망 → 범망, 두릅나무 → 두름나무

　　맏며느리 → 만며느리, 맏누이 → 만누이

　　국물 → 궁물, 박나물 → 방나물

비음이 아닌 'ㅂ', 'ㄷ', 'ㄱ'이 후행 음절 비음 'ㅁ, ㄴ'의 영향으로 비음
'ㅁ', 'ㄴ', 'ㅇ'으로 변동된다.

다음은 활용에서의 **비음화** 과정이다.

> 후행 비음에 영향을 받는 이러한 비음화를 '비음동화', '원룸'에서 확인되는 'ㄹ' 비음화를 '비음화'라 칭하기도 한다.

　　뽑+는 → 뽐는, 갚+는다 → 갑는다 → 감는다

　　닫+는지 → 단는지, 맡+는군 → 맡는군 → 만는군, 솟+네 → 솓네 → 손네,

　　젖+는데 → 젇는데 → 전는데, 쫓+는구나 → 쫃는구나 → 쫀는구나

　　막+니 → 망니, 섞+네 → 썩네 → 썽네

어미초자음 'ㄴ' 앞에서 'ㅂ'은 'ㅁ'으로, 'ㄷ'은 'ㄴ'으로, 'ㄱ'은 'ㅇ'으로
변동하였음을 알 수 있다. 일부 어간말자음은 'ㅂ'으로(갚-), 'ㄷ'으로(맡-),
'ㄱ'으로(섞-) 평파열음화된 후 비음화 과정을 겪은 것이다.

이러한 양상은 곡용(명사+조사)에서도 동일하게 적용된다.

　　집+만 → 짐만, 무릎+만큼 → 무릅만큼 → 무름만큼

　　밭+만 → 받만 → 반만, 옷+만 → 옫만 → 온만, 젖+만 → 젇만 → 전만,

　　　옻+마저 → 옫마저 → 온마저

　　국+마다 → 궁마다, 부엌+마저 → 부억마저 → 부엉마저

어미초자음 'ㅁ' 앞에서 'ㅂ'은 'ㅁ'으로, 'ㄷ'은 'ㄴ'으로, 'ㄱ'은 'ㅇ'으로
변동하였음을 알 수 있다. 일부 어간말자음은 'ㅂ'으로(무릎), 'ㄷ'으로(밭),

'ㄱ'으로(부엌) 평파열음화된 후 비음화 과정을 겪은 것이다.

비음화는 기식군 내에서도 환경만 되면 적용된다.

찬밤너무만네(찬밥#너무#많네) 봉마니바다라(복#많이#받아라)
밤마신네(밥#맛있네)

8.1.4. 'ㄹ' 비음화

'ㄹ' 앞에서 발음될 수 있는 자음은 'ㄹ'뿐이다. 선행 자음이 'ㄹ'이 아니면 어미초자음 'ㄹ'은 'ㄴ'으로 바뀌어야 한다. 이것이 바로 'ㄹ' 비음화(치조비음화)이다.

의견란 → 의견난, 자본론 → 자본논, 입원료 → 이붠뇨
읊리 → 읍니 → 음니

'란', '론', '료', '리' 앞 음절 종성이 'ㄹ'이 아니므로 '란'은 '난'으로, '리'는 '니' 등으로 변동되어야 한다. 이와 관련해 표면형을 도출하는 과정이 보다 합리적인 것을 아래에서 찾아보자.

'독립'과 '압력'을 '디귿#리을'의 두 가지 도출과정으로 나누어 설명해 보자. 그리고 '동화'에 속하는지도 생각해 보자.

디귿#리을 → 디귿니을 → 디근니을
디귿#리을 → 디근리을 → 디근니을

후자는 'ㄹ' 앞에서 파열음 'ㄷ'이 비음으로 변동한 과정이 제시되어 있다. 'ㄹ'이 파열음을 변동시킬 음운론적 근거가 없다. 'ㄹ'은 그런 자질을 갖고 있지 않다. 첫 번째 과정이 합리적이다. 종성에 뒤따르는 'ㄹ'은 '흘러', '빨라' 등과 같이 앞 음절 종성이 'ㄹ'일 때만 발화될 수 있기 때문이다. 강도 측면으로 이해한다면 그만큼의 힘을 갖지 못하기에 스스로 다른 음으로 변동되어야 하는 것이다.

이런 'ㄹ' 비음화는 다음 단어들에서도 확인된다.

　독립, 석류, 적령기
　압력, 합리, 급랭, 급류, 읍루, 압량면

첫째 유형에서는 둘째 음절 초성 'ㄹ'이 'ㄴ'으로 변동되어야 한다. 앞 종성이 'ㄱ'이므로 즉 'ㄹ'이 아니므로 'ㄴ'으로 변동된다는 것이다. 둘째 유형에서도 둘째 음절 초성 'ㄹ'이 'ㄴ'으로 변동되어야 한다. 앞 종성이 'ㅂ'이므로 즉 'ㄹ'이 아니므로 'ㄴ'으로 변동된다는 것이다.

이제 경쟁 관계에 있는 두 규칙, 유음화 규칙과 'ㄹ' 비음화 규칙에 대해 살펴보자. 관련되는 몇 단어를 적어 본다.

　생산량, 음운론, 온라인, 원룸, 신라면, 진라면, 청산리, 노근리

'생산량'의 경우 노년층에서는 '생살량'으로 발화하는 이들이 눈에 띈다. 세대가 내려갈수록 '생산냥'으로 발화하는 이들이 많다. '음운론', '자본론' 등도 마찬가지이다.

'신라', '신리'의 경우는 장년층에서도 '실라', '실리'로 발음한다. '생산', '음운', '자본' 등이 독립적인 단어인 반면, '신'은 그렇지 못한 데 이유가 있을 듯도 하다. 이제 '신라', '신리'를 '신나', '신니'로 발음하는 젊은 층이 늘고 있는 듯하다.

그러면 '선릉'은 '선능'으로, '온라인'도 '온나인'으로, '원룸'도 '원눔'으로 발음될 확률이 높은 것이다. 자연스럽게 '자본론', '음운론'도 **'ㄹ' 비음화형**으로 발화될 확률이 높은 것이다.

어느 경로를 통해 해당 단어를 습득한 것인가가 매우 중요하고 아울러 그와 관련된 유추심리도 매우 중요해 보인다.

앞으로는 비음화 경향이 우세할 확률이 있다. '신나의 삼국 통일', '근노자의 날' 등이 들리기도 한다.

매운 나면 신나면 농심 신나면

초기의 위와 같은 광고 멘트에 익숙해 있다면 그 라면의 발화는 '신나면'이 될 확률이 높다. 젊은 층이라고 무조건 '신나면'이라 발음하는 것은 아님을 실험해 보고자 했다. "우리 '실라면' 먹을까?"라는 식으로 며칠간 '실라면'이라 주입을 시키니 A(당시 8세)가 드디어 '실라면'이라 하는 것이다. 그런 다음 실제 '진라면'을 보여 주고 발음하라고 했다. 놀랍게도 '질라면'이라 발음했다. 10년이 지난 시점에도 두 상품을 여전히 유음화형으로 발화한다.

젊은층은 아무래도 비음화 경향이 강한 것이 사실이다. 그런데 일반화하기는 만만치 않다. 노년층은 유음화 경향이 다소 강하지만 그 또한 단어에 따라 다르다. '청산리' 전투에 대해 많이 들었을 것이다. 이를 '청살리'로 발화한다면 '노근리', '신촌리', '청진리'의 경우도 유음화한 발화를 해야 하는데 모든 단어에서 유음화가 적용되지 않으니 문제이다.

8.1.5. 유음화

'ㄴ-ㄹ' 또는 'ㄹ-ㄴ'의 음운연쇄가 'ㄹ-ㄹ'로 바뀌는 것이 유음화이다. 유음화는 'ㄹ' 뒤에서 'ㄴ'이 'ㄹ'로 바뀌는 순행적 유음화와 'ㄹ' 앞에서 'ㄴ'이 'ㄹ'로 바뀌는 역행적 유음화로 나눌 수 있다.

자음군을 말음으로 하는 어간에 'ㄴ'으로 시작하는 어미('-는, -나, -니, -는다, -는구나' 등)가 통합할 때 순행적 유음화를 확인할 수 있다.

핥+는 → 핥는 → 할는 → 할른

자음군이 단순화된 후 'ㄹ-ㄴ'의 연쇄에서 유음화가 적용되었다.

유음화는 단어 경계가 소멸한 기식군 환경에서도 확인된다.

잘론다(잘#논다), 반ː바칼론리(반ː박할#논리), 사늘러머(산을#넘어), 들ː러머

(들ː#너머), 딸라코(딸#낳고), 술라만니(술#남았니), 할릴(할#일), 기뻐할릴

(기뻐할#일), 업ː써질릴(없ː어질#일), 마실략(마실#약), 머글략(먹을#약)

cf. 한닐(한#일), 머근냑(먹은#약)

'할#일'을 통해 유음화 과정을 확인해 보자.

할#일 → **할닐** → 할일

'ㄴ' 첨가 이후의 'ㄹ-ㄴ' 연쇄에서는 유음화가 적용된다. 엄밀히 말한다

면 현대국어에서는 '달+는 → 다는'과 같은 형태소 경계에서만 유음이 탈락

된다.

'ㄹ-ㄴ'의 연쇄는 발음될 수가 없다고 했다. 그래서 앞 'ㄹ'이 탈락하든지

뒤의 'ㄴ'이 'ㄹ'로 바뀌면 되는 것이다. '달+는 → 다는'에는 'ㄹ' 탈락 규칙

이 적용되어 있고 '닳+는 → 달는 → 달른'에는 유음화 규칙이 적용되어

있다.

이전 시기에는 고유어에서 'ㄹ' 탈락 규칙이 존재했다. '아드님', '따님',

'하느님' 등을 보면 그 사실을 확인할 수 있다. 그런데 '달님'에서는 그러한

'ㄹ' 탈락 현상이 보이지 않는다. '별ː님', '술님(?)', '리을님(?)', '별ː나라', '달

나라', '술나라(?)', '리을나라(?)' 등에서도 'ㄹ' 탈락 현상은 확인되지 않는다.

'ㄹ' 탈락 규칙이 소멸된 후 형성된 '별ː님', '달나라' 등에는 당연히 유음화

규칙만 적용되어야 한다.

그래서 현대국어의 'ㄹ-ㄴ' 연쇄에서는 ― 활용을 제외한 경우에는 ― 유

음화 규칙만 확인될 뿐이다.

달+님 → 달림, 칼+날 → 칼랄, 틀+니 → 틀리, 물+놀이 → 물로리

'ㄹ-ㄴ' 연쇄이지만 유음이 탈락
되지 않는다. 선행 음절의 'ㄹ'
은 관형사형 어미이다. 어미가
탈락하는 음운 과정은 일반적이
지 않다. 어간말자음일 때만 유
음이 탈락할 수 있다.

또 다른 연쇄 'ㄴ-ㄹ'에 대해 살펴보자. 'ㄴ-ㄹ' 또한 연이어 발음할 수 없다. 다음을 글자그대로 발음해 보라.

신라, 근로, 천리만리, 구천리, 구만리, 삼천리, 삼만리

글자그대로 발음할 수 없으니 조정이 일어나야 한다. 'ㄹ-ㄹ'로 바뀌든지 'ㄴ-ㄴ'으로 바뀌어야 한다. 이는 한자어 및 외래어에서 일어나는 현상이다. 고유어에서는 순수하게 'ㄹ'로 시작하는 형태소나 단어를 찾기가 만만치 않다.

최근, 대화에 다소 소외된 젊은 층은 글자그대로 발음하려는 경향이 있어 'ㄹ' 비음화를 적용시키는 경우가 많다. 표준발음이 제대로 습득되지 못한 경우, '초점'을 '초쩜'으로 읽지 않고 '초점'으로 발화하기도 한다. 표기에 이끌린 발화이다. '신라', '구천리'류도 표기에 이끌려 일단 선행 요소를 확실하게 발음하려는 경향이 높다. 그렇게 되면 당연히 'ㄹ' 비음화형으로 발화될 확률이 높은 것이다. 즉 '신라'의 경우 일단 '신'을 먼저 발음하려는 의식이 자리 잡는 것이다.

보충 **직접동화로서의 유음화**

유음화를 간접동화로 본다면 다음과 같은 과정을 거칠 것이다.

잃+는 → 잃른 → 일른

이러한 과정을 인위적인 방식, 즉 외재적 규칙순이라 한다. 표면형에 근거한 설명으로 1차적 음운 과정이 자연스럽지 못하다. 세 개의 자음이 연속될 때 동화에 앞서 자음군이 단순화되는 것이 자연스러운 음운 과정이다. 보다 자연스러운 음운 과정에 의한 것을 내재적 규칙순이라 한다.

8.1.6. 연구개음화

수의성을 보이는 두 음운 과정 연구개음화와 양순음화는 조음위치가 동일해지는 **위치동화**이다. 즉 연구개음화, 양순음화를 겪은 자음은 조음방식은 그대로인 채 조음위치만 변동된다. 따라서 연구개음 앞에서 'ㅂ', 'ㄷ'은 같은 조음위치의 'ㄱ'으로 변동되고 'ㅁ', 'ㄴ' 역시 같은 조음위치의 'ㅇ'으로 변동된다.

'ㅂ', 'ㄷ'이 'ㄱ'으로 변동되는 과정을 아래에서 확인할 수 있다.

　　입+거든 → 입꺼든 → 익꺼든, 닫+거라 → 닫꺼라 → 닥꺼라, 갚+고 → 갑고
　　　 → 갑꼬 → 각꼬, 맡+고 → 맏고 → 맏꼬→ 막꼬
　　솟+고 → 솓고 → 솓꼬 → 속꼬, 찾+고 → 찯고 → 찯꼬 → 착꼬
　　쫓+고 → 쫃고 → 쫃꼬 → 쪽꼬

연구개음화는 평파열음화에 후행한다는 것을 알 수 있다. 다음은 'ㅁ, ㄴ'이 'ㅇ'으로 변동되는 과정을 보인 것이다.

　　신ː+고 → 신ː꼬 → **싱ː꼬**, 다듬+거든 → 다듬꺼든 → 다등꺼든

다음은 자음군단순화 이후에 적용되는 연구개음화 과정이다.

　　굶ː+고 → 굼ː꼬 → 궁ː꼬, 없ː+고 → 업ː고 → 업ː꼬 → 업ː꼬 → 억ː꼬,
　　많ː+고 → 만ː코 → 망ː코

연구개음화는 체언에서도 그 적용 과정을 쉽게 확인할 수 있다. 그뿐만 아니라 기식군 내에서도 환경만 되면 적용된다.

자음동화에는 조음방식이 같아지는 방법동화와 조음위치가 같아지는 위치동화가 있다. 비음화와 유음화는 조음방식이 같아지는 방법동화이며 연구개음화와 양순음화는 조음위치가 같아지는 위치동화이다. 위치동화는 수의성을 띠고, 그 적용 형은 표준발음이 아니다. 이 현상은 중부방언보다는 남부방언에서 활발히 일어난다.

'생기-'는 '삼기-'에서 위치동화, 움라우트가 적용된 형태이다 (삼기다>상기다>생기다).

… 비 삼긴 제도야 지묘흔 덧흔 다마는 엇디흔 우리 몰은 느는 듯흔 판옥선을 주야의 빗기 타고 임풍영월호디 홍이 전혀 업는게오 … 박인로 '선상탄'

내히 죠타 흐고 놈 슬흔 일 흐지 말며 / 늠이 흔다 흐고 의(義) 아니면 좃지 말니 / 우리는 천셩(天性)을 직희여 삼긴 대로 흐리라. -변계량

자음군단순화(VCCCV→VCCV)는 축약의 과정과 탈락의 과정으로 나뉜다.

• 잃+고→일코, 많ː+고→만ː코
• 잃+는→일는→일는

• 꽃+까지[꼳까지~꼭까지~꼬까지]
• 식칼~시칼

비어두 음절 초성이 경음이나 유기음이면 그 앞 음절 종성 'ㅂ', 'ㄷ', 'ㄱ'은 동일조음위치일 경우 수의적으로 탈락한다. 중복장애음 탈락이다.

밥+까지 → 박까지, 꽃+까지 → 꼳까지 → **꼭까지**

안+까지 → 앙까지, 산+같이 → 상가치, 봄+꺼지 → 봉꺼지

cf. 머긍거까지(먹은#거까지), 추웅겨울(추운#겨울), 앙가도돼(안#가도#돼)

8.1.7. 양순음화

양순음화도 위치동화이다. 따라서 양순음 앞에서 'ㄷ'은 양순음 'ㅂ'으로, 'ㄴ'은 양순음 'ㅁ'으로 수의적으로 변동된다.

먼저 양순음 'ㅃ(ㅂ)' 앞에서 'ㄷ'이 같은 조음위치의 양순음 'ㅂ'으로 동화된 예를 제시한다.

꽃+보다 → 꼳보다 → 꼳뽀다 → 꼽뽀다, 솥+부터 → 솓부터 → 솓뿌터 → 솝뿌터, 옷+뿐 → 옫뿐 → 옵뿐

다음은 양순음 'ㅁ', 'ㅂ', 'ㅃ' 앞에서 'ㄴ'이 같은 조음위치의 양순음 'ㅁ'으로 동화된 예이다.

끈+만 → 끔만, 낮+마다 → 낟마다 → 난마다 → 남마다, 갓+만큼 → 갇만큼 → 간만큼 → 감만큼

신+부터 → 심부터, 안+부터 → 암부터, 잔+뿐 → 잠뿐

양순음화 또한 기식군 내에서 환경만 되면 적용될 수 있다.

암보낸다(안#보낸다), 뜨거움물(뜨거운#물), 영화#고:지점보고(영화#고:지전#보고)

양순음화는 [+설정성] 자음과 [+순성] 자음의 연쇄일 경우 단어 내부든 단어 경계 또는 형태소 경계든 문법 정보에 관계없이 일어난다. 활용에서는 그러한 연쇄가 존재하지 않기 때문에 양순음화가 일어나지 않는 것이다. 연구개음화 또한 형태론적 정보와 관계없는 순수 음운 과정이다.

양순음화에 비해 연구개음화가 특이한 것은 'ㄱ'으로 시작하는 조사만이 존재하고 /ŋ/으로 시작하는 조사가 없기 때문에 평파열음화에 의한 'ㄷ, ㅂ'

은 모두 'ㄱ'으로 변동하며, 'ㄴ, ㅁ'은 'ㅇ'으로 변동한다는 점이다. 그러나 양순음화는, 'ㅂ'으로 시작하는 조사는 물론 'ㅁ'으로 시작하는 조사도 존재하기 때문에 평파열음화에 의한 'ㄷ, ㄱ'이 무조건 'ㅂ'으로 변동하는 것이 아니라 '낯+마다 → 낟마다 → 난마다 → 남마다'와 같이 비음화 과정을 거치기도 한다는 것이다. 이러한 비음화 과정의 유무는 두 음운 과정(연구개음화와 양순음화)의 차이점이라 할 수 있다.

8.1.8. 모음순행동화

모음순행동화는 어미 '아(X)'와 '으X'의 첫 모음이 어간의 일정한 환경에 따라 어간모음에 동화되는 음운 과정을 말한다. 중부방언이라면 대표적인 예로 '깨-', '늫-'을 들 수 있다.

깨+어도 → 깨애도 → 깨:도

'늫-'에서의 **모음순행동화**는 다음과 같은 음운 과정으로 이해할 수 있다.

늫+어라 → 느어라 → 느으라 → 느:라
후음 탈락　　　모음순행동화　　음절 축약과 보상

> '너코, 너:면, 너:도 > 너코, 느:면, 느:도'처럼 고모음화를 겪은 활용형, '느:면', '느:도' 등을 통해 '늫-'을 재분석할 수 있다.

모음 간 후음 'ㅎ'의 탈락(좋+아 → *조하)

↓

모음 'ㅡ'의 순행동화(느어 → 느으)

↓

두 모음 'ㅡ'의 축약(음절 축약에 따른 보상적 장음화)

중부방언 밖으로 시야를 넓히면 보다 많은 자료를 확인할 수 있다. 다음은 동남방언 자료이다.

기+어도 → 기어도 → 기이도 → 기:도
피+어도 → 피어도 → 피이도 → 피:도
돌리+어도 → 돌리어도 → 돌리이도 → **돌리:도** → 돌리도

'돌리:도'에는 음절 축약에 의한 보상적 장음이 실현되어 있다. 어간이 'ㅣ'로 끝나더라도 '자-', '찌-', '치-'에서는 반모음화가 적용되는 지역이 많다. 이는 '기어도', '피어도'와 달리 '지어도', '찌어도', '치어도'로의 음절화가 불가능하기 때문이다. 중부방언에서 '겨:도'는 보상적 장음화가 일어나고 '져도'는 보상적 장음화가 일어나지 않는 것과 동궤이다.

다음은 후음을 말음으로 하는 폐음절 어간에서의 모음순행동화 과정이다.

쌓+으면 → 싸으면 → 싸아면 → 싸:면, 쌓+아도 → 싸아도 → 싸:도
놓+으면 → 노으면 → 노오면 → 노:면
cf. 놓+아도 → 노아도 → **놔:도**

'놓+아도'에서는 반모음화가 적용되고 그 보상으로 장음이 실현된다.

후음이 탈락된 후 모음의 순행동화가 일어나고 표면형에 이르기 전 단계에서는 음절 축약에 의해 보상적 장음화가 일어난다. 다음은 동남방언에서의 모음순행동화 과정이다.

방언에 따라 'ㅎ'의 설정이 가능할 수 있는데 이 경우에도 모음순행동화를 확인할 수 있다.
• 붛+으모 → 부으모 → 부우모 → 부:모 cf. 부:꼬(注)
붛+어도 → 부어도 → 부우도 → 부:도
• 줗+으모 → 주으모 → 주우모 → 주:모 cf. 주:꼬(拾)
줗+어도 → 주어도 → 주우도 → 주:도
• 씿+으모 → 씨으모 → 씨이모 → 씨:모 cf. 씨꼬(洗)
씿+어도 → 씨어도 → 씨이도 → 씨:도

붛+으모 → 부으모 → 부우모 → 부:모, 붛+어도 → 부어도 → 부우도 → 부:도
씿+으모 → 씨으모 → 씨이모 → 씨:모, 씿+어도 → 씨어도 → 씨이도 → 씨:도
cf. 붛+고 → 부코(注), 씿+고 → 씨코(洗)

곡용에서도 모음순행동화는 나타나는데 주로 동남방언, 동북방언, 영동방언에서 확인된다. 제시된 자료는 동남방언 자료이다.

2음절 어간과 처격 조사 '에(X)'의 통합에서 모음의 순행동화가 활발히 일어난다.

부대(LH, 部隊)+에 → 부대애(LHL) → 부대(LF)
파출소(LLH)+에 → 파출소오(LLHL) → 파출소(LLF)

cf. 다방(LH)+에 → 다바˘에(LHL) → 다바에(LHL) → 다바아(LHL) → 다바
(LF)

'부대'의 말모음 'ㅐ', 파출소의 말모음 'ㅗ'가 후행하는 음에 영향을 주어 같은 모음으로 동화되었음을 확인할 수 있다. 또 /ŋ/이 탈락한 후 모음의 순행 동화도 확인된다. /ŋ/은 비모음화를 겪은 후 탈락하고(다바에), 그다음 과정에서 모음의 순행동화(다바아)가 확인된다. 표면형 '다바(LF)'는 음절 축약에 따른 것이다.

보충 **동남방언에서의 모음순행동화**

어간말자음이 /ŋ/인 경우에도 모음순행동화가 확인된다. 이는 비모음화와 밀접하게 관련된다. 비모음 탈락은 **'방아'를 '바아'**, '장˙인'을 '자˙인', '공항'을 '고항', '농협'을 '노협'으로 발화하는 현상이다. 비모음은 비모음화를 거친 후 탈락한다.

마당'+에 → 마다'아 → 마다˄, 친정'+에서 → 친저'어서 → 친저˄서
청송'+에 → 청소'오 → 청소˄(지명), 공중'+에 → 공주'우 → 공주˄
단양'+에 → 단야'아 → 단야˄(지명), 구영'(穴)+에 → 구여'어 → 구여˄(LF)
사랑방'+에 → 사랑바'아 → 사랑바˄, 중앙통'+에 → 중앙토'오 → 중앙
토˄(LLF)

물론 1음절 어간 또는 3음절 어간에서도 모음순행동화는 확인된다. 단음절 어간의 경우, 2음절 어간에서와 달리 주로 어간의 모음이 'ㅏ'에 한정되는 경우가 일반적이다. '장', '방', '땅'은 일상생활에서 사용빈도가 높은 장소성 명사라는 공통점이 있다.

동모음 축약에 의해 바˄(F)로도 실현된다. F(falling tone)는 하강조이다. 바˘아 → 바아 → 바˄

앞에서는 어간 말음절이 고조인 예만 제시하였는데 그 표면형에는 하강조가 실현되어 있다. 사실 어간 성조에 따라 표면형의 성조는 달리 나타난다.

군˘청+에 → 군˘처(郡廳)
친정'+에 → 친저˄(親庭)
옥상'+에 → 옥싸˄(屋上)
쌀통+에 → 쌀토(쌀통)

어간의 성조가 LH, LLH, LLLH 등인 경우에만 모음순행동화 이후 하강조가 실현된다. 비어두 '하강조/상승조(잉여적 장음)'는 앞 음절이 저조일 때만 가능하다. '친저˄, 사라바˄, 군˘처, 옥싸, 쌀토'를 대비할 수 있다. '군˘처˄, 옥싸˄, 쌀토˄'가 아니라는 것이다.

장+에 → 자'아 → 자〉, 방+에서 → 바'아서 → 바〉서, 땅+에 → 따'아 →
따〉(F)

처격 조사 '에(X)'가 통합하는 환경에서만큼은 아니지만 조사 '으X'가
결합하는 경우에도 모음순행동화는 나타난다.

방+으로 → 바'아로 → 바〉로

안동+으로 → 안도'오로 → 안도^로

어미 '으로'의 '으'는 모두 어간말모음에 동화되었으며 이러한 모음순
행동화는 비음 /ŋ/ 탈락 후에 적용되는 음운 과정이다.

보충 **비적격형 도출 저지를 위한 제약**

동모음 탈락과 관련해 다음의 두 자료를 검토해 볼 수 있다.

싸+아도 → 싸도

쌓+아도 → 싸아도 → **쌰:도**

> 중부방언에서는 '추운데'를 '춘데'라 하는 것처럼 '싸:도'를 '싸도'라 할 수 있다. 그것은 장음이 소멸되는 것과 관련지어 이해할 수 있다.

두 음운 과정을 대비해 보면, 전자는 동모음 탈락으로 설명할 수 있지
만 후자는 후음 'ㅎ'의 탈락 후, 동모음 탈락 규칙이 적용될 환경에 있지
만 동모음 탈락이 적용되지 않았음을 확인할 수 있다.

그런데 국어의 음운 과정 중에는 환경만 되면 특정 음운 과정이 적용
될 수 있는 것이 있는가 하면 그렇지 않은 것도 있다.

> 사실 첫 번째(자부루와도), 두 번째, 네 번째 형태는 자연 발화에서 모두 확인할 수 있다. 지역어에 따라 환경만 되면 적용되는 음운 현상이 다를 수 있다. 이 또한 지역어별로 면밀히 고찰될 필요가 있다.

자부루우+아도 → **자부루와도** → 자부루아도 → 자부롸:도 → 자부라:도
　　　　　　　　반모음화　　　　반모음 탈락　　　반모음화　　　반모음 탈락

자부라우+아도 → 자부라와도 → 자부라아도 → 자부롸:도 → 자부라:도
　　　　　　　　반모음화　　　　반모음 탈락　　　반모음화　　　반모음 탈락

제시된 예는 중부방언의 '졸리다'에 해당하는 동남방언 자료인데 어 간이 '자부루우-∽자부릅-' 또는 '자부라우-∽자부랍-'으로 나타난다. '자부라:도'는 어간 '자부루우-'와 '-아도'의 통합형에서도 도출할 수 있 고 어간 '자부라우-'와 '-아도'의 통합형에서도 도출할 수 있다. 그런데 여기서 중요한 것은 위에서의 w 반모음화와 반모음 탈락은 환경만 되면 항상 적용된다는 것이다.

이제 위에 제시된 예의 차이를 검토해 보기로 하자. 어간 '쌓-'에 어미 '아(X)'가 통합할 경우 가능한 도출형으로는 '싸하도, 싸:도, 싸도'의 세 가지 경우가 있다. 먼저 '싸하도'는 모음 간에서 'ㅎ'이 탈락하지 않고 그대로 실현되는 경우인데 이는 일반적인 현상이 아니므로 적격한 도출 형이라 할 수 없다. 이제 남은 것은 '싸:도'와 '싸도'인데 '싸도'는 탈락이 연속으로 적용된 경우이다. 환경만 되면 관련 음운 과정(탈락)이 계속적 으로 적용된다면 부적격한 표면형이 양산될 것이다. 이러한 문제를 해 결하려면 다른 음운 과정도 검토해 보아야 한다(평파열음화 과정은 생 략한 채 제시한다).

훑+는 → 할는 → 할른
잃+는다 → **일는다** → 일른다
뚫:+는 → 뚤:는 → 뚤:른

'ㅀ' 자음군과 관련해서는 평파 열음화 과정(잃는)을 전체적으 로 제시하지 않았다.

모두 자음군을 말음으로 하는 어간이다. 'ㄹ-ㅌ-ㄴ', 'ㄹ-ㅎ-ㄴ' 자음군 이 단순화된 후에는 'ㄹ-ㄴ' 연쇄만 확인된다. 'ㄴ' 앞에서 'ㄹ'이 탈락될 수도 있겠으나 표면형에서는 'ㄹ' 탈락을 확인할 수 없다. 'ㄹ-ㄴ' 연쇄는 'ㄹ-ㄹ'로 바뀌어 있다. 환경만 되면 탈락이 일어난다고 볼 경우 올바른 표면형 '할른'을 도출할 수 없고 부적격형 ''하는'을 도출할 수밖에 없다.

자음군단순화는 탈락의 과정에 해당하는데 일련의 음운 과정에서 탈 락이 연속으로 적용될 수 없으므로 자음군단순화에 의한 유음 'ㄹ'이

'ㄴ'으로 시작하는 어미 앞에서 탈락되지 않는다. 형태음소 층위에서는 'ㄹ'의 탈락이 예상되지만 이미 탈락의 과정에 의해 도출된 형태이므로 더 이상의 탈락은 불가능하다. 따라서 '할는'이 도출되고 이어서 유음화가 적용되어 표면형 '할른'을 얻게 된다.

이들 과정을 일률적으로 설명하기 위해서는 다음과 같은 탈락 제약이 유용하다.

• 탈락 제약: 탈락은 일련의 음운 과정에서 연속으로 적용될 수 없다.

탈락 제약에 의하면 위의 유음화를 별다른 무리 없이 통합적으로 기술할 수 있다. 곧 '쌓+아도 → 싸아도 → *싸도'와 같이 동모음 탈락이 된 도출형과 '핥+는 → 할는 → *하는'과 같이 'ㄴ' 앞에서 유음이 탈락된 도출형은 음성형으로 실현될 수 없다.

다음 자료에서도 연속 탈락이 적용되면 부적격한 표면형이 도출된다.

잃+으니까 → 일으니까 → 일니까 → *이니까
놓+으면 → 노으면 → *노면

'잃+으니까 → 일으니까 → 일니까 → 이니까'처럼 환경만 되면 음소가 탈락한다면 후음 탈락, 'ㅡ' 탈락, 'ㄹ' 탈락을 거쳐 부적격형 *'이니까'가 도출된다. 이를 저지하기 위한 방안이 탈락 제약이다. '놓+으면 → 노으면 → 노면' 또한 마찬가지이다. 후음 탈락, 'ㅡ'탈락 등이 연속 적용되면 적격형 '노ː면'이 도출되지 못한다.

다음을 통해 탈락 제약의 당위성과 어미 '으X'의 기저형을 검토해 보자. 6장 기저형에서도 다룬 바 있기에 여기서는 짧게 제시하려 한다.

불ː+으니 → 불ː니 → 부ː니
갈ː+은 → 갈ːㄴ → 간ː

용언 어간에 어미 '으X'가 통합하여 먼저 어미초모음 '으'가 탈락하고 이어서 용언 어간말의 유음이 탈락한 것이다. 이렇게 본다면 탈락 제약은 일견 제약으로서의 기능을 상실하는 듯하다.

'핥+는'과 '쌓+아도'에서는 연속으로 탈락 규칙을 적용할 수 없고 '불:+으니', '갈:+은'에서는 연속으로 탈락 규칙을 적용해야 한다는 것은 매우 인위적인 설명 방식임에 틀림없다. 이런 점에서 볼 때 '-으니, -으면' 등의 기저형은 '으X'로 확정할 수 없다.

유음을 말음으로 하는 어간과 모음으로 끝나는 어간에 통합하는 어미는 '으X'가 아니고 'X'라고 함이 자연스럽다. 어간 말음의 환경이 그 이외인 경우는 '으X'가 선택되는 것이다. 이제 이를 정리하면 다음과 같다.

> 어간 말음이 [-모음성]인 경우: 어미 '으X'가 선택
> 어간 말음이 [+모음성]인 경우: 어미 'X'가 선택

보충 | 규칙순

국어에서 확인되는 음운 과정을 종합하면 다음과 같은 규칙순으로 일반화할 수 있다.

활용의 경우

① 자음군단순화는 축약의 과정과 탈락의 과정으로 나뉘며 이때, 축약의 과정이 탈락의 과정에 우선한다.

② 음운 규칙은 '축약>평파열음화(에 의한 경음화)>탈락>동화'와 같은 위계를 가진다.

③ 특정 규칙이 적용된 후에 적용될 규칙 또한 위와 같은 위계에 의해 이루어진다.

④ 음운의 탈락은 음운 과정에서 연이어 일어날 수 없다.

곡용의 경우

① 활용 어간과 달리 자립형식이라는 특이성에 근거하여 음절말에 한 자음만을 허용하는 음절 구조 제약이 먼저 작용하게 되어 자음군 어간이든 아니든 음절말에는 7개의 자음만이 놓이게 된다. 그러니 축약 규칙에 선행하는 것이 바로 평파열음화 규칙이나 자음군단순화(탈락) 규칙이다. 이 때문에 곡용(체언+조사)에서의 규칙 문제는 발생되지 않음이 당연하다.

② 평파열음화 규칙 또는 자음군단순화 규칙이 축약 규칙보다 우선적으로 적용되는 것 또한 체언의 특이성에 기인한다.

③ 첨가 규칙은 그 어떤 규칙보다 선행하게 된다. 첨가된 'ㄴ'은 환경이 되어도 탈락하지 않는다.

활용에서는 첨가 규칙이 나타나지 않으므로 첨가 규칙과 축약 규칙 간의 순서를 확정할 수 없다. 그러나 '넋+요 → 넋뇨 → 넉뇨 → 넝뇨'와 같은 곡용(체언+조사)의 경우, 또는 '할#일 → 할닐 → 할릴'과 같은 단어 경계를 참고해 본다면 첨가 규칙이 국어의 음운 규칙 중 가장 먼저 적용되는 음운 과정이라 이해할 수 있겠다.

그러면 합성어 '풀잎'과 '**낯익**-'에서 확인되는 현상을 다음과 같이 나타낼 수 있다.

경북에서는 '낯익은'과 '못잊어'를 '나디근', '모디저'로 발화하는 화자가 많다. 이들 지역에서는 '집일 → 지빌', '밭일 → 바딜'로 발화한다('월료일', '일료일'과 같은 ㄴ 첨가는 경남에서 주로 확인된다). '낯익-'에서 'ㄴ' 첨가 규칙이 적용되지 않으니 음운 과정이 매우 간단해진다.

낯익- → 낟익- → 나딕-

풀잎 → 풀닢 → 풀닙 → 풀립
　　　ㄴ 첨가　　평파열음화　　유음화

낯익- → 낯닉- → 낟닉- → 난닉-
　　　ㄴ 첨가　　평파열음화　　비음화

8.1.9. 원순모음화

원순모음화는 비원순모음이 원순모음으로 바뀌는 현상이다. **원순모음화는** 두 가지로 구분된다. 하나는 순음 아래에서 '으'가 '우'로 바뀌는 경우이고, 다른 하나는 원순모음의 영향으로 '으'가 '우'로 바뀌는 경우이다. 전자는 다음에서 확인할 수 있다.

> '아버지>아부지', '할머니>할무니', '주먹>주묵', '가버리고>가불고'에 대응하여 '귀염둥이'를 뜻하는 '귀여미'를 '귀요미'라고 하는 것도 일종의 원순모음화라 볼 수 있다.

입+으니 → 이부니, 값+을까 → 가풀까
숨+으러 → 수무러, 엷+으면 → 열부면
곪+으면 → 골무면, 굵+웅깨 → 굴뭉깨
짚+으로 → 지푸로, 풀섶+으로 → 풀써푸로
집+으로 → 지부로

다음은 원순모음의 영향으로 비원순모음 '으'가 원순모음 '우'로 바뀌는 원순모음화 과정이다.

죽+으니 → 주구니, 죽+으러 → 주구러, 죽+을 → 주굴
볶+으니 → 보꾸니, 볶+으로 → 보꾸러, 볶+은 → 보꾼
속+으니 → 소구니, 속+으려 → 소구려, 속+은 → 소군

옥+으로 → 오구로, 눈+으로 → 누누로
cf. 옷+으로 → 오수로, 꽃+으로 → 꼬추로

이상은 활용, 곡용에서 나타나는 원순모음에 의한 원순모음화이다. 말음절이 '오/우'인 폐음절 어간이라는 공통점을 지니고 있다. 활용에서는 어간말 종성이 연구개음인 경우 원순모음화가 활발하다. 조사 '으로'의 통합에서는 'ㅅ, ㅈ' 뒤에서의 전설모음화가 기대되는 방언권도 있겠으나 활용형 '쪼칭개', '이씽깨'에 비해 그다지 활발하게 실현되는 것은 아니다. 같은 방언권이

라도 활용에서는 전설모음화가 일어나도 곡용에서는 전설모음화가 일어나
지 않기 때문이다.

역사적으로는 다음과 같은 원순모음화를 확인할 수 있다.

믈>물, 블>불, 플>풀, 니블>이불, 브섑>부엌
브즈런ᄒ다>부지런ᄒ다, 프다>푸다

| 보충 | '푸고, 푸면, 퍼도'의 기저형과 원순모음화 |

용언 '푸-'의 활용형 '푸고, 푸면, 퍼도'는 '주고, 주면, 줘도 ; 두고, 두
면, 둬도 ; 배우고, 배우니, 배워도'와 대비해 볼 때 '푸고, 푸면, 풔도'로
실현되는 것이 정상이다. 그런데 '풔'가 아니라 '퍼'이니 불규칙 용언이
라 하는 것이다. 이 경우 기저형은 자음어미와 통합할 때 '푸-', 모음어미
와 통합할 때 '**퍼-**'로 이해할 수 있다. 15세기의 패러다임 '프고, 프면,
퍼(汲)'는 '프-'를 기저형으로 하는 용언이었다. 모음어미와 결합할 때에
는 '프+어 → 퍼'처럼 '_' 탈락 규칙이 적용된다. 15세기의 활용형, '프
고'는 원순모음화가 적용되어 '푸고'로 나타나게 되었고 '퍼-'는 원순모
음화가 적용될 환경이 아니라서 '퍼' 그대로 이어진 것이다. 단어마다
역사가 있다는 말이 있다. '푸고, 푸면, 퍼도'를 통해 한국어는 활용형마
다 역사가 있는 것으로 이해하자.

이와 관련지어 '기뿌고, 기뿌니,
기뻐'의 기저형을 '기뿌-∽기
뻐-'로 설정할 수 있다.

8.1.10. 전설고모음화

모음체계를 고려할 때 움라우트
도 전설모음화이고 '꽂+으니 →
꼬지니'류의 과정도 전설모음
화이다. 이 둘을 구분하기 위해
하나는 움라우트, 다른 하나는
전설고모음화로 명명한다.

전설고모음화는 공시적으로 'ㅈ, ㅊ, ㅅ, ㅆ'을 말음으로 하는 어간이 어미
'으X'와 통합할 때 어미초 '_'가 자음의 영향으로 모음 'ㅣ'로 변동하는 과정
을 말한다. 이러한 음운 과정은 다음에서 확인된다.

꽃+으니 → 꼬즈니 ~ 꼬지니

쫓+으니 → 쪼츠니 ~ 쪼치니

뺏+으니 → 뻬스니 ~ 뻬시니

낮+으로 → 나즈로 → *나지로

꽃+으로 → 꼬츠로 → 꼬추로, *꼬치로

못+으로 → 모스로 → 모수로, *모시로

지역어 따라 활용에서는 전설고모음화가 수의적으로 나타나기도 하지만 곡용(체언+조사)에서는 **전설고모음화가 나타나지 않기도** 한다. 활용과 곡용에서의 전설모음화 적용 환경이 다른 것은 여러 방언에서 확인된다.

역사적으로는 다음과 같은 전설모음화를 확인할 수 있다.

브즈런ᄒᆞ->부지런ᄒᆞ-, 거츨>거칠-, 즐>질-, 슴겁>싱겁-

방언에서 확인되는 '무슭>마실, 모실', '쓸데없는>씰데없는'과 같은 형태소 내부에서의 전설모음화는 여러 방언권에서 확인되는 일반적인 현상이다. 이러한 변화를 겪은 전설모음화의 예를 제시한다.

쓸개>씰개, 쓰다>씨다, 쓰다듬다>씨다듬다, **무슨>무신**, 으스스하다>으시시
하다, 으스대다>으시대다, 부스스하다>부시시하다, 이층>이칭, 층>칭, 층
층대>칭칭대

> 동남방언, 제주방언을 포함한 많은 방언권에서 곡용(체언+조사)에서는 전설모음화 형태가 흔치 않다.

> 사실 방언형 '마실'은 중부방언에서도 쉽지 않게 확인된다. 표준어 '마실'은 '이웃에 놀러 다니는 일'이란 뜻으로 쓰인다(마실 간다). '촌락' 의미의 '마실'은 표준어가 아니다(2021년 2월 현재).

> '무슨>무신'으로의 변화는 □□모음화, '무슨>무순'으로의 변화는 □□모음화이다.

8.1.11. 경음화

경음화는 평음 'ㅂ, ㄷ, ㅅ, ㅈ, ㄱ'이 파열음 뒤에서 경음으로 바뀌는 음운 과정이다. 경음화는 크게 다섯 부류로 나뉜다.

① 평파열음 뒤에서의 경음화(먹+고, 잡+고)

② 용언 어간말 비음 뒤에서의 경음화(신+고, 감+고)

③ 관형사형 어미 'ㄹ' 뒤에서의 경음화(할#것, 어찌할#바)

④ 한자어에서 'ㄹ' 뒤 'ㄷ, ㅅ, ㅈ'의 경음화(발달, 칠세, 절정)

⑤ 합성과 파생에서의 경음화

①은 파열음 뒤에서의 순수음운론적 동기에 의한 경음화이다. 반면 ②는 용언 어간, ③은 관형사형 어미, ④는 한자어 ⑤는 파생과 합성이라는 비음운론적 조건이 기본적으로 명시되어야 한다. 특히 ③은 단어 경계를 사이에 둔 환경에서의 경음화인바, '여덟#개, 여덟#상자', '이번#방학, 이번#겨울' 등에서도 확인된다.

먼저 파열음 뒤에서의 경음화에 대해 살펴보자.

입+고 → 입꼬, 갚+고 → 갑고 → 갑꼬

뺏:+지 → 뺃:지 → 뺃:찌, 쫓+고 → 쫃고 → 쫃꼬, 뜯+고 → 뜯꼬, 맡+고 → 맏고 → 맏꼬

깎+지 → 깍지 → 깍찌, 먹+더라 → 먹떠라

짧+고 → 짧꼬 → 짤꼬, 떫+고 → 떫꼬 → 떨꼬

핥+고 → 핥고 → 핥꼬 → 할꼬, 없:+고 → 없:고 → 없:꼬 → 업:꼬 → 억:꼬

긁+고 → 긁꼬 → 극꼬, 맑+고 → 맑꼬 → 막꼬

cf. 놓+세 → 녿세 → **녿쎄** → 노쎄

앞+도 → 압도 → 압또

꽃+도 → 꼳도 → 꼳또

팥+도 → 팓도 → 팓또

죽+도 → 죽또

넋+도 → 넉도 → 넉또, 값+도 → 갑도 → 갑또

'ㅂ', 'ㄷ', 'ㄱ'에 후행하는 평음은 경음으로 변동한다. 파열음 뒤에서의 필

수적 경음화이다. 그런데 자음군을 말음으로 하는 결합에서의 경음화 — 자음군이 단순화되면서 파열음을 말음으로 하는 과정이 도출되기도 하지만 — 는 그다지 간단하지 않다.

자음군을 말음으로 하는 활용 어간과 어미의 결합에서는 다음과 같은 과정을 거치는 것으로 해석하는 것이 일반적이다.

넓+고 → 넓꼬 → 널꼬
훑+고 → 훑고 → 훑꼬 → 훌꼬

우선적으로 자음군단순화 규칙을 적용하면 비적격형 ``널고', ``훌고' 등이 도출되므로 자음군단순화를 먼저 적용해서는 안 된다.

그런데 '없+고 → 업:꼬'에서 경음화한 자음은 무엇인가. 표면형 '업:꼬'를 도출하는 방법은 두 가지가 있을 수 있다.

없:+고 → 없:고 → 없:꼬 → 업:꼬
없:+고 → 업:고 → 업:꼬

두 도출과정을 대비해 볼 때, 최종 도출형이 같음에도 불구하고 어미초자음을 경음화하는 자음이 서로 다르다는 것을 알 수 있다. 첫 번째 과정은 자음군 중 두 번째 자음 'ㄷ(평파열음화된 ㄷ)'이 경음화를 유발한 것이고 두 번째 과정은 자음군 중 앞 자음 'ㅂ'이 경음화를 유발한 것이다. 후자가 도출 과정의 간결성 측면에서는 전자보다 우위에 있다. 그러나 위에서 확인한 바와 같이 자음군단순화 규칙을 먼저 적용하게 되면 잘못된 표면형 ``널고', ``훌고'를 도출하게 되므로 그것은 언어현실과 맞지 않게 된다. 그래서 어간 말자음군 중 두 번째 자음, 즉 평파열음화된 'ㄷ'이, 후행하는 평음을 경음으로 변동시킨다고 해석해야 한다. 표면형의 도출을 위해 '훑+고'에서는 평파열음화 규칙을 먼저 적용하고, '없:+고'에서는 자음군단순화 규칙을 먼저 적용하는 것은 인위적 장치일 뿐이다.

한편, '넓+고'와 같은 파열음 뒤에서의 평음이라는 동일한 환경임에도 곡용(체언+조사)에서는 경음화가 일어나지 않는다.

> '여덟+과'를 '여덜꽈'로 발화하는 것은 대중매체에서 더러 확인된다. 특별한 변종 '서울꽈 부산'과 같은 유형이지 'ㄹ'의 'ㅂ' 때문은 아니다.

여덟+과 → *여덜꽈   cf. 스무여덜비라, 스무여덜베
여덟+부터 → *여덜뿌터, 여덟+보다 → *여덜뽀다

활용 어간에서와 동일한 음운 과정을 거친다면 제시된 자료는 모두 경음화를 겪어야 한다. 대부분의 하위 방언(경남서부방언과 서남방언 제외)에서 이들은 경음화를 겪지 않으므로 자음군단순화만을 적용하여 표면형을 도출할 수 있다.

다음의 '여덟+하고', '여덟#해'의 표면형에 대해 살펴보자.

여덟+하고 → *여덜파고, 여덟#해 → *여덜패
cf. 앓+고 → 알코

'여덟+하고', '여덟#해'는 'ㄹ-ㅂ-ㅎ'에서의 자음군단순화이다. 활용이라면 이러한 결합에서는 '앓+고'에서와 같이 축약(유기음화)이 먼저 적용되어야 할 것이다. 자음군을 말음으로 하는 명사는 아니지만 '젖+하고'의 통합에서도 '저차고'와 같은 유기음화는 확인되지 않는다.

곡용(체언+조사)에서는 자음군단순화를 먼저 적용하고 활용에서는 경음화 이후 자음군단순화를 적용하는 것은 언어학자만이 할 수 있는 그야말로 인위적인 장치이다. 곡용형 '여덟+과'에서 경음화 이전에 자음군단순화를 먼저 적용해야 하는 합당한 이유를 설명해야 한다. 결론적으로 곡용(체언+조사)에서는 종성 제약을 우선적으로 적용해야 한다. '젖+하고'에서는 종성 제약에 기인한 평파열음화를, '여덟+과', '여덟+부터', '여덟+하고'에서는 종성 제약에 기인한 자음군단순화를 우선적으로 적용해야 한다. 곡용(체언+조사)

에서 종성 제약을 우선적으로 적용해야 하는 이유는 바로 체언의 자립성과 관계된다. 그렇다면 결과적으로 자음으로 시작하는 조사가 통합할 때에는 단독형에 조사가 붙는 방식일 뿐이다.

주지하듯이 '八'은 이미 '여덜'로 재구조화되고 있다. 그래서 '여더리'라는 곡용형도 등장하게 된다. 바꾸어 말해 체언의 자립성으로 인해, 그 단독형을 중시하지 않고는 적절한 해결책을 마련할 수 없다는 것이다. 이것이 바로 명사와 관련된 종성 제약이다. 이는 후술할 긴밀도와 관련된다. 다소 이완된 결합이 곡용형(체언+조사)이라는 것이다. '여덟+부터'는 체언의 자립성으로 인해 다소 이완된 결합을 보이므로 활용에서와는 달리 경음화 현상을 확인할 수 없는 것이다. '젖+하고'에서도 이완성으로 인해 유기음화보다는 종성 제약이 우선되어야 하는 것이다. 반면 활용은 곡용(체언+조사)에 비해 긴밀도가 높다고 할 수 있겠다.

사실은 비음 뒤에서 경음화가 특이하다.

> 신:+고 → **신:꼬**, 안:+기 → 안:끼
> 숨:+고 → 숨:꼬, 감:+기 → 감:끼, 쓰다듬+고 → 쓰다듬꼬, 더듬+지 → 더듬찌
> 삶:+고 → 삼:꼬, 굶:+더라 → 굼:떠라

체언 '신고(申告)', '감기(感氣)' 등에서는 경음화가 나타나지 않기에 용언 어간이라는 환경이 주어져야만, 즉 비음운론적 제약이 주어져야만 경음화 과정을 이해할 수 있다.

관형사형 어미 'ㄹ' 다음에서의 경음화의 양상은 다음과 같다.

> 어찌할빠(어찌할#바), 가실뿐(가실#분)
> cf. 가신#분 → *가신뿐

제시된 예를 통해 볼 때, 'ㄹ' 관형사형 어미 뒤에서는 경음화가 나타나지

다음을 소리 내어 읽어 보고 경음화의 이유를 밝히자.

감기 시작했다. 약 먹어라.
감기 시작했다. 금세 감겼네.

방언에 따라 피동의 '안가-', '감기-' 등에서 경음화가 확인되기도 한다(안끼고, 감끼고). 경남, 함북, 제주에서는 '신:+고', '신:+지'에서 비경음화형도 확인된다. 이에 대해서는 고형의 관점으로 접근해 볼 수 있다. '점:잖다<점:지않다'를 통해 이전 시기에는 경음화가 일어나지 않았다는 것을 알 수 있다. 경북 북부에서는 '모내기'를 '모싱기'라고 한다. '모싱끼'가 아니다.

만, 'ㄴ' 어미 뒤에서는 경음화가 나타나지 않는다는 것을 확인할 수 있다.

그런데 관형사형 어미 'ㄹ' 뒤에서의 경음화가 필수적이 아님을 알 수 있다. 후행 명사의 초성을 경음으로 발음하는 것이 지배적이나 그렇지 않은 경우도 확인된다. 먼저 후행 명사가 의존명사인 경우를 살펴보자. 다음 자료를 읽어 보면 모두 경음화가 일어남을 확인할 수 있을 것이다.

> 할#것, 할#줄, 할#데 // 갈#것, 갈#줄, 갈#데 // 먹을#수, 말할#수, 어찌할#수, 자빠질#수 // 먹을#것, 말할#것, 무너질것 //남을#분(人), 만날#분(人), 드실#분(人), 말할#분(人) // 먹을#줄, 못할#줄, 말할#줄, 자빠질#줄, 넘어뜨릴#줄 // 먹을#데, 말할#데, 무너질#데, 자빠질#데, 넘어뜨릴#데 // 말할#바, 못할#바,
> **어찌할#바**

이러한 양상은 주지하듯이 통시적 변화와 관련이 있다. ≪용비어천가≫의 '자싫제', ≪월인석보≫의 '훓배' 등을 참고할 수 있다.
'칠공'이라 하기도 하고 '칠꽁'이라 하기도 한다면 △을 표시하면 된다. 칠공~칠꽁(△)

다음 몇 부류는 의존명사가 후행 성분인 경우이다. 각자 경음화 여부를 판단해 보자. 경음화가 일어나는 형식에 ○ 표시를 하고, **수의성**을 보이는 곳에는 △ 표시를 해 보자.

> 칠#공, 갈#집, 잘#방, 잘#집, 올#비, 쓸#수(수법), 쓸#답

> 던질#공, 넘을#담, 버릴#삽, 버릴#밥, 무너질#벽, 이사할#집
> 할#방법, 할#도리, 칠#자세, 칠#기세, 칠#자리, 칠#경우, 올#가족, 갈#장소

다음으로는 관형어와 후행명사가 모두 다음절인 경우이다. 화자에 따라 수의성이 높아지는 경우도 있을 것이다.

> 피할#도리, 헤어질#도리 // 붙일#방법, 어찌할#방법, 무너뜨릴#방법 // 무너질#다리, 무너뜨릴#다리 // 쌓을#강둑, 무너질#강둑 // 넘을#자세, 공격할#자세 // 넘을#기세, 공격할#기세, 넘어뜨릴#기세 // 만날#자리, 공부할#자리 // 만날#경우, 무너질#경우, 부담스러울#경우 // 만날#가족, 부양할#가족 // 만날#장

소, 헤어질#장소 // 버릴#가마니, 만들#가마니, 내버릴#가마니 // 버릴#바구
니, 만들#바구니, 내버릴#바구니

이상에서의 경음화는 긴밀도의 관점으로 접근할 수 있다. 두 요소 간의 긴
밀성이 높으면 경음화가 일어나고 긴밀성이 낮으면 경음화가 일어나지 않을
수 있다는 것이다. 관형어와 의존명사의 결합에서 경음화 발생 빈도가 압도
적인 것은 바로 관형어와 의존명사 간의 긴밀도와 밀접한 관련이 있다. 자립
명사인 경우는 관형어와의 **긴밀도**가 의존명사에 비해 높다고 볼 수는 없다.
그래서 후행 성분 두음의 경음화도 수의성을 보일 수 있는 것이다. 아울러
관형어이든 후행 명사이든 음절수가 늘어날수록 경음화 규칙에서 멀어지는
경향을 보이는 것으로 이해한다.

다음을 통해, 수관형사와 의존명사의 결합에서도 경음화가 일어남을 확인
할 수 있다.

열병(十甁), 열되(十斗), 열짜(十尺)
cf. 한뼹, 한뙤, 한짜,

'일곱뼹', '일곱뙤' 등 장애음 뒤에서의 경음화를 제외하면 이 또한 'ㄹ' 뒤
에서만 평음이 경음으로 변동됨을 알 수 있다.

한#개, 두#개, 세#개, 네#개, 다섯#개, 여섯#개, 일곱#개, 여덟#개, 아홉#개,
열#개

제시된 '다섯#개', '여섯#개', '일곱#개', '아홉#개'에서의 경음화는 파열음
뒤에서의 필수적 변동이다. 필수적 변동이라는 점은 같지만 '여덟#개'와 '열#
개'에서의 경음화는 다른 관점으로 이해해야 한다.

'설진주'라는 인명은 '설#진주'
처럼 경계를 두면 경음화가 일
어나지 않지만 경계를 두지 않
으면 경음화가 일어나는 것이
일반적이다. 바로 한자어에서의
경음화, '절정', '절전', '설정',
'설전' 등을 참고할 수 있다.

여덟#번(8번) → 여덜뻔, 열#번 → 열뻔

여덟#대(8대) → 여덜때, 열#대 → 열때

여덟#살(8살) → 여덜쌀, 열#살 → 열쌀

여덟#장(8장) → 여덜짱, 열#장 → 열짱

여덟#권(8권) → 여덜꿘, 열#권 → 열꿘

'열'에 후행하는 평음 'ㅂ, ㄷ, ㅅ, ㅈ, ㄱ'이 경음으로 바뀌었음을 확인할 수 있다. '열'의 종성이 'ㄹ'이니 일단 'ㄹ' 뒤 경음화로 이해할 수 있다. 그러면 '여덟#개'에서의 경음화를 반드시 'ㅂ'에 의한 경음화라고 말하기 어렵다.

경남방언에서 '스물깨(20개)', '스물짱(20장)', '스물때(20대)'라는 발화가 확인된다. 바로 'ㄹ' 뒤 경음화의 또 다른 예인 것이다. 이로 볼 때, 공시적으로 수관형사와 의존명사의 결합에서 확인되는 경음화는 'ㄹ' 뒤에서의 변동으로 파악하는 것이 바람직하다.

다음으로는 **한자어 'ㄹ' 뒤에서의 경음화** 현상에 대해 살펴보자. 다음을 자연스럽게 읽어보고 경음화가 확인되는 단어에 밑줄을 그어 보자.

발견, 발달, 발부, 발산, 발전

결과, 결단, 결번, 결심, 결정

절개, 절단, 절벽, 절세, 절전

어떤 환경에서 경음화가 실현되는지 일반화를 해 보고 그 일반화를 다음에도 적용해 보자. 다음은 '제일과 제일짱', '발딴', '절쩡'이라 읽힌다.

이무영의 농촌소설 <제일과 제일장>의 발단, 절정

이러한 경음화는 한자어라는 조건, 'ㄹ' 뒤라는 조건, 'ㄹ' 후행 음절의 두음이 'ㄷ, ㅅ, ㅈ'이라는 조건이 명시되어야 한다.

'ㄹ' 뒤 'ㄷ', 'ㅅ', 'ㅈ'의 경음화가 혹 고유어에서도 가능한지 살펴보자. 사실은 형태소 내부에서 '말짱', '날짜', '날씨', '훨씬', '쫄딱', '깔때기'처럼 'ㄹ' 뒤 'ㄷ', 'ㅅ', 'ㅈ'이 표준국어대사전에는 거의 보이지 않는다. 몇몇 동식물명('날새기', '열당과' 등)에서나 확인될 뿐이다. '밀당(밀고당기기)'을 '밀땅'으로 발음하는 것도 근거로 활용할 수 있다. 한자어 '발단', '결산', '절정'에서의 경음화도 사실은 동일한 패턴이다.

다음에서도 그 일반화는 유효한지 경음화한 형태를 확인해 보자.

영도, 일또, 이도, 삼도, 사도, 오도, 육또, 칠또, 팔또, 구도, 십또
영세, 일쎄, 이세, 삼세, 사세, 오세, 육쎄, 칠쎄, 팔쎄, 구세, 십쎄
영장, 일짱, 이장, 삼장, 사장, 오장, 육짱, 칠짱, 팔짱, 구장, 십짱
cf. 영분, 일분, 이분, 삼분, 사분, 오분, 육뿐, 칠분, 팔분, 구분, 십뿐

다음에서는 무언가 달라진 점을 발견할 수 있을 것이다.

영쩜, 일쩜, 이점, 삼점, 사점, 오점, 육쩜, 칠쩜, 팔쩜, 구점, 십쩜

'영도', '영세'에 비해 '영쩜'이 특이하다고 할 수 있다. '영점[영쩜]'은 사실 그 반대어인 '**만점(滿點)**', 또 '승점', '가산점', '배점', '감점', '총점', '평점' 등과 관련지어야 할 것이다.

'만점(滿點)'과 관련해 '병(病)'에 대해 알아보자.

　십리도 못 가서 발병 난다

'발병'은 '발뼝'으로 읽힌다. '발에 난 병'이라는 뜻의 합성어이다. 한자어 '발병(發病, 병이 남)'에서는 경음화가 나타나지 않는다. 후행 요소가 '병'인 경우가 아래에 제시되어 있다.

폐병, 심장병, 눈병, 귓병, 콧병, 내장병, 고질병, 전염병, 돌림병, 광우병, 냉병, 당뇨병, 파킨슨병…
cf. 다른#병 → 다른병, 마음의#병 → 마으믜병

후행 요소가 모두 '뼝'으로 발화된다. 이런 유형을 '**ㅅ' 전치명사**라 한다. 후행 요소가 '법(法)'인 경우를 보자.

'점수가 천점을 넘어 만점(萬點)에 달한다'라고 할 때에는 경음화가 일어나지 않는다. '다 맞혀서 퍼펙트한 점수 만점(滿點)을 받았다'에서는 경음화가 일어난다.
전남 고흥 출신의 어떤 이는 '천쩜(千點/1000점)', '만쩜(萬點/10000점)'이라고 발화하다가 서울에 와서 발음이 다르다는 것을 인식하게 되었다고 한다. 이렇듯 이러한 경음화는 서부 지역이 동부 지역에 비해 매우 활발하다는 것을 알 수 있다. TV의 한 프로그램에서 심사위원이 시연자의 점수를 부여할 때 심사위원 자신조차도 매우 혼란스러워 한다는 것을 알 수 있었다. 10분 전에는 '92점'이라고 하고 10분 후에는 '92쩜'이라고 하는 것이다. 농구의 '삼점슛~삼쩜슛'도 유사한 사례라고 하겠다. 이러한 현상은 'ㅅ' 전치성을 획득하는 과정이라 할 만하다.

'ㅅ' 후치명사 유형도 있다.

윗면, 윗부분, 윗마을, 윗사람 ; 뒷면, 뒷부분, 뒷마을, 뒷사람
cf. 절개#면, 절개#부분, 도시#마을, 도시#사람

'위쪽', '뒤쪽', '위편', '뒤편'에서 'ㅅ'을 표기하지 않는 것은 맞춤법의 소관이다. 위의 '절개면', '절개부분', '도시마을', '도시사람' 등은 굳이 경음화를 반영할 필요가 없다. 그런데도 지역 및 화자에 따라서는 경음화에 매우 민감할 수 있다.

헌법, 민법, 상법, 소송법, 특별법, 경찰법, 맞춤법, 문법, 변증법, 역설법,
절차법, 교회법, 교수법, 화법, 대구법, 수법

모두 '뻡'으로 발음된다. 그런데 후행 요소가 '법'이라 하더라도 무조건
'뻡'으로 발화되는 것은 아니다. 일반적으로 '소송에 관한 법', '말하는 법'처
럼 의미적으로 특정하게 규정될 수 있어야 한다. '방법'은 그런 유형이 아닐
텐데 동남방언 화자 중 일부는 '방뻡'이라고 한다. 'ㅅ' 전치성을 과도하게
적용한 결과이다.

'ㅅ' 전치명사의 대표적인 예로 'ㅅ가', 'ㅅ길', 'ㅅ비', 'ㅅ달' 등을 들 수
있다.

길ㅅ가, 바다ㅅ가 ; 산ㅅ길, 비탈ㅅ길
봄ㅅ비, 겨울ㅅ비 ; 보름ㅅ달, 초승ㅅ달

'ㅅ' 전치명사 유형은 주로 선행 성분이 시간과 공간을 뜻하는 경우가
많다.

물ㅅ고기, 바다ㅅ고기 ; 개고기, 양고기

아이들이 '고기'를 '꼬기'라고
하는 것은 어렸을 때 가장 많이
접한 '물꼬기'에서 후행 성분만
절단한 결과이다.

'ㅅ고기' 또한 장소 명사인 '물'과 '바다'를 선행 성분으로 한다. 이런 점에
서 'ㅅ' 전치명사 유형은 의미와 밀접하게 연관되어 있음을 알 수 있다. 의미
가 관여하니 이 또한 비음운론적 제약에 의한 경음화이다. 평상시에 그다지
사용하지 않는 말 'X고기', X자리에 '뱀'을 넣으면 대부분은 '뱀꼬기'라 하지
않을 것이다. 언중의 놀라운 언어능력이다.

| 보충 | 명사구 유형에서의 경음화

N#N 유형 즉 명사구에서 확인되는 경음화에 대해 살펴보자. 합성어가 아닌데도 경음 발화가 매우 확산되어 가고 있다.

이번#대회, 저번#대회, 요즘#대회, 작년#대회, 봄#대회, 여름#대회, 가을#대회, 겨울#대회, 이번#달#대회, 씨름#대회
이번ㅅ주ø대회, 묘기ø대회, 농구ø대회 요새ø대회 cf. 그런ø대회

이상과 같은 N#N 환경의 명사구에서 수의적인 경음화를 확인할 수 있다(이번때회~이번대회, 봄때회~봄대회). 합성어 내부 경계가 아니라 단어 경계이므로 이완성의 정도가 크다고 해야 할 것이다. 그러므로 경음화가 수의성을 보일 수 있다고 하겠다. 위 자료가 합성어에서의 경음화와 차이가 있다면, '이번ㅅ주ø대회', '묘기ø대회', '농구ø대회' 등과 같이, '대회' 앞 성분이 모음으로 끝나는 경우에는 경음화가 적용되지 않는다는 것이다. 경음화 환경이 합성어인 경우보다는 긴밀하지 않다는 것이다. 선행 성분이 모음으로 끝나든 자음으로 끝나든 경음화가 확인되는 합성어 유형과는 차이를 보인다.

다음에 제시된 환경에서도 수의적인 경음화를 확인할 수 있다. 선행 성분에 종성이 존재하는 경우에만 수의적으로 경음화가 확인된다(이번 껑기~이번경기, 이달껑기~이달경기, 다음껑기~다음경기 등).

이번#경기(競技/景氣) 저번#경기, 봄#경기, 이달#경기, 다음#경기 // 이번#방학, 저번#방학, 봄#방학, 겨울#방학, 여름#방학, 이달#방학, 다음#방학 // 이번#장마, 저번#장마, 여름#장마, 이달#장마, 다음#장마 // 이번#가을(秋), 저번#가을, 다음#가을 // 이번#겨울(冬), 저번#겨울, 다음#겨울 // 이번#가게, 저번#가게, 다음#가게, // 이번#종목, 저번#종목, 다음#종목 // 이번#바람, 저번#바람, 이달#바람 // 이번#길(道), 저번#길, // 이번#비(雨), 저번#비, 이달#비 //이번#밥(飯), 저번#밥, **이번#주(週)**, 저번#주, 다음#주 // 이번#

KBS 축구해설위원으로 활동한 바 있는 유명인의 발화에서 '이번때회'를 처음 들었다. 인터넷 정보에 의하면 이 해설자는 초등학교부터 대학까지 줄곧 서울에서 생활한 것으로 되어 있다. 이 또한 서부 지역이 이런 유형의 경음화에 열려 있다는 증거이다.

'이번쭈', '이번딸', '다음쭈', '다음딸'에 비해 '이번주', '이번달', '다음주', '다음달'의 발화는 매우 부자연스럽다. '이번#장(市場)', '이번#잠(睡)' 등은 평음으로의 발화도 가능하다. '주'와 '달'을 단위성 의존명사 부류와 관련시킬 수 있겠다.

달(月), 저번#달, 다음#달

동계ø방학, 단기ø방학 cf. 지난ø대회,

2010년 방영된 드라마 '공부의 신'에서 자주 등장한 발화이다. 중고생에게서도 요즘 많이 들을 수 있다.

명사구 구성에서 선행 성분이 모음으로 끝나더라도 후행 요소의 두음이 경음으로 실현되는 경우가 있다. '**영어ㅅ시간**', '국어ㅅ시간', '물리ㅅ시간' 등을 들 수 있다. 또 다른 예로는 후행 성분이 '지방'인 경우를 들 수 있다.

심지어 '경기찌방경찰청'이라는 발화도 들린다. 'ㅅ' 전치성을 과도하게 적용한 결과이다. 고유명사에까지 미친 것이다.

영남ㅅ지방, 호남ㅅ지방, 영동ㅅ지방, **경기ㅅ지방**

영남ㅅ지역, 호남ㅅ지역, 영동ㅅ지역, 경기ㅅ지역

일기예보 시 '영남ㅅ지방', '호남ㅅ지방', '영동ㅅ지방'이라는 발화가 들리더니, 드디어 '경기ㅅ지방'이라고 하는 발화도 확인된다. 심지어 후행 성분이 '지역'인 경우에까지 확대되기도 한다. '영남ㅅ지역', '호남ㅅ지역', '영동ㅅ지역'이라 발화하는 리포터도 늘고 있다. 심지어 '경기ㅅ지역'이라고 하는 발화도 2010년 이후부터 조금씩 들린다.

의미와 관련되어 선행 성분의 시간성, 장소성 등의 규칙으로 설명될 수 있다면 더할 나위 없겠지만, 음운론적으로는 크게 세 부류로 나눌 수 있겠다.

① 선행 성분의 종성이 'ㄹ'인 경우에만 적용되는 경음화(서울ㅅ대학교, 영남ø대학교 부산ø대학교 강릉ø대학교) - 경북방언
② 선행 성분에 종성이 있는 경우에 적용되는 경음화(봄ㅅ방학, 여름ㅅ방학, 겨울ㅅ방학, 동계ø방학, 단기ø방학) - 중부방언
③ 선행 성분에 종성이 없는 경우에도 적용되는 경음화(영어ㅅ시간, 국어ㅅ시간, 물리ㅅ시간, 생물ㅅ시간 // 영동ㅅ교회, 영남ㅅ교회, 서울ㅅ교회, 부산ㅅ교회, 동부ㅅ교회, 영도ㅅ교회) - 중부방언

①은 'ㄹ' 말음 명사 뒤에서의 경음화, ②는 공명음 뒤에서의 경음화, ③은 모든 환경에서의 경음화라 할 수 있다. 특정 환경에서 경음화가 일어나면 화자들은 ②의 단계를 거쳐 ③과 같은 단계에 이를 수 있다. ③의 경우는 합성어에서의 'ㅅ 전치성'과 대응된다고 하겠다.

후행 성분을 '교회'로 하여 경음화의 양상을 확인해 보자.

① 서울ㅅ교회 // 영남ø교회, 강동ø교회, 부산ø교회, 전주ø교회, 동부ø교회
② 서울ㅅ교회, 영남ㅅ교회, 강동ㅅ교회, 부산ㅅ교회 // 전주ø교회, 동부ø교회
③ 서울ㅅ교회, 영남ㅅ교회, 강동ㅅ교회, 부산ㅅ교회, 전주ㅅ교회, 동부ㅅ교회

①은 'ㄹ' 말음 명사 뒤에서의 경음화, ②는 공명음 뒤에서의 경음화, ③은 모든 환경 뒤에서의 경음화라 할 수 있다. 화자에 따라 ③에 비해 ①이 자연스럽다고 할 수도 있다. 어떤 경우든 경음으로 발음하지 않는다고 답하는 이도 있으나 경음 발음을 하는 제보자는 ②와 같은 경향을 보이는 경우가 많은 듯하다. 공명음 중 **'ㄹ' 뒤에서의 경음화** 빈도가 가장 높으므로 ①과 같은 양상이 가능할 수 있겠다. 그런데 ①과 같이 'ㄹ' 뒤에서 경음화를 보이는 자료(서울ㅅ대학교, 영남ø대학교, 부산ø대학교 등)를 얻기는 만만치 않다. ②와 같이 공명음 뒤라는 환경은 결국 파열음 'ㅂ', 'ㄷ', 'ㄱ'을 포함한 모든 자음 뒤에서의 경음화라 해야 할 것이다. 이것의 경음화 영역이 확대된다면 ③과 같은 양상을 보이게 될 것이다. ③으로까지 확대되는 것은 같은 지역 내에서라도 화자에 따라 차이가 날 수 있다. 또 지역적으로는 동부 방언에 비해 서부 방언이 경음화에 열려 있다.

이는 다음에 제시된 '밭'과 조사와의 통합에 대한 화자들의 패러다임이 다를 수 있다는 것과 대비될 수 있다. 복수기저형의 완전한 단일화가

'X교회'에 대해서 아나운서조차 'ㅅ'을 개재하여 발음하는 경향이 강하다. 선행 성분에 종성이 없는 경우는 수의적인 경향을 보이기도 한다.

사랑제일ㅅ교회 ~ 사랑제일교회

심지어 어떤 패널은 '사랑쩨일 꾜회'로 발음했다. 발화 실수가 아니다. 2회 연속 그런 발화를 한다는 것은 분명 후행 성분의 'ㅅ교회'와 혼동한 것이다.

선행 성분이 공명음으로 끝나는 경우의 경음화는 다음과 같은 '에' 생략형에서 확인된다. 서울 써(←서울에서), 울싼써, 포항써, 철암써, *경주써(동남/서남 방언), 서울따, 부산따, 서울까, 부산까(서남방언), 아들께(동북 방언) 등을 들 수 있다.

일어나지 않는 경우가 바로 경음화 양상의 차이와 흡사해 보인다. 지역에 따라, 화자에 따라 발화가 달리 나타나는 경우를 아래에서 볼 수 있다.

① 바치, 바틀, 바튼, 바테, 받또
② 바치, 바틀~바츨, 바튼~바츤, 바테~바체, 받또
③ 바치, 바츨, 바츤, 바테, 받또
④ 바치, 바츨, 바츤, 바체, 받또
⑤ 바시, 바틀~바츨~바슬, 바튼~바츤~바슨, 바테~바체~바세, 받또
⑥ 바시, 바슬, 바슨, 바세, 받또

한국인이라면 제시된 패러다임 중 어느 하나로 발화하는 경우가 일반적이다. 제시된 패러다임은 그래도 지역차를 확인할 수 있는 반면 'ㅅ교회'류에서는 지역차를 언급하기가 만만치 않다. 같은 지역이라도 명사구에 따라 차이를 보일 것이며, 화자에 따라 차이를 보일 것이다. 그것은 바로 구 구성이냐 아니냐 하는 단위 인식과 관련된 차이라고 할 수 있다. 구 구성으로 인식하게 된다면 두 요소 간의 긴밀도가 약화된 것으로 이해될 것이다. 구 구성이라면 합성어에 비해 긴밀도가 떨어지는 것은 당연하다 하겠다. 이런 이유로 경음화 규칙이 저지될 수 있는 것이다.

현대국어에서 사이시옷의 본질을 명확히 이해하기 어려운 것도 어사에 따라 개인차, 방언차를 보이는 것이 많기 때문일 수 있다. 합성어 '고갯짓', '날갯짓' // '발짓', '손짓'에 모두 사이시옷을 개재시켜 발화하는 지역도 있고, 또 후자에만 'ㅅ'을 개재하는 지역도 있다. '비빔ㅅ밥'을 기준으로 '볶음ㅅ밥'이라고 발화하는 젊은 층이 늘어나고 있다. 명사구에서의 경음화 현상 또한 유추를 강력한 기제로 인정할 필요가 있어 보인다.

보충 **서부 지역 쪽의 강한 'ㅅ' 전치성**

'헌법', '소송법', '맞춤법'의 후행 요소와 의미를 달리하는 '무법(無法)', '방법(方法)', '사법(司法)' 등은 경음화가 되지 않는 것이 일반적이다. 'X법'인 경우 웬만하면 경음화를 시키는 일부 동남방언도 확인된다. '주민증'에서 '증'을 독립시켜 전치성을 획득해 가는 지역도 있는가 하면 그렇지 않은 지역도 있다. 전북의 많은 지역에서는 '영수쯩'이라 하기도 한다. '노랑쌕', '분홍쌕'도 매우 일반적이다. 이들 합성어에서의 경음화는 동쪽보다는 서쪽이 강한 것으로 인식하고 있다. 'ㅅ' 전치명사 유형이 전국적으로 통일된 경우도 있지만 단어에 따라서 통일되지 않은 경우도 꽤 있다. 그래서 방언권별 조사가 중요하다. 그 지역민의 언어능력과 밀접히 관련된 것이 바로 'ㅅ' 전치명사 유형이다. 이 유형과는 방언 분포에서 큰 차이를 보이지만 'ㄴ' 첨가도 지역별 차이가 존재한다. 동남방언에서는 'ㄴ'이 첨가되지 않는 쪽이 우세하다.

    낯익은 → 난니근~나디근
    농익은 → 농니근~농이근
    설익은 → 설리근~서리근
    못#잊어 → 몬니저~모디저

보충 **출혈 관계와 급여 관계**

'여덟+보다 → 여덜보다', '여덟+부터 → 여덜부터'에서는 자음군이 먼저 단순화되어 경음화의 적용을 막았다. 어떤 음운 현상이 다른 현상의 적용을 저지하는 것을 출혈 관계에 의한 규칙순(bleeding order)이라 한다.

    ① 낯익- → 낯닉- → 낟닉- → 난닉-
    ② 낯익- → 낟익- → 나딕-

①, ②의 차이는 'ㄴ' 첨가 규칙 유무에 있다. ①에서는 'ㄴ'이 첨가되면서 여러 규칙이 적용될 환경이 된다. 규칙이 최대로 적용되었다. 이처럼 특정 규칙이 적용되면서 다른 규칙이 적용될 수 있는 환경을 제공해 주는 경우를 급여 관계에 의한 규칙순(feeding order)이라 한다.

'형아'의 방언형을 예로 들어 보자. 반모음이 탈락을 거친 '헝아'라고 하는 방언형을 알고 있다. 더 이상의 음운 현상은 적용될 수 없다. '형'의 방언형은 '힝아', '싱아', '성아', '히아', '시아' 등 다양하다. 반모음 탈락을 겪지 않고 계속 다른 음운 현상이 적용되었기에 실현될 수 있는 방언형이다.

형아>혀아>헤아>히아>시아

다른 음운 현상이 적용되는 방향으로 입력형이 급여된 것이다. '형아>…>시아'의 변화와 관련하여 다음과 같은 변화들이 참고될 수 있다.

혀>헤>히>시 cf. 혀>셔>서
혀>셔>세>시
왕겨>왕게>왕기>왕지
왕겨>왕져>왕제>왕지
왕겨>왕져>왕저

8.1.12. 반모음화

반모음화는 '이' 모음이 반모음 j로, '오/우' 모음이 w로 변동하는 음운 과정이다. 다음은 모음으로 끝나는 단음절 어간의 반모음화 과정을 보인 것이다.

이+어도 → 여도, 오+아도 → 와도

지+어도 → 져도 → 저도, 찌+어도 → 쪄도 → 쩌도, 치+어도 → 쳐도 → 처도

기+어도 → 겨ː도, 피+어도 → 펴ː도

보+아도 → 봐ː도, 쏘+아도 → 쏴ː도

주+어도 → 줘ː도, 누+어도 → 눠ː도, 두+어도 → 둬ː도

각각 j 반모음화(여도, 펴ː도 등), w 반모음화(와도, 봐ː도 등)를 확인할 수 있다. 표면형 '저도', '쩌도', '처도'에서는 j 반모음이 드러나지 않는데 그 이유는 j 반모음화 동시에 치경구개음 뒤에서 조음위치를 같이하는 j가 탈락되기 때문이다. '기-', '보-', '주' 등에서는 보상적 장음화가 확인된다.

반모음화는 일반적으로 보상적 장음화를 수반한다. 보상적 장음화는 음절 축소에 따른 보상이다. '보아도', '기어도' 세 음절이 반모음화가 되면서 두 음절로 줄어드니 그에 따른 보상이 장음으로 실현된 것이다.

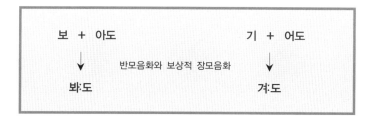

모음 간에서 후음이 탈락된 후에도 반모음화 과정이 확인된다.

놀+아도 → 노아도 → 놔ː도
후음 탈락   반모음화와 보상적 장음화

한편 용언 '놓'과는 달리 '좋-'은 같은 환경임에도 반모음화를 겪지 않는다(좋+아도 → 조ː와도~조ː아도(好), *좌도, *자도). 이는 용언 '좋-'이 'ㅎ' 말음을 가진 다른 용언과 달리 장음으로 실현되기 때문인 것으로 이해된다.

모음[공명음] 사이에서 'ㅎ'이 탈락된 후 반모음화에 따른 보상적 장음화가 연이어 확인된다.

다음절 어간에서도 보상적 장음화를 확인해 보자.

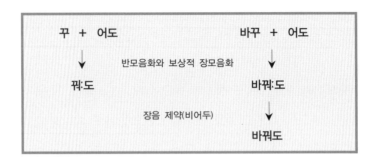

단음절 어간에서의 보상적 장음 실현과 달리 다음절 어간에서는 보상적 장음이 실현되지 않는다. 바로 장음이 비어두에서는 실현되지 않기 때문이다.

음절화가 되지 않는다는 말은 어떠한 경우에도 그런 발화가 없다는 것이다.

누이의 마음아 나를 보아라

"오-매 단풍 들것네"
장광에 골불은 감닙 날러오아
누이는 놀란 듯이 치어다보며
"오-매 단풍 들것네"

추석이 내일모레 기둘니리
바람이 자지어서 걱정이리
누이의 마음아 나를 보아라
"오-매 단풍 들것네"

cf. 정례 모녀는 얼굴을 빤히 치어다보곤 하였다(염상섭, '두 파산').

'날러오아'는 실제로 발화된 것으로 보기 어렵다. 언어의 조탁에 탁월한 김영랑 시인의 시어가 아닐까 조심스럽게 추측해 본다. '치어다보며'를 통해 우리의 맞춤법 '쳐다보다'를 이해할 수 있겠다.

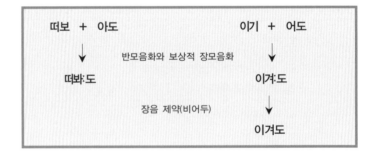

보상적 장음화를 거친 '떠봐ː도'는 '떠봐도', '이겨ː도' 또한 '이겨도'로 실현되는 것이다. 비어두에서는 실현되지 않기 때문이다.

다음의 두 자료는 보상적 장음화 과정에서 큰 차이를 보인다. '오+아도'에서는 보상적 장음화 과정이 없다.

오+아도 → *오아도, *와ː도, 와도
보+아도 → 보아도 → 봐ː도

음절화 여부에서 차이를 보인다. '오아도'는 한국어에서 확인되지 않지만 '보아도'는 확인된다는 것이다. 이러한 음절화는 다음에서도 확인된다.

싸우+어도 → *싸우어도　　　배우+어도 → *배우어도

바꾸+어도 → 바꾸어도 → 바꿔:도 → 바꿔도

낮추+어서 → 낮추어서 → 낮춰:서 → 낮춰서

두 부류의 차이점은 '싸우어도', '배우어도'는 '오+아도 → *오아도'처럼 음절화가 되지 않는다는 것이다. 음절화가 되지 않으니 보상적 장음화가 일어나지 않는다. 그러면 음절화가 되지 않는 이유는 무엇인가? 지금으로서는 어간 말음절('오-', '싸우-' 등)에 초성이 없다는 것만 언급해 둘 뿐이다.

방언에 따라서는 **곡용(체언+조사)에서도 반모음화**가 나타난다. 주로 경북동해안방언이나 영동방언, 동북방언에서 매우 활발하게 실현된다.

> 방언형 '잔체, 거게, 여게, 어데' 등은 이전 시기의 어형(잔칙/잔칙, 거긔, 여긔, 어듸 등)을 고려하면 반모음화와 관계없다. 현대국어의 '금세'가 바로 반모음화 과정을 겪은 것이다. '금시+에 → 금셰 → 금세'

머리+에 → 머례 → 머레

꼭대기+에 → 꼭대계 → 꼭대게

정지+에 → 정졔 → 정제(부엌)

열#시+에 → 열셰 → 열세

cf. (내가) 보기+에는 → 보계는 → 보게는

이해를 돕기 위해 IPA로 표시한다.

məri+e → mərje → məre

> 동남방언에서는 '석유'를 '서구'라고 하고 '휴가'를 '후가'라고 한다. '학고(學校)', '호:자(孝子)'도 마찬가지이다. 그 자체가 기저형이다.

w 반모음화도 확인되는데 경북 동해안 지역에서는 **이중모음**이 발화되는 경향이 매우 낮아서 표면형이 '당체', '마게'로 나타난다.

당초+에 → 당췌 → 당체

마구+에 → 마궤 → 마게

'당초'를 통해 곡용(체언+조사)에서의 w 반모음화에 대해 밝혀 보자.

taŋʧʰo+e → taŋʧʰwe → taŋʧʰe

8.1.13. 움라우트

아마 익숙한 부류는 피동화음이 'ㅏ(아비)'와 'ㅗ(어미)'인 경우일 것이다. 'ㅗ', 'ㅜ'에서의 움라우트보다는 'ㅏ', 'ㅓ'에서의 움라우트가 더 활발했다.

'냄비'의 옛말은 '남비'이다. 이 또한 움라우트형으로 볼 수 있다. 일반적으로 움라우트형은 비표준어이다. 2020년 현재 '아기'의 움라우트형 '애기'가, '방망이'의 움라우트형 '방맹이'가 비표준어인 것을 참고할 수 있다.

움라우트는 후설모음이 전설모음으로 바뀌는 음운 현상이다. 대표적인 예로 '**아기**'와 '어미'를 들 수 있다. '아기'의 'ㅏ'와 '어미'의 'ㅓ'는 후설모음인데 후행하는 'ㅣ' 모음에 영향을 받아 전설모음인 'ㅐ'와 'ㅔ'로 변하였다. 다음에는 움라우트를 확인할 수 있는 자료가 여럿 제시되어 있다. 각각을 **움라우트형**으로 발음해 보자.

- 남기다, 막히다, 삼키다, 잡히다, 안기다, 먹히다, 넘기다, 꺾이다, 벗기다, 덥히다, 먹이다, 뜯기다, 속이다, 쫓기다, 옮기다, 죽이다, 굶기다, 후비다
- 손잡이, 방망이, 아기, 아지랑이, 곰팡이, 짝짝이, 아기, 아비, 왕겨, 학교, 남편, 여편네, 어미, 구:렁이, 구덩이, 엉:덩이, 석유, 등겨, 콧잔등이, 고기, 종일, 송편, 돋보기, 구:경, 주둥이
- 급히, 틈틈이, 곰:곰이, 꼼꼼히
- 쌀밥이, (그런) 법이 (있나), 금이, 틈이 (생겼네), 쌀통이지, 떡국이다
  cf. 버리다, 끓이다, 그림, 그림자

몇몇 단어에서 확인할 수 있듯이 'ㅣ' 모음뿐만 아니라 j 앞에서도 움라우트가 일어난다.

학교>핵교, 구:경>귀:경, 석유>세규…

후설모음 'ㅏ'와 'ㅜ'가 전설모음 'ㅐ'와 'ㅟ'로 바뀌어 있다. 이 또한 움라우트이다. 다만 **동화주가 'ㅣ'**가 아니라 j라는 점이 다르다.

형태소 내부, 접사가 결합된 사피동사, 조사가 결합된 곡용형(체언+조사)이 차례로 제시되어 있다. 곡용(체언+조사)에서는 현재 노년층의 말에서 쉽게 확인할 수 있으므로 공시적인 규칙으로 보아도 무방하다. 표기법도 고려하여 생산적인 접사가 통합된 경우는 1장에서 언급한 바와 같이 일단 '→' 표시를 둔다.

움라우트는 학교문법에서 'ㅣ' 역행동화라 한다. 사실 '밭+이 → 바치'도 'ㅣ' 역행동화이니 바람직한 용어는 아니다. 'ㅣ' 모음과 조음위치가 가장 비슷한 자음이 (치)경구개음 'ㅈ', 'ㅉ', 'ㅊ'이다. 'ㅣ' 모음에 영향 받은 것이다. 'ㅣ' 역행동화의 예로 'ㅣ'가 없는 '학교>핵교'도 거론되니 더더욱 문제이다.

> ㅏ>ㅐ - 아비>애비, 막히다 → 매키다, 쌀밥+이 → 쌀배비
> ㅓ>ㅔ - 어미>에미, 먹이다 → 메기다, **턱+이 → 테기**
> ㅡ>ㅣ - 느까>니끼, 뜯기다 → 띡기다, 금+이 → 기미
> ㅗ>ㅚ - 고기>괴기, 속이다 → 쇠기다, 콩+이 → 쾽이
> ㅜ>ㅟ - 꾸미>뀌미, 죽이다 → 쥐기다, 떡국+이 → 떡귁이

한편, '아기', '어미'에서와는 달리 '바지', '다리' 등에서는 동화주 i가 있더라도 움라우트가 적용되지 않는다는 것을 다음 예를 통해 확인할 수 있다.

움라우트가 적용된 패러다임은 '턱또, 턱, 터글, 테기, 테기지'처럼 움라우트 이외의 환경에서는 '턱'으로 나타나야 한다. 혹 움라우트가 활발한 방언에서는 패러다임이 '텍또, 텍, 테글, 테기, 테기지'로 나타나기도 한다. 이 경우는 기저형이 '텍'이다. '턱'에서 '텍'으로 기저형이 변화한 재구조화의 전형적인 예이다. 다음 줄에 제시된 '느끼'는 '느끼하다'의 어근이다.

> 다리, 가시, 바지, 아씨(새악씨), 고니

'아기', '어미'에서는 둘째 음절에서 전설성을 띠는 것이 모음 'ㅣ'뿐이다. 그런데 위에 제시된 어형은 'ㅣ' 모음 앞의 자음이 전설성을 띤다. 그래서 동화를 굳이 일으킬 필요가 없는 것으로 보인다. 여기에서 'ㅣ' 모음 앞에 개재된 자음의 조건도 확인할 수 있다. 그러면 움라우트의 조건은 다음과 같이 명시될 수 있겠다.

> 동화음: i, j

피동화음: 후설모음(ㅏ,ㅗ, ㅜ, ㅡ, ㅣ)

개재자음: [-전설자음/-설정성]

앞서 제시된 '다리', '바지', '아씨' 등을 참고하건대 '다리다'에서 움라우트가 적용되는 것이 매우 특이하다. 'ㄹ'이 개재될 때 움라우트가 일어나는 어형도 있다는 것이 문제이다. 움라우트의 개재자음 조건을 수정해야 할 듯하다.

설측음 환경(변이음 l)이 아닌 설타음(변이음 r) 환경에서만 움라우트가 일어난다.

깔리다>*깰리다, 달리다*댈리다, 말리다>*맬리다, 알리다>*앨리다, 얼리다>*엘리다, 털리다>*텔리다, 돌리다>*될리다, 졸리다>*죌리다, 물리다>*뮐리다, 불리다>*뷜리다, 풀리다>*퓔리다, 들리다>*딜리다, 틀리다>*틸리다, 흘리다>*힐리다, cf. *보+리+다>뵈리다

'버리다'는 의미에 따라 움라우트 여부가 결정되는 특이한 예이다. '그림을 베리다', '사람을 베리다' 등처럼 '망가뜨리다'의 뜻일 때는 움라우트가 실현된다. 다만 '휴지를 버리다'처럼 '버리는 행위'를 뜻할 때에는 움라우트가 일어나지 않는 것이 보통이다.

'나 보기가 역겨워 가실 때에는, 황금을 보기를 돌같이 하라'에서의 '보기'에는 움라우트가 일어나지 않는다. '돈뵈기', '맞뵈기' 등과 대비해 볼 때 차이를 확인할 수 있다. '나를 보-', '황금을 보-'에 '-기'가 통합된 것과 형태론적 구성의 접사 '-기'가 통합된 것이 차이라면 차이이다. 이 역시 비음운론적 요인에 의한 움라우트와 관련지을 수 있다.

다리>*대리

다리다>대리다

비단 **'다리다'**에서만 확인되는 것은 아니다.

그리다>그리다>기리다, 끓이다>끼리다>끼리다, 드리다>디리다>디리다, 가리다>개리다, 저리다>제리다, **버리다>베리다,** 아리다>애리다, 어리다>에리다, 뿌리다>쀠리다>삐리다, 차리다>채리다

지금까지 여러 음운 현상을 살피면서 분절음 환경은 같더라도 곡용과 활용에서의 음운 과정이 달리 적용되는 것을 확인한 바 있다. 개재자음이 'ㄹ'일 때 용언에서는 움라우트가 일어나는 경우가 있으나(다리다>대리다), 체언에서는 움라우트가 일어나지 않음(다리>*대리)을 확인할 수 있다. 이러한 개재자음 'ㄹ'에서의 움라우트는 **비음운론적 제약**에 의한 것이다.

개재자음 조건과 관련하여 다음과 같은 어형이 주목된다.

맡기다 → 맥끼다, 옮기다 → 욍기다, 안기다 → 앵기다, 쫓기다 → 쩍끼다

개재자음에 부합하지 않는 'ㅌ', 'ㄹ', 'ㄴ', 'ㅊ' 등이 보인다. 그런데 위치

동화가 일어나면서 각각은 움라우트의 개재자음 조건 '양순음/연구개음(ㄱ, ㄲ, ㅋ, ㅇ)'을 만족하게 된다. 움라우트는 남부방언에서 활발히 일어난 것이니 움라우트에 앞서 위치동화를 먼저 적용하여 제시한다. 중복장애음 감축(막끼다 → 마끼다)은 일단 고려하지 않는다.

맡기다 → 맏기다 → 맏끼다 → 막끼다 → 맥끼다

옮기다 → 옴기다 → 옹기다 → 욍기다

안기다 → 앙기다 → 앵기다

쫓기다 → 쫃기다 → 쫃끼다 → 쪽끼다 → 쬑끼다

또한 개재자음 조건에 부합하지 않는 'ㅎ' 관련 움라우트 예도 알아보자.

막히다 → 마키다 → 매키다, 잡히다 → 자피다 → 재피다

속히 → 소키 → 쇠키, 급히 → 그피 → 긔피 → 기피

'막히다', '급히' 등에는 개재자음 조건에 부합하지 않은 'ㅎ'이 확인된다. 각각의 'ㄱ-ㅎ', 'ㅂ-ㅎ' 결합은 유기음화하여 'ㅋ, ㅍ'으로 변동되었다. 그래서 움라우트의 개재자음 조건, 양순음과 연구개음(ㅋ, ㅍ)에 부합하게 된 것이다.

지금까지 움라우트의 조건에 대해 동화음, 피동화음으로 나누어 살펴보고 개재자음에 관한 부분에 대해서도 언급하였다. 또한 **비음운론적 요인에 의한 음운 현상의 성격**도 알아보았다.

음운론적 요인으로 음운이 변동하는 것은 당연히 음운론적 현상이다. 음운론적 요인에 의한 것이 아니라면 비음운론적 제약에 의한 음운 현상이라 한다. 음운론적 요인으로는 자음, 모음, 운소, 자질 등이 있고 비음운론적 요인으로는 품사, 형태, 어휘, 통사 등을 들 수 있다. '먹꼬'는 'ㄱ'이 경음화를 유발하였다. 순수음론의 영역에 속하는 음운 현상이다. 다만 '신고(申告), 감기(感氣)', '산+고 → 산:꼬, 감+기 → 감:끼'에서 확인할 수 있는 바와 같이, 명사인 경우에는 경음화가 일어나지 않는다. 반면 후자에서는 경음화가 확인된다. 무엇 때문에 경음화가 유발된 것인가? 바로 용언 어간이라는 조건이 필요하다. '용언 어간'이라는 술어는 음운론적 용어가 아니다.

보충 '나비', '거미'가 움라우트되지 않는 이유

'나비'와 '거미'는 움라우트 조건을 만족함에도 불구하고 전국적으로 움라우트형은 확인되지 않는다. 움라우트는 근대국어 시기에 본격화된 음운 현상인데 움라우트 규칙이 존재할 당시에 '나비'와 '거미'는 '나븨(<나뵈)'와 '거믜'였다. 움라우트 규칙이 소멸한 다음, 그때를 기회 삼아 (?) 지금과 같은 어형 '나비', '거미'로 바뀌었다. 그 이후 더 이상 움라우트의 바람은 불어오지 않았다. '모기', '거기', '여기', '저기' 등도 같은 유형에 속한다(모긔>모긔>모기 // 거긔>거기 등). 이런 점에서 단어 내부에서의 움라우트는 현대국어에서는 공시적인 규칙이 아니라고 하는 것이다.

보충 움라우트의 개재자음

개재자음 조건과 관계없이 움라우트가 일어난 것처럼 보이는 경우도 있다. 쇠주는 어떠한가? 이전 시기의 어형이 '쇼쥬'이니 '쇠주'가 될 수 있다(뾰쪽>삐쪽, 교통>괴통 등). 그런데 '쌓이다>쌔이다', '닿이다>대이다' 등이 문제이다. 개재자음이 'ㅎ'인데도 움라우트가 적용되어 있기 때문이다. 모음 간에서 'ㅎ'이 탈락하면 그조차도 없는 셈이다. 설명하기 어려운 특별한 형태이다.

'ㅎ'이 축약되면서 또 탈락되면서 움라우트에 영향을 끼칠 수도 있다. '속히'에는 움라우트가 적용되었고 '많이'에는 움라우트가 적용되지 않았다('속히>소키>쇠키', '많이>만이>마니>매니'), 두 경우를 대비하면 전자에는 움라우트가 적용되기 전 개재자음이 □, 후자에는 움라우트가 적용되기 전 개재자음이 □이라는 것을 알 수 있다. 개재자음이 'ㄴ'이라면 움라우트가 적용되지 않으니 '매니'로의 움라우트는 기대할 수 없다.

이처럼 개재자음 조건에 맞지 않는 것으로는 '되련님'. '매디', '죄이다' 등도 들 수 있다.

8.1.14. 구개음화

구개음화는 구개음이 아닌 자음이 구개음으로 변동하는 음운 과정이다. 여기에서의 구개음은 치경구개음이다. 'ㅣ' 역행동화의 일종이다. 이는 다음에서 확인된다. 'ㅣ'모음은 'ㅈ', 'ㅊ'의 조음위치와 거의 같다. 그래서 조음위치가 조금 더 먼 'ㄷ', 'ㅌ'을 치경구개음으로 변동시킨 것이다. 동화음은 모음 'ㅣ'이며 피동화음은 'ㄷ', 'ㅌ'이다.

해돋이 → 해도지
가을걷이 → 가을거지
같이 → 가치
밭이 → 바치

치경구개음(ㅈ, ㅉ, ㅊ)으로 바뀌는 것이 구개음화이다. 방언에는 다음과 같은 'ㄱ' 구개음화도 확인된다.

기름>지름, 김:밥>짐:밥, 김치>짐치, 김장>짐장, 기침>지침, 길쌈>질쌈, 가:신(귀신)>지:신, (밀)기울>(밀)지울, 길(가)>질(가), 기둥>지둥, (짜)깁기>(짜)집기, **기워>지워**, 길어>질어 ; 겹옷>접옷, 겨울>저울, 곁>젙, (왕)겨>(왕)저, 곁리다>절리다

끼다>찌다, 도:끼>도:치 ; 껴입다>쩌입다

키>치, (기지개를) 켠다>(지지기를) 친다

학교>학조, 홍석규>홍석주

'ㄱ' 구개음화는 일반적으로 어두에서 활발하게 실현된다. '학교', '홍석규' 등은 비어두에서의 구개음화이다. '겨울', '학교' 등을 통해 동화음으로 j도 추가할 수 있다.

'ㅎ' 구개음화도 확인할 수 있다.

'지심 (매던 들이라 다 보고 싶다)'도 'ㄱ' 구개음화 어형이다. 15세기 어형은 '기슴'이다.

'지워'를 표준어가 아니라고 인식하는 것처럼 '짜집기'도 비표준어로 이해하자(짜집기:짜깁기=지워:기워)

형(님)>성(님), 혓바닥>섯바닥(>싯바닥), 흉년>숭년, 흉악>숭악~수악, 흉물>
숭물, 흉>숭, 효험>소엄~소암, 효자>소자

다음과 같은 발화도 많이 들었을 것이다. 'ㅎ' 구개음화의 전형적인 예
이다.

입심이 대단하다, 팔심이 세다, 쇠심줄만큼이나 질기다, 뱃심이 좋기로 유명
하다, 밥심으로 살아간다.

'형>성'의 변화를 구개음화로 설명하는 방식은 다음과 같다.

hjəŋ > ɕjəŋ > çəŋ
　　　구개음화　　　반모음 탈락

반모음이 탈락하는 것은 ç과 조음위치를 같이하기 때문이다. 'ㅎ'의 변이
음인 구개음 ç이 한국어의 음소 'ㅅ'에 대응하기에 'ㅎ' 구개음화라 부른다.
'밭+이 → 바치'의 구개음화 규칙이 공시적인가 하는 문제를 다루어 보자.
다음 각 패러다임의 기저형을 설정해 보자.

① 꼬츨, 꼬츤, 꼬체, 꼬치 --- /꽃/
② 꼬틀, 꼬튼, 꼬테, 꼬치 --- /끝/
③ 바츨, 바츤, 바체, 바치 --- /밫/
④ 바틀, 바튼, 바테, 바치 --- /밭/

①, ③의 기저형에 대해서는 이견이 없다. ②, ④의 곡용형(체언+조사) '꼬
치', '바치'가 문제가 된다. 구개음화 규칙을 공시적으로 인정하지 않으면 ②
는 '끝⌣꽃', ④는 '밭⌣밫' 복수기저형으로 처리할 수 있다. 주격 조사와 결

합할 때에만 '꽃', '밭'이라는 형태가 보인다는 점을 문제로 지적할 수 있다. 사실은 주격 조사와만 결합하는 것이 아니다. 서술격 조사 결합형까지 고려하면 음운론적 환경인 '이(X)'의 빈도가 40%에 달한다. 실현 빈도가 높다는 것은 화자의 언어능력이 단순히 어휘부에 저장되는 것이 아니라 그에 대한 규칙을 인식한다는 것이라 할 만하다. '이X'의 빈도가 높다는 것은 다음에서 짐작할 수 있다. 서술격 조사가 활용을 하는 것은 주지의 사실이거니와 선어말어미까지 결합되고 다시 거기에 어말어미가 결합되니 당연히 빈도는 높을 수밖에 없다.

바틀, 바튼, 바테, 바치, 바치고, 바치었고

$$\begin{bmatrix} 니 \\ 지 \\ 다 \end{bmatrix} \quad \begin{bmatrix} 니 \\ 지 \\ 다 \end{bmatrix}$$
: :

자연 발화를 수집한 ≪강릉 방언 총람≫의 50쪽까지를 글쓴이가 검토한 것이다.

'바치'를 '밭+이'의 구성이라 단언할 수 있을까도 문제이다. 글쓴이는 어릴 때 아랫마을에 들를 경우 '헌모테 간다'라고 하였다. 이런 식의 발화를 현재의 가족에게 들려 준 적이 있었다. 그 누군가가 '헌모치라면 새톤또 잇껜네'라고 되물었다. '헌뫁+에 → 헌모테'와 '헌뫁+이 → 헌모치'라는 규칙이 관여한 것이다. 이는 화자가 구개음화 규칙을 인식한다는 증거가 될 수 있다.

한편, 구개음화 규칙의 공시성을 인정한다 해도 복수기저형으로 파악해야 하는 경우도 있다.

① 꼬치, 꼬철, 꼬천, 꼬테, 꼰만
② 바치, 바철, 바천, 바테, 반만

'꼬테', '바테'를 통해서는 'ㅌ' 말음을, '꼬철, 꼬천', '바철, 바천'을 통해서

함경도, 경북동해안지역에서는 다음과 같은 패러다임이 보인다.

모지, 모데, 몬만
저지, 저데, 전만

15세기 어형 '몯(釘)', '젇(乳)', '빋(債)', '낟(鎌)', '갇(笠)', '붇(筆)', '곧(處)'에 대응되는 패러다임이다.

전남 순천(順天)은 '순뎐'의 구개음화 어형이다. 평안도 '순천(順川)'과는 한자가 다르다.

는 'ㅊ' 말음을 확인할 수 있으니 단수기저형으로 볼 수 없다. ①, ②는 '꽃∽끝', '밫∽밭'을 복수기저형으로 하는 패러다임이다.

역사적으로는 다음과 같은 구개음화를 확인할 수 있다.

텬디>천지, 티다>치다, 디다>지다, 둏다>좋다

그런데 '잔디', '티', '느티', '티끌', '띠', '띠다', '디디다' 등에서는 구개음화가 적용되어 있지 않다. 구개음화가 활발하던 근대국어 시기에 이들은 '잔듸<젼뙤', '틔', '느틔<누튀', '틧글<듧글', '띄<씌', '띄다<씌다', '드듸다' 등과 같은 형태를 띠었다. 여전히 구개음화의 동화주 i가 없었던 것이다. 구개음화 규칙이 사라진 이후 이들은 '잔디', '느티', '띠', '띠다', '디디다' 등으로 변화하였는데 더 이상 구개음화의 거센 물결은 없었다. 이를 통해 형태소 내부에서의 구개음화는 통시적인 변화에 의한 것임을 알 수 있다.

보충 | n 구개음화와 두음법칙

'달력[taʎʎjək]'과 같이 'ㄹ'은 반모음 앞에서 변이음 [ʎ]로 조음되는데 이 또한 치경구개에서 조음된다. 음성규칙으로서의 구개음화이다.

몽고어에는 어두에 'ㄹ'을 꺼리는 제약이 있다. '러시아'라는 단어의 발음이 어려워 '아라사'라 한 것이다. 그러면 '아관파천'의 '아관'이 어디인지 쉽게 알 수 있을 것이다.

가니(kani → kaɲi), 가녀린(kanjərin → kaɲjərin)에서는 음운 규칙이 아닌 변이음 규칙, 즉 음성규칙으로서의 구개음화가 확인된다. 음소 /n/의 **변이음** [ɲ]은 치경구개음으로 조음되기에 이를 n 구개음화라 칭했다. 일반적으로는 ɲj 연쇄에서는 반모음 j가 탈락되지만 방언에 따라서는 치경구개음 [ɲ]이 탈락되어 '가이', '가여린'으로 발화되기도 한다. '녀석'처럼 n이 두음에 위치하게 되는 경우에도 n 구개음화 이후 탈락하게 되면 '여석'으로 발화된다. **두음법칙**의 동기를 밝히기는 만만찮다. 만일, '력사'에서 '녁사'로 변한 것을 가정하면 그 이후로는 n 구개음화 유형으로 설명할 수 있을 듯한데 말이다.

역구개음화

음운 현상이 역으로 적용될 수 있다는 것은 그 음운 현상의 적용이 현재에도 활발히 일어나거나 과거에 활발히 일어났다는 증거가 될 수 있다. **'갈'을 '질'**, **'기름'을 '지름'**, **'김밥'을 '짐밥'**이라고 한다면 '진지, 이건 혹시 원래 긴지 아닐까'라고 생각하는 선각자(?)도 있었다. '밥이 질어'를 '밥이 길어'라고 하는 사람도 있다. '형님>성님'과 관련하여 '선보러 간다'를 '현보러 간다'라 하는 안동지역어 자료도 있다. 각각은 'ㄱ' 구개음화와 'ㅎ' 구개음화가 역으로 적용된 것이다. 이를 구개음화와 대비하여 **역구개음화**라고 부르기도 한다. 다음 예들을 참고할 수 있다.

진지>긴지, 질다>길다, 직지사>직기사, 식전>식견, 생전>생견, 점심>겸심, 질경이>길경이, 포깍질>포깍길, 제부>계부>계부>기부

'갈>질', '기름>지름' 등을 'ㄱ(k)' 구개음화라 하는데 역구개음화를 통해 구개음화가 활발했다고 말할 수도 있다.
지금도 반모음 첨가와 관련해서는 그 표기가 계속 헷갈린다(부애~부예, 허에~허예). 이는 바로 반모음 첨가가 현재 활발히 나타나는 음운 현상이라는 뜻이기도 하다.

두음법칙과 끝말잇기 놀이

구개음화나 움라우트의 동화음 i, j와 관련하여 두음법칙에 대해 알아보자. 우리말에서는 **어두**가 아닌 이상 한자음은 자전(字典)에 있는 음을 그대로 사용해야 한다. 다음은 두음법칙 관련 단어들을 나열한 것이다.

경로, 신라, 선량, 동리, 주력, 공룡, 상륙, 광한루
노인, 나열, 양심, 이장, 역기, 용궁, 육지, 누각

남녀, 당뇨, 결뉴, 은닉
여자, 요도, 유대, 익명

지금은 다소 무뎌졌지만 'ㄹ'은 어두에 놓일 수 없다는 제약이 있다. 외래어가 범람하면서 '라디오', '라면', '라일락' 등의 어두 'ㄹ'을 발음하

'라일락'의 어두는 '라'이며, 어말은 '락'이다. 비어두는 '일락'이며 비어말은 '라일'이다.

는 사람이 많아졌다(예전 발음은 나지오, 나면, 나일락). 그렇다고 'ㄹ'이 어두에 올 수 없다는 제약이 없어진 것은 아니다. 아직도 '로인', '량심', '리장', '력기' 등으로 발음하지 않으니 말이다. 앞으로 새로이 만들어질 말들은 웬만하면 어두 'ㄹ'도 발음하게 되겠지만 기존에 습득된 한자어는 어쩔 수가 없다.

'ㄹ'로 시작하는 한자어는 환경에 따라 초성이 'ㄴ'으로 바뀌기도 하고 없어지기도 한다. 또 'ㄴ'으로 시작하는 한자어도 환경에 따라 초성 'ㄴ'이 없어지기도 한다. '경로'의 '로(老)'는 '노인'에서와 같이 어두에서 '노'로 실현되며 '선량'의 '량(良)'은 '양심'에서와 같이 '양'으로 실현된다. 마찬가지로 '남녀'의 '녀(女)'는 '여자'에서와 같이 어두에서 '여'로 실현된다.

학교의 사투리는 무엇인가? 십여 년 전 타계한 개그맨 김형곤은 '학교'는 다니는 것이고 '핵교'는 댕기는 것이라 했다. '교장' 선생님을 '조장' 선생님이라 하는 사람들도 있다. 그분들은 '학교'는 다니는 것이고 '학조'는 댕기는 것이라 말한다. 여기에서 학교의 사투리는 '핵교'도 나오고 '학조'도 나온다.

- 핵교/임석규: 움라우트
- 학조/임석주: 구개음화
- don't you: 구개음화

글쓴이의 이름은 '**임석규**'이다. '임석규'라는 이름을 '학교'의 방언형과 관련지어 보자. '임섹규'는 '핵교'와 관련되고 '임석주'는 '학조'와 관련된다. 중요한 것은 '교'의 kjo, '규'의 kju이다. j가 '교'에서도 '규'에서도 확인된다. 혹시 '기름'을 '지름'이라 하고 '길'을 '질'이라 하고, '김밥'을 '짐밥'이라 하는 것을 들어 보았는가? 여기에는 i가 공통적으로 관여한다. Whj don't jou~ ?, graduation, congratulation, 이들을 어떻게 읽는가? '와이돈튜'가 아니라 '와이돈츄', '그래듀에이션'이 아니라 '그래쥬에이션', '컨그래튤레이션'이 아니라 '컨그래츌레이션'이다. 여기에도 발음상 j가 있어서 '튜'가 '츄 → 추'로 '듀'가 '쥬 → 주'로 되는 것이다. 영어에서는 이 j가 매우 중요하다. 국어에서는 j도 중요하고 i도 중요하다. 둘은 한편이다.

두음법칙, 특히 ∅화(양심, 이장, 여자, 익명 등)는 바로 j와 i가 관여를 한 것이다. 다시 첫 부분으로 돌아가자. 비어두(단어의 첫머리 이외)에 있을 때에는 자전에 있는 음이 그대로 구현된다. 그러나 어두(단어의 첫머리)에 오니 어떤 경우에는 'ㄹ'이 'ㄴ'으로 바뀌고 어떤 경우에는 'ㄹ'이 아예 없어진다. 바로 이 차이를 간파해야 한다. ∅화될 때가 바로 j 또는 i가 있는 경우이다.

한국어의 모음은 10개이다. 'ㅏ, ㅑ, ㅓ, ㅕ, ㅗ, ㅛ, ㅜ, ㅠ, ㅡ, ㅣ'가 그것이다. 이를 **국제음성기호(IPA)**로 나타내어 보자. 차례로 a, ja, ə, jə, o, jo, u, ju, i, i로 표시된다. j와 i를 찾아 가자. 바로 2번째, 4번째, 6번째, 8번째, 10번째에 j 또는 i가 배치되어 있다. 바로 'ㅑ, ㅕ, ㅛ, ㅠ, ㅣ'가 그것인데 ∅화된 것에 바로 'ㅑ, ㅕ, ㅛ, ㅠ, ㅣ'가 있는 것이다. 'ㅑ, ㅕ, ㅛ, ㅠ, ㅣ' 이외의 모음이 'ㄹ'을 만나면 그때는 'ㄴ'으로 바뀌는 것이다 (노인, 나열, 누각 등).

수년 전 TV 프로그램에서 인기를 모았던 끝말잇기 놀이는 사실 위 규칙을 제대로 지키지 못했다. 끝말잇기 놀이를 해 보자. 심려 → 여로 → 노장 → 장녀 → 여성 → 성냥 → 양심 → 심란 → 난리 → 이장……. 이것이 정상적인 패턴이다. 그런데 당시 끝말잇기 놀이에는 반칙이 더러 확인되었다. 심려 → <u>여로 → 오기</u> → 기녀 → 여성 → 성냥 → 양심 → <u>심란 → 안정</u> → 정량……. 바로 밑줄 친 부분에서 규칙을 잘못 정하는 바람에 다른 길로 가버렸다. '여로'에서는 'ㄹ' 뒤의 모음이 'ㅑ, ㅕ, ㅛ, ㅠ, ㅣ'가 아니기에 '노'로 받아야 한다. 마찬가지로 '심란'에서도 'ㄹ' 뒤 모음이 'ㅑ, ㅕ, ㅛ, ㅠ, ㅣ'가 아니기에 '난'으로 받아야 한다.

'ㄴ'도 'ㄹ'에서와 마찬가지로 두음법칙이 적용된다. '**ㄴ' 뒤 'ㅑ, ㅕ, ㅛ, ㅠ, ㅣ'**가 놓일 때만 두음법칙이 적용된다.

기념 → 염불, 당뇨 → 요도, 결뉴 → 유대
은닉 → 익명, 운니 → 이전투구, 어금니 → 이빨

모음 'ㅡ'를 표시하는 국제음성기호는 편의상 i를 사용한다. 실제로 모음 'ㅡ'는 ɯ에 더 가깝다.

'ㄴ' 뒤 'ㅑ, ㅕ, ㅛ, ㅠ, ㅣ'라고 했는데 사실 'ㄴ' 뒤 'ㅑ'(냐, 냥 등)로 시작하는 한자음은 거의 확인되지 않는다[한 냥(雨)-한국식 한자음].

cf. 고난 → 난이도 *안이도

이런 'ㅑ, ㅕ, ㅛ, ㅠ, ㅣ'는 움라우트 규칙과도 관련된다.

남편>냄편, 학교>핵교, 석유>색유
아기>애기, 지팡이>지팽이, 아비>애비, 어미>에미

또 구개음화 규칙과도 관계된다. 옛날 사람들이 '텬디(하늘 텬, 짜 디)'라고 한 것을 현대인은 '천지'라고 한다. 그 이유를 알 수 있을 것이다. 'ㅑ, ㅕ, ㅛ, ㅠ, ㅣ' 때문이다. 바로 j, i의 위력이다. 사실 j, i만 알면 음운이 변동하는 까닭의 반은 정복하는 셈이다. 두음법칙의 포인트는 바로 'ㅑ, ㅕ, ㅛ, ㅠ, ㅣ'이다.

8.2. 탈락

8.2.1. 후음 탈락

후음 탈락이란 후음 'ㅎ'이 모음으로 시작하는 어미와 통합할 때 탈락하는 것을 말한다.

놓+아도 → 노아도
앓+아도 → 알아도 → 아라도

이상은 필수적인 'ㅎ' 탈락이고 다음은 수의적인 'ㅎ' 탈락이다.

미혼, 기합, 조형, 기후, 조화, 교황, 후유장해

삼합, 담합, 보충, 심해, 감화, 금호, 염화시중
단합, 신호, 문화, 전화, 은혜, 원활, 안하무인

성함, 농협, 당혹, 동화, 장해, 공황, 삼인성호

일화, 실행, 불효, 결항, 결합, 활황, 군계일학

첫 줄은 공명자음이 있는 다른 예들에 비해 'ㅎ' 발화 빈도가 다소 높은 듯하다. mihon, samhap에서의 'ㅎ'은 공명음 사이에서 유성음 ɦ으로 바뀌는 과정을 거친다(miɦon, samɦap). 공명자음 뒤에서는 ɦ이 탈락하는 것이 일반적이다.

'후유장해' 관련 표기가 언어능력을 알아보기 좋은 어형이다.

> '후유장해'를 '후휴장해'라 쓰는 것은 '금오낭랑(金烏娘娘)'을 '금호낭랑'이라 받아 적는 것과 같은 현상이다. 이들은 과도교정이다.

후유장애~후휴장해~후유장해~후휴장애

'ㅎ'이 모음 간에서 발화되기도 하고 발화되지 않기도 하는 것과 관련된 실체적 증거이다. '장애'와 '장해'도 같은 부류이다. '삼합'도 '삼압'이라 알고 있었다고 실토하기도 한다. '성함~성암'도 마찬가지이다. '동화출판사'인지 '동아출판사'인지도 헷갈린다. 다음은 듣고 옮기면서 헷갈리는 유형이다.

안도현~안도연, 양지훈~양지운, 윤길현~윤길연, 노무현~노무연, 조재형 ~조재영, 김상협~김상엽, 김호중~김오중, 정호진~정오진, 윤다훈~윤다 운, 이대형~이대영, 김해란~김애란, 임해경~임애경, 임혜진~임예진, 이 다현~이다연, 이재형~이재영, 황진희~황진이

8.2.2. 유음 탈락

현대국어에서 유음은 'ㄴ' 앞에서, 'ㅅ' 앞에서 탈락한다.

울-: 우:는, 우:니, 운:다, 우:시고, 우:시니, 울:더라, 울:지, 울:고, 울:면

들-: 드는, 드니, 든다, 드시고, 드시니, 들더라, 들지, 들고, 들면

쓸-: 쓰는, 쓰니, 쓴다, 쓰시고, 쓰시니, 쓸더라, 쓸지, 쓸고, 쓸면

질-: 진, 지니, 질더라, 질지, 질고, 질면

베풀-: 베푸는, 베푸니, 베푼다, 베푸시고, 베푸시니, 베풀더라, 베풀지, 베풀

고, 베풀면

복합어에서 유음 탈락은 다음에서 확인된다.

소나무, 따님, 아드님

마ː소, 부삽, 화살

'따님', '아드님'과 '달님', '별ː님', '달나라', '별ː나라'를 대비해 보건대 복합어에서의 유음 탈락은 현재와 달리 과거의 규칙임을 알 수 있다. **'머ː지않아'** 를 고려하면 역사적으로 유음 탈락의 환경은 축소되었다고 해야 할 것이다 (간밤이 부던 ᄇᄅ매 눈서리 치단 말가).

한글맞춤법 제29항에는 복합어에서의 유음 탈락의 예가 많이 제시되어 있다. 유음이 'ㄴ, ㄷ, ㅅ, ㅈ' 앞에서 탈락한다.

경북동부방언권에서는 모든 자음어미 앞에서 유음이 탈락한다.
• 들-: 드지, 드고, 드면, 든다, 드니…
• 베풀-: 베푸지, 베푸고, 베푸면, 베푼다, 베푸니…

다달이(달-달-이)	따님(딸-님)	마되(말-되)
마소(말-소)	무자위(물-자위)	바느질(바늘-질)
부나비(불-나비)	부삽(불-삽)	부손(불-손)
소나무(솔-나무)	싸전(쌀-전)	여닫이(열-닫이)
우짖다(울-짖다)	화살(활-살)	

복합어에서는 유음이 'ㄴ', 'ㄷ', 'ㅅ', 'ㅈ' 앞에서 탈락하기에 두 가지 방식 중 하나를 택하여 용례 배열하는 것이 이해를 도울 수 있다.
① 소나무, 부나비, 따님, 여닫이, 다달이, 마되, 화살, 부삽, 마소, 무자위…
② 따님, 부나비, 소나무, 다달이, 마되, 여닫이, 마소, 부삽, 화살, 무자위…

'씁니다', '풉니다'에서는 어간말 유음이 보이지 않는다. 이때의 유음은 자음군이 단순화되면서 탈락한 것이니 순수한 유음 탈락은 아니다.

쓸+ㅂ니다, 풀+ㅂ니다

모음 간 세 자음이 발화될 수 없기에 하나는 탈락되어야 한다. 탈락의 경우

어미의 모음이나 자음이 탈락하는 경우는 일반적이지 않다. 관형사형 어미가 통합된 '쓸#것', '풀#것'에서도 마찬가지이다.

쓸+ㄹ#것, 풀+ㄹ#것

휴지 #도 자음의 일종으로 처리하여 자음군이 단순화된다. 그러면 어간말 자음이 탈락한다. 유음 탈락이 아니라 자음군단순화이다. 이를 **유음 탈락**이라고 한다면 '읽+는 → 익는', '밟:+는 → 밤:는', '읊:+는 → 음:는'의 과정도 유음 탈락이라고 해야 한다. '떫:+니 → 떨:리'가 'ㅂ' 탈락이 아닌 것처럼, '잃+는 → 일른'이 'ㅎ' 탈락이 아닌 것처럼 말이다.

'우:오', '우:옵니까', '우:오니' 등에서처럼 '오(X)' 앞에서 탈락하는 활용형은 중세국어의 '-쇼', '-슿-'과 관계된다. 이들 활용형까지 고려된다면 패러다임 전체는 'ㄹ' 탈락이 아니라 'ㄹ' 불규칙이라고 해야 한다.

8.2.3. 비음 탈락

동남방언이나 동북방언에서는 'ㅇ[ŋ]'과 'ㄴ'이 탈락하기도 한다. 다음은 동남방언 자료이다.

오강+이 → 오가'이(溺釘), 방+이 → 바'이, 철형'+이 → 철혀'이(人名)
도랑'+으로 → 도라^로, 안동'+으로 → 안도^로
다방'+에 → 다바^, 친정'+에 → 친저^

'ㅇ'과 'ㄴ'의 탈락 환경은 다르다. 'ㅇ'은 모음 사이에서 광범위하게 탈락된다. 각각 '이' 앞에서, '으' 앞에서, '에' 앞에서 탈락됨을 보여 준다.

그러나 'ㄴ'은 모음 사이라고 해서 무조건 탈락되는 것은 아니다. 주로 '이' 앞에서 탈락된다.

비음 탈락과 관련된 재구조화로는 '대통년/대통련'을 들 수 있다. '대통령이'나 '대통련이'나 'ㅇ', 'ㄴ'이 탈락될 환경이다. '대통녀이'라고 발화하면 이는 주격 조사가 통합된 어형이기에 단독형을 '대통년'이라고 해도 상관없다. 화투에서 '오광'을 '오관'이라 하는 것도 같은 맥락이다.
'수향'이라는 이름이 '순향'으로 재구조화되는 것도 비음 탈락과 관계된 것이다. 규칙을 알기에 그와 관련된 어형을 생산해 내는 대단한 언어능력이다.

산+이 → 사이, 정신+이 → 정시이, 철현+이 → **철혀이**(人名)
많:+이 → 마:이, 천천+히 → 천천이 → 천처이
cf. 강산+으로 → *강사으로, 강산+에 → *강사에

역사적으로는 '가모(가면)', '내마(내만)' 등을 통해 광범위한 비음 탈락도 확인할 수 있다. 물론 비모음화 이후 형성된 형태이다.

다음은 곡용이 아닌 환경에서의 'ㄴ' **탈락** 현상을 보여 주는 것이다. j 앞에서의 탈락도 확인된다.

> 혼인[호인], 단양군[다양군], 춘양면[추양면], 성:춘향이[성:추향이]
> cf. 수향이>순향이

'ㅇ' 탈락은 형태소 경계에서뿐만 아니라 단어 내부에서도 활발히 나타난다.

> 도업(同業), 노악(農樂), 노업(農業) ; 지역(懲役), 조일(終日)
> 조합(綜合), 고항(空港) ; 노협(農協), 적다히(適當히)
> cf. *사업(産業), *지압(鎭壓), *시호(信號), *다협(單位農協)

심지어 '공항', '종합' 등에서처럼 'ㅎ'이 개재된 'VŋhV' 환경에서도 탈락이 확인된다.

이상에서 'ㅇ'은 모든 모음 사이에서 탈락하며 'ㅎ' 앞에서도 탈락함을 알 수 있다. 그러나 'ㄴ'은 i나 j 앞에서만 탈락한다. 'ㄴ' 탈락은 구개음화 환경에서 나타나므로 'ㄴ' 구개음화 유형으로 파악하는 것이 바람직하다.

8.2.4. 자음군단순화

VCCCV 연쇄, 즉 모음 간에 세 개의 자음이 연속될 때 또는 어말에서 두 개의 자음이 놓일 때 하나의 자음은 탈락된다. 이는 음절말과 음절초에는 하나의 자음만 발음될 수 있는 국어의 음절 구조 제약 때문이다.

국어에서는 음절 구조 제약으로 인해 VCCCV와 같이 모음 사이에서의 세 자음은 필연적으로 두 자음으로 변동될 수밖에 없다. 모음 간 세 자음이 두 자음으로 변동하는 것은 두 가지 경우가 있다. 하나는 두 자음이 하나의 자음으로 축약되는 것이고, 다른 하나는 하나의 자음이 탈락하는 것이다.

잃+고 → 일코

잃+는 → 일는 → 일른

첫 예에서 탈락 규칙을 먼저 적용하게 되면 '일고'와 같은 부적격한 표면형이 도출되며 평파열음화 규칙을 먼저 적용하게 되면 부적격형 '잃고 → 일꼬'가 도출된다.

모음 간에는 두 자음만을 허용하므로 'ㄹ-ㅎ-ㄱ' 또는 'ㄹ-ㅎ-ㄴ'의 3자음 연쇄를 2자음 연쇄로 바꾸어야 한다. '잃+는'에서는 중간자음을 탈락시키는 것이 가장 간결한 방식일 것이다. 그런데 그 방식을 '잃+고'에 적용시키면 '일코'가 아닌 부적격형 '일고'가 도출된다. 적격형인 '일코'를 도출하기 위해서는 반드시 축약 규칙을 먼저 적용해야 한다. 바로 VCCCV라는 음소 배열에서 두 자음이 하나로 축약되는 과정이 우선적으로 적용되어야 한다는 것이다.

축약 규칙이 먼저 적용될 수 있는 이유는 간단하다. 세 자음이 연속될 경우는 자음군단순화가 이루어지는데 자음군단순화란 탈락의 과정이 아니라 국어의 음성형에 맞게 음소 배열이 조정되는 것이다. 음소 배열의 조정 방법으로는 세 자음이 결국은 두 자음으로 되어야 하는데 그 방법은 **축약과 탈락**이 있다. 해당 언어에서 특정한 두 음소의 결합이 한 다른 음소로 변동될 수 있다면 그것은 탈락이 되지 않고도 간소화될 수 있는 것이다. '짧+니 → 짧니 → 짤리'에서처럼 'ㄹ-ㅂ-ㄴ'의 연쇄는 축약의 환경이 될 수 없으므로 탈락이 되어야 하고, 'ㄹ-ㅎ-ㄴ'의 연쇄 역시 축약의 환경이 될 수 없으므로 탈락이 되어야 한다. 다만 'ㄹ-ㅎ-ㄷ, ㄹ-ㅎ-ㄱ' 등의 연쇄는 그 단순화의 방향이 축약으로 이루어지는 것이다. 그것은 'ㅎ'과 평음 'ㄱ, ㄷ, ㅂ, ㅈ'이 축약되어 유기음 'ㅋ, ㅌ, ㅍ, ㅊ'로 변동될 수 있기 때문이다. 물론 국어에 'ㅂ', 'ㄷ', 'ㅈ', 'ㄱ'에 대당하는 유기음이 음소로 존재하지 않는다면 축약 규칙이 적용될 수 없다. 다음에서 자음군단순화 중 탈락의 예를 확인할 수 있다.

서술격 조사 관련 현상을 통해서도 탈락 규칙이 우선적으로 적용되지 않음을 알 수 있다.

① 녹차+이다 → 녹차다
② 녹차+이었다 → 녹차였다
*녹차었다, 녹차+이에요 → 녹차예요 *녹차에요

①은 '이'가 탈락한 것이고 ②는 '이'가 탈락하지 않고 후행 음절과 통합한 것이다. j 반모음화 과정이다. 음절의 관점에서 축약이라 하는 경우도 있으나 이때는 해당 글에서만 제한적으로 사용될 수 있는 음절 축약임을 명시해야 한다.

업:떠라(없:+더라), 업:꼬, 업:찌, 업:따

할떠라(핥+더라), 할꼬, 할찌, 할꺼라

굼:떠라(굶:+더라), 굼:꼬, 굼:찌, 굼:꺼라

박떠라(밝+더라), 박꼬, 박찌, 박따

물론 단어 경계에서도 자음군단순화는 나타난다.

목쭝에서(몫#중에서), 여덜깨(여덟#개)

제시된 예 또한 곡용(체언+조사)에서의 자음군단순화 과정과 동일하게 취급되어야 한다. 체언의 자립성으로 접근해야 한다. '몫#중→목중→목쭝', '여덟+개 → 여덜개 → 여덜깨'와 같은 과정으로 자음군이 단순화되고 경음화가 일어나는 것으로 판단해야 한다. '목'과 '여덜'로의 변동은 순수한 자음군단순화와는 다르다(여덟+하고 → *여덜파고). 후자의 경우, 먼저 자음군이 단순화되어 '여덜'이 되고 '여덜'의 'ㄹ' 뒤에서 'ㄱ'이 'ㄲ'으로 변동한다는 것이다. ㅂ이 경음화를 유발한 것이 아니다. '열#개 →열깨'와 같은 'ㄹ'을 말음으로 가진 수관형사 뒤에서의 경음화현상이다.

8.2.5. 어간말 '아/어' 탈락

어간말 '아/어' 탈락이란 어간말의 '아/어'가 어미 '아X'와 통합할 때 탈락하는 음운 과정을 말한다. 동모음 탈락이라고도 한다. 이러한 음운 과정은 다음에서 확인된다.

가+아도 → 가도, 사+아도 → 사도, 차+아도 → 차도

서+어도 → 서도, 나서+어도 → 나서도, 일어서+어도 → 일어서도

우선 다음을 대비해 보자.

동남방언에서는 'ㄼ', 'ㄺ' 말음 어간인 경우 두 번째 자음 'ㅂ', 'ㄱ'이 탈락하는 쪽이 우세하며 (서부 경남 제외), 서남방언에서는 첫 번째 자음 ㄹ이 탈락하는 지역이 대부분이다. 아래에 그 단순화 경향을 제시한다. 전자가 동남방언이며 후자가 서남방언이다.

여덟(여덜/여덥)
넓고(널꼬/넙꼬)
짧니(짤리/짬니)
밟지(발찌/밥찌)
읊더라(을떤/읍떤)

읽고[일꼬/익꼬]
읽는[일른/잉는]
밝니[발리/방니]
늙지[늘찌/늑찌]

cf. 닭[달/닥] - 체언은 용언의 양상과는 방언권별 분포가 다르다.

가+아도 → 가도

가+아라 → **갸라**

첫 번째 예는 이른바 동모음 탈락으로 설명해 오던 것인데 이때 어간말모음이 탈락하는지 어미초모음이 탈락하는지가 문제이다. 반면 두 번째 예는 음운론적 환경이 동일함에도 불구하고 동모음 탈락의 과정을 겪지 않는다. 다음에 제시된 첫 번째 과정에서 동모음이 탈락하지 않는 것도 문제이다.

낳+아도 → 나아도 → *나도, 나ː도

쌓+아도 → **싸아도** → *싸도, 싸ː도

동모음 중 어느 모음이 탈락하는지는 중부방언 자료를 통해서는 해결책이 없다. 운소가 존재하는 동남방언 자료가 그 해답을 줄 수 있다. 국어 음운론의 실체는 개별 지역어의 성과를 통해 종합적으로 드러날 수 있다.

어간말모음이 탈락한다는 견해를 경북방언의 성조와 관련지어 생각해 보자. 용언 어간 '가'와 어미 '아X'가 통합할 때의 표면형 '가도', '가서'의 표면성조는 '**가고, 갸지**' 등의 성조와 다르다는 것에 착안한 것이다. '가고, 갸지'에서의 악센트 표지가 '가서, 가도'에는 보이지 않는다. 자음어미와 통합할 때 고조가 얹혀 있는 것과 대비된다. 그러므로 잠정적으로 어간말모음이 탈락한 것으로 볼 수 있다.

다음을 통해 어간말모음이 탈락한 것이라고 확언할 수 있다.

자꾸#간다 → 자꾸간다(LLHL)

자꾸#갔다 → 자꾸간따(HLLL)

안#간다 → 안간다(LHL)

안#갔다 → 안간따(HL)

여기서 '자꾸간다'의 셋째 음절 '-간-'과 '안간다'의 둘째 음절 '-간-'의 성조가 왜 H로 나타나는지에 주목할 수 있다. 이는 어간 '가'의 'ㅏ' 모음이 변동 없이 그대로 유지된 때문이다. 반면 '자꾸간따', '안간따'에서 음절 '간'의 성조가 항상 L로 나타나는 것은 이미 어간 '가-'의 모음 'ㅏ'가 탈락되었다는 것을 입증해 준다. 이에 활용형 '간따'에서 첫음절의 모음 '아'는 어미 '아X'의 'ㅏ'라는 것을 알 수 있다. 이러한 근거로 동모음 탈락은 어미초모음이 탈락한 것이 아니라 어간말모음이 탈락한 것으로 이해해야 할 것이다.

8.2.6. 어간말 '으' 탈락

어간말 '으' 탈락이란 '아X'로 시작하는 어미와의 통합에서 어간말의 '으'가 탈락하는 음운 과정을 말한다.

쓰+어도 → 써도, 끄+어도 → 꺼도

따르+아도 → 따라도, 담그+아도 → 담가도, 들르+어도 → 들러도

활용 어간 '쓰-', '따르-' 등이 어미 '-아도/어도'와 통합할 때 어간말모음 '으'가 탈락됨을 확인할 수 있다.

> '가+으면 → 가면'에서 확인되는 어미초 '으' 탈락은 이 교재에는 없다. '으'계 어미의 기저형을 복수로 설정하기 때문이다. 개음절 어간(유음 말음 어간 포함)에 통합하는 어미는 '-으면'이 아니라 '-면'이기에 자연히 '으' 탈락 규칙은 설정하지 않는다.

8.2.7. 반모음 탈락

반모음은 특정 환경에서 탈락하기도 한다. 다음은 필수적인 반모음 탈락이다.

지+어도 → 져도 → 저도

찌+어도 → 쪄도 → 쩌도

치+어도 → 쳐도 → 처도

반모음화 후 j가 경구개자음과 조음위치를 같이하기 때문에 탈락된 것이다.

경상도 화자들의 이중모음 발음이 불확실하다는 것은 주지의 사실이다. 이 유형으로 다음과 같은 수의적인 탈락을 확인해 두자.

보+아도 → 봐ː도~바ː도

8.2.8. '이' 탈락

조사 '이(X)'는 체언이 모음으로 끝날 때 탈락한다.

가운데+이지 → **가운데지**, 우리집#거+이야 → 우리집꺼야
cf. 도둑+이라 → 도두기라, 물+이라도 → 무리라도

강도+이야 → 강도야!, 강도야 (안 오겠지만), 강도든지
cf. 도둑+이야 → 도두기야! 불+이야 → 부리야! ; 도둑이야 (안 오겠지만),
불이야 (안 나겠지만) ; 도둑이든지, 불이든지

'소이지 않다', '반도인 우리나라', '친구이기 어렵다'에서의 '이' 탈락은 확인되지 않는다.

'산으로', '바다로', '물로'에서는 유음이 모음과 자연부류를 이룬 반면 위 여러 예들에서는 유음이 다른 자음(장애음/비음)과 자연부류를 이룬다.

한편, '이(X)' 관련 음운 현상은 재구조화에 결정적 역할을 한다. 다음을 대화 과정에서 무심코 들었다고 치자. 음악가 이름을 무엇이라 판단해야 할지 고민해 보자.

승우: 그 음악가 이름 뭐지?
동희: "그 음악가는 퀘니지"
승우: '헐! 퀘니(?), 퀜(?), 퀘니지(?)'

'그 음악가는 퀘니지'라는 발화를 듣고 음악가의 이름을 되묻는 경우, '퀜', '퀘니', '퀘니지' 세 가지 대답이 모두 가능하다.

퀜+이지 → 퀘니지, 박한+이지 → 박하니지

퀘니+이지 → 퀘니지, 박하니+이지 → 박하니지

퀘니지, 박하니

화자들은 처음 발화에서의 '퀘니지'를 '퀜+이지', '퀘니+이지'로 분석할 수 도 있고, '퀘니지'를 어간 자체로 인식할 수 있다. 마지막의 경우는 '그 사람 이름은 홍길동'과 같은 계열이다. 특히 '퀘니+이지'로의 분석을 통해 'ㅣ' 탈 락 규칙을 인식하고 있음을 알 수 있다. 화자들의 무한한 언어능력을 보여주 는 것이라 하겠다.

이러한 언어능력은 어간의 확대 및 어간의 축소와도 밀접히 연관되어 있다.

털도, 터른, 터리, 터리고, 터리지

터리도, 터리는, 터리가, 터리고, 터리지

이전 시기의 형태 '터리고', '터리지'는 '털+이고', '털+이지'로 분석할 수 있지만 언어에 민감한 이들은 '터리+이고', '터리+이지' 등으로 분석할 수도 있다. '이(X)' 관련 음운 규칙을 인지한 이들이 '이(X)'와의 통합형을 기준으 로 **재분석**한 것인데, 그 결과로 새로운 패러다임 '터리도, 터리는…'을 형성할 수 있다. 이는 중세국어의 '풀>푸리', '그력>기러기' 등에서도 확인되는바 이 러한 재구조화는 어간에 대한 재분석의 결과이다. 칡>칠기, 벌:>버:리, 트림> 트리미, 가심>가시미, 샘:>새:미, 뱀:>배:미, 사발>사바리 등을 어간 확대 유 형으로 들 수 있다.

며느리도, 며느리는, 며느리가, 며느리고, 며느리지

며늘도, 며느른, 며느리, 며느리고, 며느리지

기존 형태를 화자의 언어능력에 따라 다시 분석하는 것을 재분 석이라 한다. 오분석은 인간의 언어능력이 저평가된 느낌이 있 다. 재분석은 공시적 규칙을 인 식하고 있어야 가능하다('으' 탈 락, 후음 탈락, '이' 탈락 등). 활용형 '머거'는 화자의 언어능 력에 따라 '먹+어', '머그+어'로 재분석될 수 있다. '따라' 또한 '딸+아', '따르+아', '딿+아'로 재 분석될 수 있다. 곡용형 '두루마 기야'는 '두루막+이야', '두루마 가+이야'로 재분석될 수 있다. 이 런 과정을 통해 재구조화(기저형 의 변화)가 일어나기도 한다.

이전 시기 '이(X)'와의 통합형, '며느리+이고/이지'를 '며늘+이고/이지'로 재분석하여 어간이 축소된 새로운 어간 '며늘'을 도출해낼 수 있다. 이러한 재구조화 또한 어간에 대한 재분석의 결과이다. '(돌모로>)달무리>달물', '우리>울(畜舍, 吾等)', '메트리>메툴~미툴', '울타리>울탈~울딸', '누더기>누덕', '두드러기>두드럭', '차례~차리>찰(次例)' 등을 어간의 축소 유형으로 들 수 있다.

8.3. 첨가

8.3.1. 반모음 첨가

반모음 첨가는 모음 뒤에서 j나 w가 수의적으로 첨가되는 과정을 말한다. ① VV → VjV 또는 ② VV → VwV의 과정이다.

다음은 활용에서 확인되는 수의적인 반모음 첨가이다.

가+어도 → 기어도~기여도, 깨+어도 → 깨어도~**깨여도**
되+어도 → 되어도~되여도, 뛰+어도 → 뛰어도~뛰여도

보+아도 → 보아도~보와도, 주+어도 → 주어도~주워도, 꾸+어도 → 꾸어도~꾸워도

제시된 예는 후설모음으로 시작하는 어미가 어간에 통합된 것들이다. 후행 모음이 후설모음일 경우는 선행 모음의 음운론적 자질과 밀접한 관련이 있다. 즉 선행 모음이 전설모음이면 j가, 후설모음 'ㅗ/ㅜ'이면 w가 첨가된다는 것이다. 이것이 반모음 첨가에 대한 일반적인 견해이다.

그런데 곡용(체언+조사)에서 '에'가 통합할 시에는 선행 모음이 전설모음이든 후설모음이든 또는 비원순모음이든 원순모음이든 예외 없이 반모음 w

'깨어도~깨여도'와 관련된 반모음 첨가에 대해 살펴보자. 몇 년 전 시청률이 매우 높았던 드라마 '뿌리 깊은 나무(한석규-세종 역)'를 기억하는 이가 있을지 모르겠다. 거기에서는 여주인공 신세경이 곤경에 처해서 남주인공 장혁에게 '끝말잇기 놀이 장소'란 뜻의 '繼㖡山(이을 계, 말씀 언, 뫼 산)'을 암호로 남겼었다. 두 주인공이 어렸을 적 끝말잇기 놀이를 하면서 뛰놀던 추억의 장소를 암호로 제시한 것이다. 출연진이 말하는 '계언산'은 우리 시청자들에게 과연 무슨 산으로 명명될 것인가? 시청자 게시판에는 온통 '계연산' 또는 '개연산'으로 적혀 있었다. '계언산'을 '계연산'이라고 적는 이유는 무엇인가? 바로 'ㅐ' 나 'ㅔ' 뒤에 '아', '어', '오', '우' 등이 이어질 때 수의적으로 반모음이 첨가될 수 있다는 뜻이다. 이러한 부류로 군산의 '대아동~대야동', 완주의 '대아수목원~대야수목원' 등을 들 수 있다. 고유명사인 '대아수목원', '대야동' 등을 어떻게 써야 할지 그곳 가까이 사는 사람들은 유리할 수 있다. 이정표를 자주 보게 되면 머릿속에 박히기 때문이다.

가 아니라 j가 첨가된다.

차+에 → 차예, 가+에 → 가예, 초+에 → 초예, 코+에 → 코예

사이+에 → 사이예, 이+에 → 이예, 귀+에 → 귀예, 쇠+에 → 쇠예

서+에 → 서예, 요+에 → 요예, 우+에 → 우예

또 호격 조사의 경우, 이름이 모음으로 끝나면 j가 첨가되는 것으로 보는 것이 일반적이다.

성우+아 → 성우야

희정+아 → 희정아

곡용(체언+조사)과 활용에서는 j의 첨가가 수의적인 반면 '용수야'는 j 첨가가 필수적이다. 이런 점에서 곡용(체언+조사)과 활용에서의 반모음 첨가를 동일시하는 것은 바람직하지 않다. 호격의 '아'와 '야'는 **기저형이 둘 다 어휘부**에 등재되어야 할 것이다. 역사적으로는 반모음 첨가로 파악할 수도 있겠으나 공시적으로는 반모음 첨가로 볼 수 없다는 것이다.

여기서는 반모음 첨가를 순수음운론적 현상으로 파악하고자 한다. 다음은 단어 내부에서의 반모음 첨가이다. 곡용(체언+조사)과 활용에서의 반모음 첨가와 동일하다.

미안(未安)~미얀, 히안(稀罕)~히얀, 누에~**누예**, 부애(怒)~부얘

기억(記憶)~기역, 태안반도~태얀반도, 계엄령~계염령

뛰엄뛰엄~뛰염뛰염, 쥐암쥐암~쥐얌쥐얌

*뛰웜뛰웜, *쥐왐쥐왐

보안(保安)~보완, 조업(助業)~조웝, 교안(敎案)~교완, 포함(包含)~포왐

두엄(肥)~두웜, 추억(追憶)~추웍, 추앙(推仰)~추왕, 부아(怒)~부와, 우

이전 시기에는 공시 기술이 다를 수 있었겠지만 현대국어를 대상으로 한다면 당연히 복수기저형으로 파악해야 한다. 활음 첨가를 고수한다면 수의성과 필수성에 대한 이유를 밝혀야 한다.

'누웨', '부왜'와 같은 방언형이 보고되지 않은 바는 아니나 '누예', '부얘'에 비해 제한적이다.

'보안~보완', '두엄~두웜'은 앞 원순모음에 의한 반모음 첨가이다.
'좋+운 → 조운', '웃+으며 → 우수며' 등에서는 'ㅡ'가 'ㅜ'로 바뀐 원순모음에 의한 원순모음화이다.
두 경우 모두 입술 모양이 후행 음절까지 영향을 미친 것이다. 동기는 같으나 그 결과는 w 반모음화 첨가, 원순모음화로 달리 명명된다.

악스러워~우왁스러워

전설모음 뒤에서의 j 첨가, 후설모음 'ㅗ/ㅜ' 뒤에서의 w 첨가 양상을 확인할 수 있다. '누에~누예'는 처격형 '차에~차예'와 대응된다. 곡용, 활용뿐 아니라 단어 내부에서도 동일한 현상을 보이고 있다. '먹+는 → 멍는', '먹물 → 멍물'과 같은 비음화 과정과 마찬가지로 순수음운론적인 현상으로 이해해야 한다는 것이다.

다음과 같은 반모음 첨가의 역현상도 확인할 수 있다. '누에 → 누예'의 역현상이다.

궁예~궁에, 하얘~하애, 뿌예~뿌에, 아예~아에, 조예~조에

역현상까지 활발히 나타난다는 것은 그만큼 반모음 첨가가 전방위적이라는 뜻이다. 관련하여 인명에서의 반모음 첨가에 대해서도 확인해 보자.

미애~미얘, 수애~수얘, 규애~규얘
정애~정얘, 경애~경얘, 종애~종얘

위 자료는 '애'에서의 반모음 첨가인바 이 또한 전설모음이 개재된 경우로 이해해야 한다. 자음 'ㅇ[ŋ]'이 개재된 경우에도 반모음 첨가가 일어난다는 것 또한 확인할 수 있다. 'V₁ŋV₂'는 다음에서도 확인된다.

눙에~눙예(누에), 고등에~**고등예**(고등어), 중앙(中央)~중왕, 동안(童顔)~동완
장애(障礙)~장얘, 궁에~궁예(인명)

'고등에'는 '고등어>고등에'에서 재구조화한 형태인데 이들 유형으로 '장개', '치매', '이매', '도매', '봉숭애', '동세', '문에', '부애' 등을 들 수 있다. 그 반대 방향으로의 재구조화는 '냄사', '쓰임사' 등을 들 수 있다.

따라서 반모음 첨가에 대해 다음과 같은 결론을 얻을 수 있다.

$V_1V_2 \rightarrow V_1jV_2$: 적어도 하나가 전설모음인 경우 j가 첨가

$V_1V_2 \rightarrow V_1wV_2$: 둘 다 후설모음인 경우 w가 첨가, '$V_1$'이 원순모음인 경우가 대부분이다.

(단, V_1과 V_2 사이에는 자음으로 ŋ이 게재될 수 있다.)

> 반모음 첨가와 관련하여 'V_2'에 올 수 있는 모음으로는 'e, ɛ, ə, a' 넷뿐이다. 'V_2'가 'i, i, u, o'일 경우는 반모음 첨가가 일어나지 않는다.

이상을 종합적으로 이해하면 반모음 첨가는 형태소 경계, 단어 경계를 구분하지 않고 음운연쇄로 설명할 수 있는 순수음운론적인 과정임을 확인할 수 있다.

8.3.2. 'ㄴ' 첨가

곡용과 활용에서는 'ㄴ' 첨가가 확인되지 않는다. 'ㄴ' 첨가는 단어 경계 사이에서 활발히 실현된다.

온녀자가(온#여자가), 올려자가(올#여자가), 푸른니피(푸른#잎이), 푸를리피 (푸를#잎이), 이즌니리(잊은#일이), 이즐리리(잊을#일이), 머근냐기(먹은# 약이), 머글랴기(먹을#약이), 주황생냑(주황색#약), 빤니불(빤#이불), 빨리 불(빨#이불), 겨울리블(겨울#이불), 열려덟(열#여덟)

cf. 일리개월(일이#개월)

첨가된 'ㄴ' 앞에서는 'ㄹ'이 탈락되지 않는다. 따라서 위에서의 'ㄹ-ㄴ' 연쇄에서는 유음화가 적용된다.

복합어에서의 'ㄴ' 첨가 환경에 대해서 간략히 살펴보자.

솜이불 → 솜니불, 겹이불 → 겹니불 → 겸니불, 홑이불 → 홑니불 → 혼니불 → 혼니불, 통이불 → 통니불 ; 알약 → 알냑 → 알략, 두통약 → 두통냑, 구급약 → 구급냑 → 구금냑 ; 반달연 → 반달년 → 반달련, 장군연 → 장 군년, 오색연 → 오색년 → 오생년

cf. 누비이불 → *누비니불 ; 가루약 → *가루냑 ; 멀미약 → *멀미냑 ; 꼬리연

→ *꼬리년, 방패연 → *방패년

다음은 후행 요소가 용언인 경우이다.

몬니저(못#잊어), 몬니기고(못#이기고), 몬니러나(못#일어나), 몬녀러(못#열
어), 진니기고(짓이기고), 난니근(낯익은), 설리근(설익은)

이상의 예를 통해 볼 때 일단 다음과 같은 조건을 확인할 수 있다.

선행 요소는 종성으로 끝나야 한다.
후행 요소는 i, j로 시작해야 한다.

다만 조사나 접사가 후행 요소인 경우에는 'ㄴ' 첨가가 확인되지 않는다.
'일+이', '약+이', '짝짝+이', '애꾸눈+이' 등을 예로 들 수 있다. 그러면 후행
요소를 어휘형태소라고 해야 한다. 그런데 다음 예에 봉착하게 되면 문제가
야기된다.

어린이, 젊은이, 늙은이

또 후행 요소가 의존명사인 경우와 아닌 경우에 따라서도 첨가 양상이 다
른 것이 문제이다.

오리도(올#이도), 오니도(온#이도) ; 빠질리(빠질#齒), 빠진니(**빠진#이**)

또, 접사 '-용', '-열', 보조사 '요', '야'에서처럼 후행 요소가 어휘형태소가
아닌 경우에도 'ㄴ'이 첨가되기도 한다.

영업+용 → 영업뇽 → 영엄뇽   cf. 자가용

'솜옷', '겹옷'을 통해서 후행 요
소가 i, j로 시작되지 않는 경우
에는 'ㄴ'이 첨가되지 않음을 알
수 있다.

15C의 '니(닛므윰)'를 통해 '빠
진니'를 이해할 수 있겠다. 이렇
듯 역사적인 이유 때문에 현대
국어에서 'ㄴ' 첨가 양상이 차이
를 보이는 경우가 있다. 15세기
'닢'을 통해 현대국어의 '꽃닢'
을 이해할 수 있겠다. 그런데
'일'은 그런 유형이 아님에도
'ㄴ'이 첨가되는 것이 일반적이
다(15세기 '일').

창작+열 → 창작녈 → 창장녈   cf. 학구열

지역에 따라 조사의 통합에서도 'ㄴ'이 첨가된다.

물+요 → 물뇨 → 물료
밥+요 → 밥뇨 → 밤뇨
나는+요 → 나는뇨
나는+야 → 나는냐

또, 선행 요소가 종성으로 끝나지 않더라도 'ㄴ'이 첨가되는 경우가 있다. 이 경우는 후행 요소가 'ㅅ' 전치명사 부류와 유사하다. 'ㅅ' 전치명사가 '길가', '바닷가' 등에서 'ㅅ가'로 규정되듯이 '일', '잎' 역시 'ㅅ일/닐', 'ㅅ잎/닢'으로 규정될 수 있다.

집+일 → 집닐, 밭+일 → 밭닐, 물+일 → 물닐 → 물릴, 가위+일 → 가윈닐,
 예사+일 → 예산닐
호박+잎 → 호박닢 → 호박닙 → 호방닙, 풀+잎 → 풀닢 → 풀닙 → 풀립,
 꽃+잎 → **꽃닢** → 꼳닙 → 꼰닙, 깨+잎 → 깻닢 → 깬닙 → 깬닙, 나무+잎
 → 나뭇닢 → 나묻닙 → 나문닙

① 꽃+잎 → 꽃닢 → 꼳닙 → 꼰닙
② 꽃+잎 → 꼳닙 → 꼳닙 → 꼰닙

①이 보다 합리적이다. ②는 평파열음화 이후 첨가되는 과정이다. 평파열음화 이후에는 원의미에서 멀어지기에 'ㄴ'이 첨가되어야 할 이유가 사라질 수 있다.

지역에 따라 화자에 따라 달리 나타날 수 있는 현상이 바로 'ㄴ' 첨가이다. 표준발음인 경우, '창작열'에서는 'ㄴ'이 첨가되나 '송별연'에서는 'ㄴ'이 첨가되지 않는 것도 이해하기 어렵다. '금융', '환율' 등에 이르면 더더욱 힘들어진다. 다음 몇 단어에 대해 'ㄴ' 첨가 양상을 확인해 보라.

금융, 환율, 진ː열 : 활약, 활용, 월요일

'금융, 환율, 진열'에서는 'ㄴ'이 첨가되기도 하고 그렇지 않기도 할 것이

다. 이 세 가지에 'ㄴ'을 첨가시킨다고 하더라도 후자 '활약, 활용, 월요일'에는 'ㄴ' 첨가 양상을 보이지 않을 수도 있다. 또 후자 각각에도 'ㄴ'이 첨가되기도 하고 그렇지 않기도 할 것이다. 6단어 전체에서 'ㄴ'이 첨가되지 않는 그룹, 6단어 전체에서 'ㄴ'이 첨가되는 그룹도 있을 수 있다. 그 중간 양상 몇 가지를 보이는 그룹도 있을 수 있다. 이처럼 'ㄴ' 첨가야말로 규명하기 매우 어려운 현상임에 틀림없다. 지역어별로 나아가 해당 지역 내에서도 세대별로 면밀한 조사가 이루어져야 'ㄴ' 첨가의 본질이 제대로 규명될 수 있을 것이다.

사이시옷이 개입된 'ㅅ잎' 계열을 차치한다 하더라도 일반화는 만만치 않다. 다음 정도로 'ㄴ' 첨가 환경을 마무리한다. **방언권별로 면밀한 조사**가 요청된다.

> 선행 요소는 종성으로 끝나야 한다.
> 후행 요소는 i, j로 시작하는 어휘형태소여야 한다.(단, '-용', '-열', '야', '요' 등의 j로 시작하는 문법형태소에는 'ㄴ'이 첨가될 수 있다)

서남방언에 비해 동남방언에서는 비한자어 계열에서 'ㄴ' 첨가가 활발하지 않다. '책이름', '꽃이름'에서 'ㄴ'이 첨가된 '챙니름', '꼰니름'과 '집일', '밭일', '낯익은'에서 'ㄴ'이 첨가된 '짐닐', '반닐', '난니근'을 서부 쪽 발화라고 한다면 '채기름', '꼬디름', '지빌', '바딜', '나디근'은 동부 쪽 발화라 할 수 있다.

8.4. 축약

8.4.1. 자음축약: 유기음화

유기음화란 평음 'ㅂ, ㄷ, ㅈ, ㄱ'와 후두 마찰음 'ㅎ'이 통합하여 유기음 'ㅍ, ㅌ, ㅊ, ㅋ'으로 되는 **축약** 과정이다.

축약이란 두 개의 음소가 통합하여 하나의 음소로 되는 음운론적 과정을 말한다.

> 넣+고 → 너코, 넣+더라 → 너터라, 넣+지 → 너치, 넣+든지 → 너튼지
> 앓+고 → 알코, 앓+데요 → 알테요, 앓+지 → 알치, 앓+던 → 알턴
>
> 집+하고 → 지파고, 옷+하고 → 온하고 → 오타고, 죽+하고 → 주카고

내#몫+하고 → 내목하고 → 내모카고, 술값+하고 → 술갑하고 → 술가파고
더욱#힘들죠 → 더우킴들조
cf. 곱+하고 → 고파고, 못+해 → 몯해 → 모태, 욕+하면 → 요카면

위에는 활용에서의 유기음화 과정이, 곡용(체언+조사)에서의 유기음화 과
정이, 기식군 내에서의 유기음화 과정이 제시되어 있다. 이러한 유기음화 과
정을 잘 살펴보면 유기음화는 평파열음화 규칙에 후행함을 알 수 있다.

옷+하고 → 온하고 → 오타고

다음 과정을 통해 곡용과 활용에서 자음군단순화 방식이 다름을 알 수 있
다. 체언은 그 자립성으로 인해 조사와 관계없이 단순화되며 용언 어간은 어
미초자음과 연계하여 단순화된다.

한몫+하고 → 한목하고 → 한모카고 cf. 여덟+하고 → 여덜하고 → 여더라고
앓+고 → 알코 cf. 핥+고 → 핥고 → 핥꼬 → 할꼬

'한몫+하고'와 '여덟+하고'처럼 자음으로 시작하는 어미가 통합할 시의 경
계 요소 '+'는 단순한 형태소 경계와는 차이가 있다. 곡용(체언+조사)에서는
다음과 같은 과정을 상정할 수 없다는 점이 그 근거이다.

몫+하고 → 몯하고 → *목타고
여덟+하고 → *여덜파고

앞서 활용에서의 자음군단순화는 환경에 따라 두 방향으로 음운 과정이
결정된다고 했다. 환경에 따라 축약의 과정을 겪을 수도 있고 탈락의 과정을
겪을 수도 있다.

앓+고 → 알코

핥+고 → 핥고 → 핥꼬 → 할꼬

'앓-'과 '-고'의 통합은 'ㅎ-ㄱ'의 연쇄이므로 **축약**의 과정을 겪은 것이고 '핥-'과 '-고'의 통합은 축약될 환경이 아니므로 탈락의 과정을 겪어야 한다. 다만 경음화에 앞서 자음군단순화가 적용되면 부적격형 ''할고'가 도출됨에 유의하자.

> '적당하지/발달하지/필요하지'가 '적당치/발달치/필요치'로 변동하는 것 또한 축약이다. 모음 'ㅏ'가 탈락된 '적당ㅎ지/발달ㅎ지/필요ㅎ지'가 '적당치/발달치/필요치'로 유기음화된 것이다.

8.4.2. 모음축약

모음축약은 주로 통시적 변화로 간주될 수 있는 것이 대부분이다.

사이>새:, 아이>애:

보이다>뵈:다, 고이다>괴:다, 조이다>죄:다

수뷔>수이>쉬:, 버히다>버이다>베:다, 가히>가이>개:

다음으로는 반모음과 모음의 축약에 대해 살펴보기로 한다.

먼저 하향이중모음이 단모음화된 변화이다. 두 음소가 하나의 음소로 변했으니 축약이다.

재(aj)>재(ɛ), 게(əj)>게(e), 되(oj)>되(ö), 쥐(uj)>쥐(ü)

한국의 동해안 지역에서는 공시적인 축약 과정을 확인할 수 있다. 다음절 활용 어간에서 확인된다.

비바+어 → 비벼 → 비베

기라+어 → 기려 → 기레

시켜+어 → 시켜 → 시케

cf. 기+어 → 겨: → 게: // 기+어 → 기이 → 기:

'비비+어'를 통해서 축약의 과정을 이해해 보자. j과 ə 두 음소가 하나의
모음 e로 **축약**되는 것이다.

'-셔요>세요'도 축약이다. jə>e
축약이다. '가셔야', '오셔야'는
'가세야', '오세야'로 바뀌지 않
았다. 이런 점에서 '-세요'가 특
별한 형태라는 것을 알 수 있다.
그래서 '-세요'는 어휘부에 등재
되는 것이다. 공시적인 관점에
서 도출될 수 없기 때문이다.

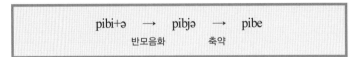

$$ pibi+ə \quad \rightarrow \quad pibjə \quad \rightarrow \quad pibe $$
반모음화 축약

다만 이러한 축약 규칙이 있더라도 단음절 어간인 경우는 축약의 과정을
거치지 않고 모음순행동화의 과정을 거치는 경우가 많다(피+어도 → 피이도
→ 피:도). 곧 '페:도' 대신 '피:도'로 나타나는 것이 일반적이다. 일부 지역에
서는 어간의 음절수와 관계없이 '게:도', '페:도' 등과 같이 반모음과 모음 ə가
축약의 과정을 겪기도 한다. 이런 점 때문에라도 지역어 연구가 매우 정밀하
게 이루어져야 할 필요가 있다.

다음과 같은 축약도 확인된다.

주+어도 → 조도, 누+어 → 노도, 두+어 → 도도

'꾸-'와 '-어도'가 통합하여 반모
음화된 '꽈:도'가 도출된다면(배
우+어도 → 배워도), '조도', '노
도', '도도'는 통시적 변화(wə>o)
일 가능성이 높다.

'wə>o'로 바뀌는 축약이다. 현
대 인터넷 환경에서 볼 수 있는
'뭐>모, 뭐든지>모든지'를 들 수
있다.

'돈좀#꼬와', '고기# 꼬먹자' 또한 이러한 유형인데 이 또한 지역어에 따라
서 '주-', '누-', '두-' 부류와 **'꾸-' 부류**가 매우 다를 수 있다. 이를 통해 규칙
'wə → o' 규칙의 공시성도 판단할 수 있다. 단어 내부의 변화 **'꿩>꽁'**, '한권
(一券)>한곤', '권투>꼰투~꼬투', '대궐>대골' 등에 대응된다.

다음도 축약의 일종으로 보기도 한다. 반모음 j와 모음 간 축약이다. 형태
소 경계가 아니니 산발적으로 확인되는 통시적 축약이다.

ㅑ>ㅐ   샥시>색시, 갸름하다>개름하다

ㅕ>ㅔ   형님>헹님, 경계경보>겡게겡보

ㅛ>ㅚ   **뾰쪽>뾔쪽**(>뻬쪽>삐쪽), 교통>괴통

ㅠ>ㅟ   휴가>휘가, 규칙>귀칙

반대 방향의 변화로는 '횡성>홍성(地名)'을 들 수 있다.

각각은 역시 두 음소가 하나의 음소로 바뀌었다. ja>ɛ, jə>e, jo>ö, ju>ü 축약이다.

부록

1. 조사항목 선정의 중요성: 'ㄴ' 첨가

개별 지역어에 대한 음운론적 연구는 어느 정도 성과를 거둔 것이 사실이며 이러한 연구가 국어 음운론의 실체를 규명하는 데 소중한 작업이 되었음도 당연하다. 그러면서도 몇 가지 점에서는 보완할 부분이 있다는 것도 부인할 수 없다. 지역어를 대상으로 한 많은 논의들이 해당 지역어에서는 특정 음운 과정이 확인된다는 식으로 전개되는 경우가 많다. 그러면서 특정 음운 과정을 규칙화하게 되는데 자료를 폭넓게 확보할 수 있다면 보다 나은 결론이 도출될 수도 있다. 또한 음운 규칙이 형태소 경계를 넘어서도 적용되는 경우가 있을 텐데 이러한 점도 지역어 연구에서 다소 소홀히 다루어진 듯하다. 이러한 점을 보완하여 음운론적 정밀화를 꾀하기 위해서는 당연히 **조사항목**의 선정이 치밀하게 계획되어야 할 것이다.

다음은 특정 음운 현상에 대해 알아보기 위해 설문지를 작성한 것이다. 일단은 조사항목이 잘 꾸려져야 할 것이고 설문 시에도 제보자가 집중을 하도록 끊임없이 신경을 써야 보다 정확한 조사를 기할 수 있다.

다음을 통해 조사항목의 선정이 매우 중요함을 살펴보고자 한다. 특히 '설문 2'에서 활용형을 여럿 제시한 것이 눈에 띈다.

경북서부방언에서 확인되는 '처고, 처면, 처도(舞)'와 '다치고, 다치면, 다치도(傷)'를 비교해 볼 때 규칙 적용이 달리 이루어졌음을 확인할 수 있다. 이는 일견 어간의 음절수에 기인한 것으로 보인다. 그렇지만 '야단치고, 야단처도'와 같은 조사항목이 좀 더 확보된다면 이에 대한 일반화는 음절수만으로는 해결되지 않는다는 것을 알 수 있다.

'ㄴ' 첨가 연구를 위한 설문지

①, ② 중 평소 쓰는 형태에 체크(v)하시면 되고, 둘 다 사용하시면 둘 다 체크하시되 더 많이 사용하는 쪽에 더블체크(Ⅴ) 부탁드립니다. 표준어 및 표준발음이 아니라 여러분 자신의 발음입니다.

[설문 1]

1. 원룸	①원눔	②월룸	2. 온라인	①온나인	②올라인
3. 선릉	①선능	②설릉	4. **삼만리**	①삼만니	②삼말리
5. 구만리	①구만니	②구말리	6. 만리	①만니	②말리
7. 이천리	①이천니	②이철리	8. 삼천리	①삼천니	②삼철리
9. 보문로	①보문노	②보물로	10. 신촌로	①신촌노	②신촐로
11. 노근리	①노근니	②노글리	12. 청산리	①청산니	②청살리
13. 광한루	①광한누	②광할루	14. 신라면	①신나면	②실라면
15. 진라면	①진나면	②질라면	16. 인라인	①인나인	②일라인
17. 핫라인	①한나인	②할라인	18. 강원랜드	①강원낸드	②강월랜드

많이 들어 본 '엄마 찾아 삼만리', '삼천리 (자전거)/ (무궁화) 삼천리' 등에서는 유음화 경향이 강할 것이라 예상되는데 젊은 제보자는 이 또한 수의적이다. '이만리', '이천리'와 대비하여 조사할 필요가 있다.
'광한루'도 '광한누'로 발음하는 화자들이 있다. 이들이 '대관령'은 어떻게 발음할까. 스마트폰 세대는 점점 더 비음화로의 발화가 강력해지지는 않을까?

[설문 2]

1. **못잊어**	①모디저	②몬니저	2. 못잊는다	①모딘는다	②몬닌는다
3. 못잊지?	①모딛찌	②몬닏찌	4. 못잊었다	①모디전따	②몬니전따
5. 못잊겠다	①모딛껟따	②몬닏껟따	6. 못있는다	①모딘는다	②몬닌는다
7. 못있겠지	①모딛껟찌	②몬닏껟찌	8. 못잇는다	①모딘는다	②몬닌는다
9. 못잇겠지	①모딛껟찌	②몬닏껟찌	10. 못입어	①모디버	②몬니버
11. 못입는다	①모딤는다	②몬님는다	12. 못입지	①모딥찌	②몬닙찌
13. 못입었다	①모디벋따	②몬니벋따	14. 못입겠다	①모딥껟따	②몬닙껟따
15. 안입는다	①아님는다	②안님는다	16. 옷입고	①오딥꼬	②온닙꼬
17. 옷입어	①오디버	②온니버	18. 새옷입고	①새오딥꼬	②새온닙꼬
19. 새옷입어	①새오디버	②새온니버	20. 못열어	①모더러	②몬녀러
21. 안열어	①아녀러	②안녀러	22. 문열어	①무녀러	②문녀러
23. 못일어나	①모디러나	②몬니러나	24. 안일어나	①아니러나	②안니러나
25. 낯익은	①나디근	Ⅴ난니근	26. 낯익지	①나딕찌	②난닉찌
27. 집일	①지빌	②짐닐	28. 밭일	①바딜	②반닐
29. 밤일	①바밀	②밤닐	30. 웃을일	①우스릴	②우슬릴
31. 울일	①우릴	②울릴	32. 갈일없다	①가릴업따	②갈릴업따
33. 역이름	①여기름	②영니름	34. 책이름	①채기름	②챙니름

'못#잊어'만 설문지에 포함되는 경우가 많다. 시간이 허락된다면 '못#잇기', '못#잇고' 등도 조사해야 한다. '못#입-', '못#일어나' 등에서도 여러 곡용형(체언+조사)을 준비할 필요가 있다.

35. 꽃이름	①꼬디름	②꼰니름	36. 밭이름	①바디름	②반니름	
37. 월요일	①워료일	②월료일	38. 협연	①혀변	②혐년	
39. 흡연	①흐변	②흠년	40. 흑연	①흐견	②흥년	
41. 식욕	①시곡	②싱녹	42. 자식욕	①자시곡	②자싱녹	
43. 탐욕	①타목	②탐녹	44. 반신욕	①반시녹	②반신녹	
45. 환율	①화뉼	②환뉼	46. 작열	①자졀	②장녈	
47. 진열	①지녈	②진녈	48. 금연	①그면	②금년	
49. 지급연기	①지그변기	②지금년기	50. 징집연기	①징지변기	②징짐년기	
51. 화약연기	①화야견기	②화양년기	52. 저녁연기	①저녀견기	②저녕년기	
53. 토막연기	①토마견기	②토망년기	54. 즉석연기	①즉써견기	②즉썽년기	
55. 즉흥연기	①즈쿵연기	②즈쿵년기	③즈긍연기	④즈긍년기		
56. 북한연구	①부카년구	②부칸년구	③부가년구	④부간년구		

[설문 3]

1. 경찰관+요? ①경찰과뇨 ②경찰관뇨 (cf. ③경찰과니요)

2. 직업+요? ①지거뵤 ②지검뇨 (cf. ③지거비요)

3. **물+요?** ①무료 ②물료 (cf. ③무리요)

4. 꽃+요? ①꼬됴 ②꼬쇼 ③꼬초 ④꼰뇨 (cf. ⑤꼬시요 ⑥꼬치요)

5. 나는+요? ①나느뇨 ②나는뇨

6. 물은+요? ①무르뇨 ②무른뇨

7. 뭘+요? ①뭐료 ②뭘료

8. 나는+예(경상도 출신만 답변) ①나느녜 ②나는녜

※ "형, 오늘 술 한잔?" "(형이 망설이며) 오늘야~"

9. 오늘+야(전라도 출신만) ①오느랴 ②오늘랴

※ "**나는야** 아름다운 행복한 스마일 공주"와 같은 문맥

10. 나는+야 ①나느냐 ②나는냐

※ "물은야 이 정도는 돼야지"와 같은 문맥

11. 물은+야 ①무르냐 ②무른냐

[설문 4]

1. 밭+요? ①바됴 ②바쇼 ③바초 ④반뇨 ⑤바시요 ⑥바치요

2. 밑+요? ①미됴 ②미쇼 ③미초 ④민뇨 ⑤미시오 ⑥미치요

3. 끝+요? ①끄됴 ②끄쇼 ③끄초 ④끈뇨 ⑤끄시오 ⑥끄치요

4. 곁+요? ①겨됴 ②겨쇼 ③겨초 ④견뇨 ⑤겨시오 ⑥겨치요

5. 바깥+요? ①바까됴 ②바까쇼 ③바까초 ④바칸뇨 ⑤바까시오 ⑥바까치요

지역에 따라 '월요일'을 '일요일', '목요일', '금요일' 등과 대비하여 조사하여야 한다.

트로트 '단장의 미아리고개'를 부를 때, 50년대 이해연 님은 '화야견기'라 하고 2020년대 송가인 님은 '화양년기'라 한다. 세대차보다는 가수 출신지의 차이에 따른 발화일 가능성이 높다.

'즉흥(즈긍/즈쿵)', '북한(부간/부칸)'과 관련해서도 설문지를 꼼꼼히 작성할 필요가 있다. '육학년(유강년/유캉년', '야속하다(야소가다/야소카다)', '밥해(바배/바패)', '더울힘들지(더우김들지/더우킴들지)' 등 다양한 환경이 망라되어야 한다.

'물요(무료/물뇨/물이요)'의 경우, 동남방언에서는 '물이요'와 같은 발화가 잘 일어나지 않는다. ㄴ 첨가된 '물뇨'로의 발화가 지배적이다. 지역에 따라 설문지의 구성이 큰 차이를 보일 수 있다.

'나느냐/나는냐', '화뉼/환뉼', '지녈/진녈' 등은 일반인이 구분하기가 쉽지 않다. 피험자에게 발음 교육을 제대로 시킨 후 설문에 임해야 한다. 발음을 정확히 읽어 주고 하나를 택하는 방법도 생각해 볼 수 있다.

2 '모기'의 방언 지도: 비원순모음화, 움라우트

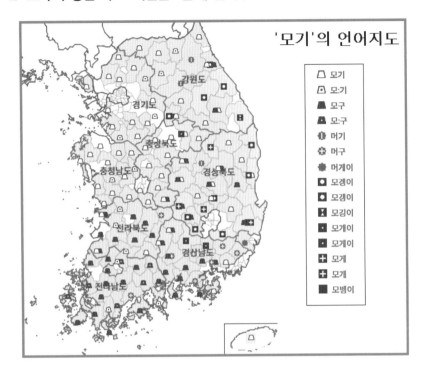

'모기'의 언어지도

모기	
모:기	
모구	
모:구	
머기	
머구	
머게이	
모갱이	
모갱이	
모깅이	
모게이	
모게이	
모게	
모게	
모뱅이	

표준어 '모기'에 대응하는 방언형은 크게 세 계열로 나뉜다. '모기' 계열과 '모갱이' 계열, '머기' 계열이 그것이다.

먼저 표준어와 동일한 방언형 '모기'는 충청도, 경기도, 강원도에 집중되어 있음을 알 수가 있다. '모기'의 이전 시기 형태 '모긔>모긔'를 고려하면 '모구'로의 변화는 쉽게 짐작할 수 있다. '거믜>거무', '나븨>나븨>나부' 등에서 그 동일한 변화를 확인할 수 있다. '모구' 형태는 전라남북도, 경상남도 등 대부분 남부 지역에 분포되어 있음을 알 수 있다. '모기>뫼기'와 같이 움라우트('아기>애기', '고기>괴기' 등의 'ㅣ' 역행동화)가 일어나지 않은 이유 또한 이전 시기의 어형 '모긔'와 관계된다. 움라우트 규칙이 활발할 때에는 '모기' 형태가 아니라 '모긔' 형태를 취하고 있었기에 움라우트가 적용될 수 없었다. '모긔'에는 아예 'ㅣ'모음이 없었던 것이다.

한편 '모갱이' 형태는 '모기'에 접사 **'-앙이'**가 결합되어 변화한 것인바,

'고양이'(괴+앙이)', '파랭이', '염생이' 등에서 접사 '-앙이'를 확인할 수 있다.

‘아기>애기’에서와 같이 움라우트가 적용되어 ‘모갱이’ 형태가 발생했다. ‘모갱이’ 형태는 경상남도 북부와 경북에, 그리고 강원도에까지 분포되어 있음을 알 수 있다.

‘머기’ 계열은 모음 ‘ㅗ’가 ‘ㅓ’로 바뀌었기에 비원순모음화로 처리될 수도 있다. 사실 비원순모음화는 ‘보리>버리’, ‘봇나무>벗나무’, ‘본뜨다>번뜨다’, ‘볼>벌’ 등과 같이 모음 ‘ㅗ’에 후행하는 자음이 ‘ㄴ’계, ‘ㄹ’계, ‘ㅅ’계가 대부분이다. 그런데 ‘모기’는 후행하는 자음이 ‘ㄱ’이기 때문에 비원순모음화의 환경을 충족시키지 못한다. 편의상 특별한 비원순모음화로 기술한다. ‘머기’, ‘머구’ 계열은 경상남도에 집중되어 있다.

아래에서는 ‘-앙이>앵이’에서 확인되는 움라우트에 대해 알아본다. 움라우트 또한 아래에 제시된 모음체계를 통해 쉽게 이해할 수 있다.

혀의 전후 위치 / 입술 모양 · 혀의 높낮이	전 설		후 설	
	비원순	원 순	비원순	원 순
고 모 음	ㅣ i	ㅟ ü	ㅡ ɨ	ㅜ u
중 모 음	ㅔ e	ㅚ ö	ㅓ ə	ㅗ o
저 모 음	ㅐ ɛ		ㅏ a	

움라우트는 후설모음이 그 짝을 이루는 전설모음으로 바뀌는 변화이다. 위 표에서 후설모음 다섯이 확인된다. 움라우트 역시 다섯 부류가 있다. ‘ㅏ>ㅐ’, ‘ㅓ>ㅔ’, ‘ㅡ>ㅣ’, ‘ㅗ>ㅚ’, ‘ㅜ>ㅟ’가 그것이다.

① ㅏ>ㅐ 아비>애비
② ㅓ>ㅔ 어미>에미
③ ㅡ>ㅣ 등겨>딩겨
④ ㅗ>ㅚ 고기>괴기
⑤ ㅜ>ㅟ 꾸미>뀌미

'모기+앙이'에서 '-앙이'가 '-앵이'로 변화한 것은 위 첫 번째 유형에 해당한다. 제시된 '아비>애비'를 포함하여 '아기>애기', '방망이>방맹이' 등을 대표적인 예로 볼 수 있다.

3. 성조 방언의 특징: 성조형과 비어두 장음

경상도 화자의 '가가가가가'와 '2의 2승, 2의 e승, e의 2승, e의 e승'은 특이한 발음으로 잘 알려져 있다. 다음에서 의미의 **대립**을 확인해 보자.

> 한국어처럼 어미가 발달한 언어에서는 통사적 구성이 다르더라도 최소대립어가 될 수 있는 어형이 꽤 많다. 즉 발화되는 분절음은 동일하며 성조에 의해 의미가 변별된다면 제시된 자료도 최소대립어가 될 수 있겠다.

> 부사 '잘'은 화자의 정서나 태도에 따라 장음으로 실현되기도 한다. '자:꾸-(頻)', '따뜻:하-(溫)', '듬:뿍(滿)' 등 상당히 많은 어형들에서 이러한 표현적 장음이 확인된다.

▌경북동부방언권

① 자란다(HLL, 잠#자라고#한다, 자라+ㄴ다)

② 자란다(HHL, 30cm 자라고#한다)

③ 자란다(LHL~LHH, 잘한다)

④ 자란다(L:HH, 부사 '잘'의 표현적 장음, **잘:한다**)

⑤ 자란다(RHL 저#아이란다)

⑥ 자란다(FLL, 실을#자아내라고#한다)

▌경남동부방언권

① 자란다(LHL, 잘한다)

② 자란다(HHL, 30cm 자라고#한다)

③ 자란다(HLL, 잠#자라고 한다, 자라+ㄴ다)

④ 자란다(FLL 저#아이란다, 실을#자아내라고#한다)

⑤ 자란다(L:HH, 부사 '잘'의 표현적 장음, 잘:한다)

경북 동부는 6가지가 변별되며 경남 동부는 5가지가 변별된다. '저#아이'를 뜻하는 단음절 단어가 경북은 상승조로 실현되며 경남은 하강조로 실현된다.

중국어나 한국어나 한 단어에 배당되는 성조라는 측면에서는 같은 것으로 간주된다. 다만 중국어는 한 단어가 대체로 한 음절이다. 그 음절에 네 부류의 성조가 있으니 일반적으로는 중국어와 같은 언어를 전형적인 성조언어라고 한다. 반면 한국어는 한 단어가 한 음절 또는 여러 음절로 구성된다는 점이 중국어와 다른 언어유형론적 특징이다.

한 단어에 배당되는 한국어의 성조형은 일본어와 달리 의외로 많다. 단음절 성조형 4개, 2음절 성조형 7개, 3음절 성조형 11개 등을 확인할 수 있다. 이론적으로 중국어는 2음절일 경우 '4×4'의 성조형을 가질 수 있으나 경북방언의 경우 **성조 배열제약** 때문에 **7가지 성조형** ― 경남방언과 동북방언의 성조형에 비해 상대적으로 많은 경북방언의 성조형 ― 이 확인된다. 이 때문에 성조 언어로서의 자격을 의심하는 이들도 많으나 고조와 저조를 갖는 일본어와는 차원이 다르다는 점을 주목해야 한다.

다음으로는 음장방언에서의 장음과 성조 방언에서의 장음(잉여적 장음)의 차이를 확인해 보려 한다. 음장방언의 경우 장음은 첫 음절에서만 의미가 있다. 합성어와 대비해 볼 수 있다.

눈:이 온다.　　　　첫눈이 온다.
말:이 새어 나간다.　귓속말로 해라.
팽이가 돈:다.　　　떠도는 사람이 많다.
봐:야 한다.　　　　맛봐야 한다.

제시된 장음은 합성어의 둘째 음절 이하에서 모두 그 값을 잃어 버렸다. 복합어가 아니더라도 '이#밤이'가 하나의 기식군이 되면 '밤'은 자동적으로 어두의 자격을 상실한다.

밤:이##맛있네, 이밤이##꽤크네.

그런데 R이나 F에서 파생된 **잉여적 장음**은 비어두에서도 실현된다. 중요한 것은 어두가 저조로 시작해야 비어두에서 긴 톤이 발화된다는 것이다. 다음

음소 배열 제약을 통해 음소변동을 예측할 수 있고 성조 배열 제약을 통해 성조변동을 예측할 수 있다.
다음은 성조방언에서 확인되는 가장 특징적인 성조 배열제약이다.

한 기식군에는 고조가 둘이 놓일 수 없다.

이 제약과 관련된 성조변동규칙을 아래에서 확인할 수 있다.

H꽃+HL부텀 → LHL
LH나물+HL하고 → LLHL

7가지 성조형을 활용형을 통해 제시한다.

가고(LH), 만내(HL), 본다(HH), 띠도(RH), 뛰도(FL), 꺼내(LF), 잘뵈(LR)

동남방언에 고저와 장단이 존재한다는 말은 옳지 않다. Rising tone과 Falling tone에 따른 잉여적인 장음일 뿐이다.

경북서부방언에서 14음절의 긴 기식군에 매료된 적이 있었다. '그소리물르라고그래는가보구만(LLLLLLLLLLLLHL)'이 그것인데 표준어로는 '그 말 묻느라고 그러는가 보구먼'이다. 글 쓴이는 '묻는다(ask)' 대신 '물는다', '걷는다(walk)' 대신 '걸는다'를 이끌어 내기 위해서 이 말 저 말 주문하였다. 제보자가 글쓴이에게 애쓴다는 뜻으로 건넨 매우 빠른 발화가 바로 위 14음절이다. 경북북부의 'ㄷ' 불규칙동사의 기저형은 '묾-', '젊-', '깨닳-' 등 단수기저형으로 설정되기도 한다. 전남의 일부에서도 이런 양상을 확인할 수 있다.

은 경북북부지역(영주, 봉화, 안동, 예천)에서 확인되는 발화이다. **빠른 발화**라면 기식군이 줄어들어 표면성조도 달리 나타날 수 있겠다.

> 떠도:는(LRH)##인생이지만(LHLLL)##그래:도(LRH)##떠밀려:서는(LLFLL)##안된다(LHL).
> 떠도:는인생이지만(LRHLLLLL)##그래:도(LRH)##떠밀려:서는안된다(LLFLLLLL).

첫 번째 기식군(성조군)의 둘째 음절 '도', 세 번째 기식군의 둘째 음절 '래'는 상승의 굴곡톤이 실현되고, 네 번째 기식군의 셋째 음절 '려'에서 하강의 굴곡톤이 실현된다. 중국어도 장단은 그에 따른 잉여적인 것으로 파악하듯이 한국어도 마찬가지이다. 한국어의 비어두 장음이 그래서 중요하다. 이것이 장단이라면 둘째 음절에서 실현될 수 없기 때문이다. 동남방언이라 하더라도 '첫눈(HH)', '귓속말(HHL)' 등은 첫 음절이 저조가 아니기에 비어두에서 상승조가 유지되지 못한다.

4. 성조를 고려한 복수기저형

다음으로는, 음장방언에서는 단수기저형으로 설정해야 하는 용언도 성조방언에서는 복수기저형을 가지는 것으로 파악해야 하는 경우를 보기로 하겠다. 다음은 하위방언권에 따라 조금씩 차이는 있으나 성조측면에서 매우 불규칙한 양상을 보인다. 다음은 경북방언 자료이다.

> ① '가+아도 → 가'도'(HH)'류
> 갇따, 가서, 가는, 가노, 가나(이상 HH), 가시고, 가시니, 가 시면, 갇띠라(이상 HHL), 가시이까(이상 HHLL)
> ② '가+아라 → 가라(RH)'류
> 가마, 갈따, 갈리~갈래(이상 RH), 가래이, 갈라나, 갈란지(이상 RHL)

③ '가+고 → 가'고(HL)'류

가면, 가제, 가이, 가며, 가고, 가게(이상 HL), 가이깨네(HLLL)/가거나, 갈
쑤룩, 가지도(이상 LHL)

중세국어에서는 '-올/-을', '- ᄋᆞ리/-으리', '-은/-은', '- ᄋᆞ니/-으니', '- ᄋᆞ며/-으
며', '-고', '-더', '-게' 등의 어미 앞에서는 어간이 평성으로 실현되고, '- ᄋᆞ시-
/-으시-', '-ᄂᆞ-', '-슬-', '-아/-어' 등의 어미 앞에서는 거성으로 실현된다. 위에
서도 중세국어와의 대응을 엿볼 수 있다. ②의 경우가 특이하다고 할 수 있
다. '가라(RH)', 가마(RH)', '갈라나(RHL)', '갈따(RH)' 등에서의 상승조는 중
세국어의 선어말어미 '-오/우-'와 관련시키는 것이 보다 합리적으로 보인다.
중세국어의 약속법 어미가 **'-오마'**로 실현되었음을 상기한다면, '가마(RH)'
에서의 복합조는 이해될 수 있다. '갈라이껴(RHLL)', '갈라나(RHL)' 등은 청
자의 의향을 묻는 경우로 파악하면 되겠다. '가라(RH)' 또한 청자의 의향을
묻는 것으로 이해될 수 있다. '가면 안 되겠느냐' 정도의 문맥이라면 청자의
의향과 관련될 수 있다고 판단된다.

문제는 제시된 예들을 공시적으로 어떻게 기술하는가 하는 점이다. 적어도
성조방언이라면 성조까지를 고려하여 기저 표시(underlying representation)를
해야 할 것인데, 그렇다면 용언 '가-'의 경우만 해도 세 가지 복수기저형을
설정해야 한다. '가(HH 패턴의 H)-', '가(R)-', '가(HL 패턴의 H)'로 설정될 수
있다.

용언 '있-(有)'도 복수기저형으로 처리된다.

읻'꼬, 이'써도
이씨'이, 이씨'면

음장방언에서는 제시된 용언을 '있-' 단수기저형으로 설정한다. 그런데 성
조방언에서는 '있-'의 기저 표시 문제가 그리 간단치 않다. 매개모음어미와

15세기에는 '보+오마 → :보마',
'가+오마 → :가마'와 같이 상성
이 실현되었다. 평성의 '보'가
거성의 '오'와 결합하여 상성으
로 실현된 것이다. 중세국어에
서도 '보+오마 → :보마'로 표기
되었다. 좌가점(左加點) 즉 방점
(傍點)은 상성 표시이다.

통합하는 경우에 특별한 성조형이 실현된다. 성조변동을 공시적으로 예측할 수 없으므로 단수기저형 '있-'을 설정할 수 없다. 그러므로 복수기저형 '있-(HL 패턴의 H)', '이씨(LH)-'로 파악해야 한다.

5. 성조 층위의 기저형

음소 층위에서와 동일한 방법으로 교체되는 성조를 어떻게 설명하느냐에 따라 성조 층위의 기저형은 결정될 것이다.

> 감자부터(LLHL), 감자꺼짐(LLHL)
> 감자가(LHL), 감자도(LHL)

이형태를 통해 기저형을 설정하듯 이성조(LL과 LH)를 통해 기저성조를 설정한다. 성조론을 따로 특별한 것으로 기술할 필요가 없다.
또한 음소 배열 제약에 따라 음운 변동이 파생되듯 성조 배열 제약에 따라 성조 변동이 파생되는 것으로 파악하는 것이 합리적이다. 규칙 'LH+HL → LLHL'는 한 성조군(기식군)에는 하나의 고조만 놓이는 제약에서 파생된 것이다. 선행 성분의 고조가 저조로 변동할 수도 있고 후행 성분의 고조가 저조로 변동할 수도 있는데 한국어에서는 선행 성분의 고조가 저조로 변동한다.

어간 '감자'의 성조는 어미에 따라 각각 **LL과 LH**로 교체된다. 어간의 성조가 교체되어 나타나면 그 기저성조는 H로 끝난다. '감자'는 2음절 어간이므로 그 기저성조는 LH으로 설정할 수 있다.

> 국시버터(HLLL), 국시꺼짐(HLLL)
> 국시가(HLL), 국시도(HLL)

어간 '국시'의 성조는 어미에 관계 없이 HL로만 실현된다. 성조가 어떤 환경에서도 교체되지 않고 나타나면 교체되지 않는 그 성조가 바로 기저성조이다. 그러므로 '국시'의 기저성조는 HL로 설정될 수 있다.

6. 'ㄹ' 뒤 'ㄷ', 'ㅅ', 'ㅈ'의 경음화(경북방언)

'ㄹ' 다음에 'ㄷ', 'ㅅ', 'ㅈ'의 경음화는 고유어에서도 일면을 확인할 수 있다. 사실은 형태소 내부에서 '말짱', '날짜', '날씨', '훨씬', '쫄딱', '깔때기'처럼 'ㄹ' 뒤 'ㄷ', 'ㅅ', 'ㅈ'이 《표준국어대사전》에는 거의 보이지 않는다.

몇몇 동식물명('날새기', '열당과' 등)에서나 확인될 뿐이다. 'ㄹ' 뒤 'ㄷ', 'ㅅ', 'ㅈ' 평음을 음절초에 전사한 방언형도 거의 보이지 않는다.

　다음 자료는 곡용(체언+조사)에서 나타나는 'ㄹ' 뒤에서의 경음화 과정을 보여 준다.

　　절+대로 → 절때로(결)
　　내말+대로 → 내말때로(言)
　　질+대로 → 질때로(道)
　　cf. 내말또, **길또**, 잘또한다(잘도#한다)

*산또, *담또, *상또 - 다만 젊은 층에서는 경음화형으로 발화되기도 한다.

'ㄷ'으로 시작하는 조사가 더 이상 발견되지는 않지만 곡용에서의 경음화는 'ㄹ-ㄷ'의 연쇄인 경우에 가능하다는 것을 알 수 있다.

　그런데 'ㄹ-ㄷ'의 연쇄에서뿐만 아니라 'ㄹ-ㅈ'의 연쇄에서도 가능함을 확인할 수 있다.

　　내말+조차 → 내말쪼차(言)
　　질+조차 → 질쪼차(道)
　　물+조차 → 물쪼차(水)

　아울러 '불#살리고', '발#담가', '물#잠가', '예를#들면', '딸#둘', '딸#셋', '아들+들' 등에서 수의적으로 경음화가 실현되기도 한다. 이들이 모두 'ㄹ' 뒤 'ㄷ', 'ㅅ', 'ㅈ'의 연쇄인 것이다. 경북방언에서만큼은 아니지만 서남방언에서도 이러한 경음화는 산발적으로 확인된다.

7. 고대국어의 '어미 아(X)'

　무왕과 관련된 '서동요'에는 '선화공주님은 … 얼아두고'라는 표현이 등장한다. '얼아두고'의 '얼-'을 한자로 표현하면 嫁이다. 이 한자의 경우 현재는 황진이 시조의 '어론님 오신날 밤이여든 구뷔구뷔 펴리라'에 서도 '얼-'이 확인된다. '얼+오/ 우+ㄴ+님'은 '사랑하는 임' 정 도로 이해된다. 여기서 '-오/우-' 는 '관형 구성'에서 확인되는 선 어말어미이다.

'시집가다' 정도로 알려져 있으나 당시의 뜻은 '얼-'이었다. 우리가 잘 아는 '어른'이라든가 '어르신'은 '얼다'에서 나온 말이다. '**얼다**'는 사람으로 치면 '하룻밤을 같이하다' 정도의 의미가 된다. '얼-'에서 바로 '얼운>어른', '얼으 신>어르신'이 나온 것이다. '어른'은 얼어 본 경험이 있는 사람, '어르신'은 '얼어 본 경험이 있으신 분'이라는 뜻이다. 그러면 '얼어두고'는 '사랑해 두 고' 정도의 의미로 파악될 텐데 — '멀어'의 경주 말은 '멀아', '접어'의 경주 말은 '접아'인 것을 감안하면 — 당시에는 '얼아두고'라 했을 가능성이 높다. '얼아두고'를 표기하려 한 노력이 바로 '嫁良置古(가량치고)'이다.

'제망매가'에는 다음과 같은 구절이 있다.

浮良落尸葉如
뻐딜 닙다히(양주동 교수 해독)
뜰어딜 닙ᄀᆞᆫ(김완진 교수 해독)

초기부터 '良'이 '아'로 읽히지는 않은 듯하다. 처음에는 '嫁良(얼아)', '入 良(들아)' 등의 발음 '어라', '드라'가 한몫을 했을 가능성이 있다. '어라', '드 라'를 재분석하니 '얼+아', '들+아'가 된다. 이런 의식이 생긴 이후부터 '아' 로도 표기되었을 수 있다. 신라 수도인 경주를 포함하여 경북 동해안 쪽에 가면 '입아', '묵아', '접아' 등을 들을 수 있다. 이때의 어미 '-아'가 1500년 전에 바로 良으로 표기된 것이다. 그러니 '뜰어딜'보다는 '뜰아딜'로 해독하 는 것이 좋다. 방언형 '이가라(이기어라)', '빠자도(빠지어도)', '기타(끼치어/ 남기어)' 등도 참고할 수 있다.

'얼아두고'에서의 어미 '-아'와 관련하여 동해안방언에서의 특이 형태를 소개한다. 동해안에서는 2000년대까지도 '스무날아', '인날아'라는 말을 명확 히 들을 수 있다. 이는 알타이어족의 처격 조사 '-아/어'에 대응하는 것이다. '스무날에', '옛날에'라는 말이 표준어이다. 1980년대 심마니 말에서도 확인

된다. 현재 경주말, '주마(주미+아, 주머니에)', '기타(기타+아, 귀퉁이에)' 등
을 통해서도 그 존재를 알 수 있다. 경주가 신라의 수도였으니 신라의 표준어
는 경주 말이었던 것이다. 다음에서 향가에 나타난 처격조사 '아'를 확인할
수 있다.

一等隱<u>枝良</u>出古	**갖아**
<u>彌陀刹良</u>逢乎吾	미타찰아
東京明期<u>月良</u>	달아

현대국어 '가지에', '미타찰에', '달에'에 대응된다.

참고논저

강옥미(2003), 『한국어 음운론』, 태학사.

강창석(1982), 「현대 국어의 형태소 분석과 음운 현상: 활용, 곡용에서의 '으-Ø'를 중심으로」, 『국어연구』 50, 국어연구회.

강창석(1989), 「현대국어 음운론의 허와 실」, 『국어학』 19, 국어학회, 3-40.

강희숙(2002), 「≪천변풍경≫의 음운론」, 『국어학』 40, 171-194.

고광모(2014), 「체언 끝의 변화 'ㄷ, ㅈ, ㅊ, ㅌ > ㅅ'에 대한 재론」, 『언어학』 70, 한국언어학회, 3-22.

고동호(1995), 「제주 방언의 움라우트 연구」, 『언어학』 17, 한국언어학회, 3-24.

고영근(1992), 「형태소란 도대체 무엇인가」, 『남사이근수박사 환력기념논총』, 이병근·채완·김창섭(1993)에 재수록, 11-23.

곽충구(1994가), 『함북 육진방언의 음운론』, 태학사.

곽충구(1994나), 「계합 내에서의 단일화에 의한 어간 재구조화」, 『남천박갑수선생화갑기념논문집』, 태학사, 549-586.

곽충구(2001), 「구개음화 규칙의 발생과 그 확산」, 『진단학보』 92, 진단학회, 237-268.

곽충구(2003), 「현대국어의 모음체계와 그 변화의 방향」, 『국어학』 41, 국어학회, 59-91.

곽충구(2011), 「구개음화 규칙의 전파와 어휘 확산: 조선족 육진방언의 경우」, 『국어학』 61, 국어학회, 3-40.

곽충구(2015), 「육진 방언의 어간말 자음과 그 변화」, 『방언학』 22, 한국방언학회, 137-169.

구현옥(1999/2003), 『국어 음운학의 이해』, 한국문화사.

권인한(1987), 「음운론적 기제의 심리적 실재성에 대한 연구」, 『국어연구』 76, 국어연구회.

기세관(1985), 「중부방언과 전남방언의 모음 대응에 대한 통시적 고찰」, 『나랏말』 창간호, 순천대 국어교육과, 226-258.

김경숙(2015), 『한국 방언의 지리적 분포와 변화』, 역락.

김경아(1996), 「위치동화에 대한 재검토」, 『국어학』 27, 국어학회, 131-156.

김경아(2000), 『국어의 음운표시와 음운과정』, 태학사.

김경아(2008), 「패러다임 간의 유추에 따른 어간 재구조화」, 『어문연구』 140, 한국어문교육연구회, 103-129.

김경표(2013), 「전남도서 방언의 음운론적 대비 연구」, 전남대대학원(박사).

김고은(2018), 「경남방언의 성조」, 『방언학』 28, 한국방언학회, 83-108.

김덕호(1997), 「경북방언의 지리언어학적 연구」, 경북대대학원(박사).

김동은(2020), 「경상북도 방언 모음조화의 변화」, 『국어학』 94, 국어학회, 205-233.

김무림·김옥영(2009), 『국어음운론』, 새문사.

김무식(1986), 「경상도 방언 /어/와 /으/ 모음의 실험 음성학적 연구」, 경북대대학원(석사).

김봉국(2002), 「강원도 남부지역방언의 음운론」, 서울대대학원(박사).

김봉국(2003), 「복수기저형의 유형 (1) -형성 요인의 관점에서」, 『진단학보』 95, 진단학회,
165-199.

김봉국(2013), 「정도성에 의한 음소 대립」, 『방언학』 18, 91-105.

김선철(2005), 『국어 억양의 음운론』, 태학사.

김성규(1988), 「비자동적 교체의 공시적 기술」, 『관악어문연구』 13, 서울대 국어국문학과,
25-44.

김성규(1989), 「활용에 있어서의 화석형」, 『주시경학보』 3, 탑출판사, 159-165.

김성규(2001가), 「'이-'의 음운론적 특성」, 『국어학』 37, 국어학회, 285-313.

김성규(2001나), 「음성 언어 층위와 문자 언어 층위의 위상에 대한 연구」, 『언어학』 30, 한국
언어학회, 65-88.

김성규(2003), 「'여>예>에'의 변화 과정에 대하여」, 『관악어문연구』 28, 서울대 국어국문학과,
161-182.

김성규(2004), 「'워>오'의 통시적 고찰」, 『국제어문』 30, 국제어문학회, 5-26.

김성규·정승철(2005), 『소리와 발음』, 한국방송통신대학교출판부.

김세진(2006), 「경남 서남부 방언의 성조 연구」, 충남대대학원(박사).

김세환(2005), 「청송 지역어의 음운론적 연구」, 『국어연구』 180, 국어연구회.

김세환(2018), 「경북방언의 성조」, 『방언학』 28, 한국방언학회, 63-81.

김소영(2009), 「이중모음 '의'의 통시적 변화 연구」, 『국어연구』 213, 국어연구회.

김소영(2019), 「국어 쌍형어 연구」, 서울대대학원(박사).

김수영(2014), 「체언어간말자음의 변화: 격음 말음 어간을 중심으로」, 『방언학』 19, 한국방언학
회, 93-119.

김수영(2021), 「한국어 자음 말음 어간의 형태음운론적 변화에 대한 연구」, 서울대대학원(박
사).

김수현(2015), 「중앙아시아 고려말의 공시 음운론: 원 함남 단천 지역어를 중심으로」, 서강대학
원(박사).

김아름(2008), 「국어의 고모음화 현상 연구」, 아주대대학원(석사).

김아름(2011), 「모음조화의 변화 양상 연구: 활용·곡용을 중심으로」, 『국어연구』 226, 국어연구
회.

김아영(2009), 「외래어형 형성과정에 대한 음운론적 연구」, 『국어연구』 214, 국어연구회.

김영규(2019), 「방언의 형태론적 분화와 어휘사: '씻나락(種稻)'의 방언분화론」, 『국어학』 91,
국어학회, 219-235.

김영선(1993), 「모음충돌회피 현상의 음운론적 의미」, 『동아어문논집』, 3, 동남어문학회,
207-238.

김옥화(2001), 「부안지역어의 음운론적 연구」, 서울대대학원(박사).

김완진(1972), 「형태론적 현안의 음운론적 극복을 위하여: 이른바 장모음의 경우」, 『동아문화』 11, 서울대 동아문화연구소, 271-299.

김완진(1977), 『중세국어성조의 연구』, 탑출판사.

김유겸(2012), 「인제지역어의 음운론: 방언 접촉 현상과 관련하여」, 『국어연구』 232, 국어연구회.

김유범(1999), 「관형사형어미 '-ㄹ' 뒤의 경음화 현상에 대한 통시적 고찰」, 『한국어학』 10, 한국어학회, 5-25.

김인기(1998), 『강릉 방언 총람』, 한림출판사.

김정우(1984), 「국어 음운론의 경계문제에 관한 연구」, 『국어연구』 59, 국어연구회.

김정우(1994), 「음운현상과 비음운론적 정보에 관한 연구」, 서울대대학원(박사).

김정태(1996), 『국어 과도음 연구』, 박이정.

김종규(2003), 「히아투스와 음절」, 『한국문화』 31, 서울대 한국문화연구소, 1-22.

김주원(1997), 「구개음화와 과도교정」, 『국어학』 29, 국어학회, 33-49.

김주원(2000), 「영남방언 성조의 특성과 그 발달」, 『어문학』 69, 한국어문학회, 91-115.

김주필(1994), 「17·8세기 구개음화 관련 음운현상에 대한 통시론적 연구」, 서울대대학원(박사).

김주필(2011), 「송준길가 한글편지에 나타나는 구개음화의 양상과 특징: 발신자의 '세대', '성', '수신자와의 관계'를 중심으로」, 『국어학』 61, 국어학회, 61-92.

김지은(2020), 「국어의 음운론적 단어 재고」, 『어문연구』 185, 한국어문교육연구회, 57-84.

김차균(2015), 『방점법에 바탕을 둔 우리말의 성조』, 역락.

김춘자(2007), 「함경남도 삼수지역어의 음운론적 연구」, 서울대대학원(박사).

김한별(2017), 「안동지역 반촌어의 음운 변화: 후기근대 문헌자료와 현대 음성자료 간의 실재시간 연구」, 『국어학』 84, 국어학회, 185-238.

김 현(2001), 「활용형의 재분석에 의한 용언 어간 재구조화」, 『국어학』 37, 국어학회, 85-113.

김 현(2002), 「활용형의 재분석에 의한 재구조화와 불명추론」, 『어학연구』 38-3, 서울대 어학연구소, 779-799.

김 현(2003/2006), 『활용의 형태음운론적 변화』, 태학사.

김 현(2011), 「경음화의 발생: 비어두 무성무기음의 음소적 인식」, 『국어학』 62, 107-129.

김 현(2018), 「공시음운론과 음성학」, 『국어학』 85, 369-398.

김혜영(2004), 「통영 방언의 불규칙 활용 연구」, 『형태론』 6-1, 박이정, 25-42.

도수희(1981), 「충남방언의 움라우트 현상」, 『방언』 5, 한국정신문화연구원, 1-20.

박경래(1985), 「괴산방언과 문경방언의 자음군단순화에 대한 세대별 고찰」, 『방언』 8, 한국정신문화연구원, 23-56.

박기영(1995), 「국어 유음에 대한 통시적 고찰」, 『국어연구』 131, 국어연구회.

박기영(2005), 「개화기 한국어의 음운 연구」, 서울대대학원(박사).

박선우(2006), 「국어의 유추적 음운현상에 대한 연구」, 고려대대학원(박사).

박숙희(1999), 「영일 지역어의 형태음운론적 연구」, 충남대대학원(석사).

박종덕(2005), 『안동지역어의 음운연구』, 박이정.

박진혁(2014), 「함북 경흥 지역어의 성조론」, 서강대대학원(박사).

박창원(1987), 「표면음성제약과 음운현상: 고성지역어의 음절구조를 중심으로」, 『국어학』 16, 국어학회, 301-324.

박창원(1991), 「음운 규칙의 변화와 공시성」, 『국어학의 새로운 인식과 전개』, 민음사, 297-322.

방언연구회(2001), 『방언학사전』, 태학사.

배영환(2005), 「'ㅎ' 말음 어간의 재구조화 연구」, 한국학중앙연구원(박사).

배영환(2008), 「국어 음운론에서의 '패러다임'의 성격에 대하여」, 『새국어교육』 78, 한국어교육학회, 319-340.

배윤정(2017), 「모음의 완전순행동화에 대한 연구」, 『국어연구』 269, 국어연구회

배주채(1989), 「음절말자음과 어간말자음의 음운론」, 『국어연구』 91, 국어연구회.

배주채(1993), 「현대국어 매개모음의 연구사」, 『주시경학보』 11, 탑출판사, 73-106.

배주채(1994/1998), 『고흥방언 음운론』, 태학사.

배주채(1996/2018), 『국어 음운론 개설』, 신구문화사.

배주채(2001), 「지정사 활용의 형태음운론」, 『국어학』 37, 국어학회, 33-59.

배주채(2003), 「한자어의 경음화에 대하여」, 『성심어문논집』 25, 성심어문학회, 247-283.

배주채(2003/2013), 『한국어의 발음』, 삼경문화사.

배주채(2015), 『한국어음운론의 기초』, 신구문화사.

배혜진(2015), 「달성지역어 전설모음화의 변화 과정」, 『어문학』 129, 한국어문학회, 1-21.

백금란(2019), 「함경남도 신흥 지역어의 성조 연구」, 서울대대학원(석사).

백두현(1982), 「성조와 움라우트: 성주·금릉지역어를 중심으로」, 『어문논총』 16, 경북어문학회, 145-157.

백두현(1985), 「상주화북지역어의 음운론적 연구」, 『소당천시권박사화갑기념논총』, 형설출판사, 85-109.

백은아(2016), 「전북 방언의 형태음운 현상 연구」, 전북대대학원(박사).

서승완(2019), 「ㄹ의 분포 제약에 대하여」, 『어문연구』 181, 한국어문교육연구회, 75-99.

서재극(1969), 「경주방언의 부사형 -a와 향찰 '-良-'」, 『어문학』 21, 한국어문학회, 87-99.

성인출(1998), 「국어의 hiatus 회피 거부 현상」, 『한민족어문학』 33, 한민족어문학회, 223-256.

소강춘(1989), 『방언분화의 음운론적 연구』, 한신문화사.

소신애(2004), 「어간 재구조화의 진행 과정(1)」, 『어문연구』 124, 한국어문교육연구회, 117-139.

소신애(2009), 『음운론적 변이와 변화의 상관성』, 태학사.

송기중(1992), 「현대국어 한자어의 구조」, 『한국어문』 1, 한국정신문화연구원, 1-85.

송원용(2005) 『국어 어휘부와 단어 형성』, 태학사.

송철의(1977), 「파생어형성과 음운현상」, 『국어연구』 38, 국어연구회.

송철의(1982), 「국어의 음절문제와 자음의 분포제약에 대하여」, 『관악어문연구』 7, 서울대 국어국문학과, 175-194.

송철의(1990), 「자음동화」, 『국어연구 어디까지 왔나』, 동아출판사, 2-32.

송철의(1991), 「국어 음운론에 있어서 체언과 용언」, 『국어학의 새로운 인식과 전개』, 민음사, 278-296.

송철의(1995가), 「곡용과 활용의 불규칙에 대하여」, 『진단학보』 80, 진단학회, 273-290.

송철의(1995나), 「국어의 활음화와 관련된 몇 문제」, 『단국어문논집』 창간호, 단국대 국어국문학과, 269-292.

송철의(2000), 「형태론과 음운론」, 『국어학』 35, 국어학회, 287-311.

송철의(2008), 『한국어 형태음운론적 연구』, 태학사.

신승용(2004), 「'ㅓ'[ɘ] 원순모음화 현상 연구」, 『국어학』 44, 국어학회, 63-88.

신승용(2013), 『국어 음운론』, 역락.

신승용(2018), 「불규칙적 교체의 복수기저형 설정에 대한 비판」, 『어문학』 139, 한국어문학회, 139-159.

신승원(2000), 『의성지역어의 음운론적 분화 연구』, 홍익출판사.

신우봉(2015), 「제주 방언 단모음과 어두 장애음의 음향음성학적 연구」, 고려대대학원(박사).

신지영(2000), 『말소리의 이해』, 한국문화사.

심병기(1985), 「임실지역어의 음운론적 연구」, 전북대대학원(석사).

안소진(2005), 「한자어의 경음화에 대한 재론」, 『국어학』 46, 국어학회, 69-92.

안주현(2009), 「대구, 안동 지역어의 비모음화와 고모음화 연구」, 경북대대학원(석사).

엄태수(1999), 『한국어의 음운규칙 연구』, 국학자료원.

여은지(2016), 「국어 하향이중모음의 변화 연구」, 전북대대학원(박사).

오선화(2010), 「함북 부령지역어의 통시음운론」, 서울대대학원(박사).

오재혁(2017), 「단모음의 길이에 미치는 인접 자음의 영향」, 『한국어학』 76, 55-81.

오정란(1995), 「비음화와 비음동화」, 『국어학』 25, 국어학회, 137-164.

유소연(2019), 「한국어의 사잇소리 현상 연구」, 충남대대학원(박사).

유필재(2001/2006), 『서울방언의 음운론』, 월인.

유필재(2004), 「'말다(勿)' 동사의 음운론과 형태론」, 『국어학』 43, 국어학회, 97-118.

이금화(2007), 『평양지역어의 음운론』, 역락.

이기문(1972), 『국어사개설』, 탑출판사.

이기문(1977), 『국어음운사연구』, 탑출판사.

이동석(2005), 『국어 음운 현상의 공시성과 통시성』, 한국문화사.

이문규(2004), 『국어 교육을 위한 현대 국어 음운론』, 한국문화사.

이문규(2009), 「음운 규칙의 공시성과 통시성-진행 중인 음운 변화의 기술 문제를 중심으로」, 『한글』 285, 한글학회 71-96.

이문규(2020), 「국어학회 60년과 한국어 음운론」, 『국어학』 93, 국어학회, 343-390.

이병근(1970가), 「Ponological & Morphophonological studies in a Kyeonggi Subdialect」, 『국어연구』 20, 국어연구회.

이병근(1970나), 「모음체계와 비원순모음화」, 『동아문화』 9, 이병근(1979)에 재수록, 139-157.

이병근(1973), 「동해안 방언의 이중모음에 대하여」, 『진단학보』 36, 이병근·곽충구 편(1998)에 재수록, 205-225.

이병근(1975), 「음운규칙과 비음운론적 제약」, 『국어학』 3, 국어학회, 17-44.

이병근(1977), 「자음동화의 제약과 방향」, 『이숭녕선생고희기념 국어국문학논총』, 이병근(1979)에 재수록, 1-22.

이병근(1978), 「국어의 장모음화와 보상성」, 『국어학』 6, 국어학회, 1-28.

이병근(1979), 『음운현상에 있어서의 제약』, 탑출판사.

이병근(1981), 「유음탈락의 음운론과 형태론」, 『한글』 173·174, 한글학회, 223-246.

이병근(1986), 「발화에 있어서의 음장」, 『국어학』 15, 국어학회, 11-39.

이병근(2002), 「강원도 정선 지역의 언어 연구」, 『관악어문연구』 27, 서울대 국어국문학과, 45-77.

이병근(2004), 『어휘사』, 태학사.

이병근·곽충구 편(1998), 『방언』, 태학사.

이병근·정승철(1989), 「경기 충청 지역의 방언 분화」, 『국어국문학』 102, 국어국문학회, 45-77.

이병근·채완·김창섭(1993), 『형태』, 태학사.

이병근·최명옥(1997), 『국어음운론』, 한국방송대학교출판부.

이봉원(2002), 「음운 현상과 빈도 효과」, 『한국어학』 15, 한국어학회, 161-184.

이상규(1983), 「경북 지역어의 주격 '-이가'」, 『어문논총』 17, 경북어문학회, 125-143.

이상신(2007), 「'아' 말음 처격형에 대한 음운론적 연구: 경주지역어를 중심으로」, 『어문연구』 134, 한국어문교육연구회, 39-61.

이상신(2008), 「전남 영암지역어의 공시음운론」, 서울대대학원(박사).

이상신(2020), 「언어 및 방언의 접촉과 이에 따른 변화」, 『방언학』 32, 한국방언학회, 35-64..

이상억(2001), 「국어음운현상과 관련된 제약들의 기능부담량에 대한 연구」, 『음성·음운·형태론연구』 7-1, 한국음운론학회, 125-152.

이숭녕(1980), 「쇠멸단계에 들어선 설악산 심메마니 은어에 대하여」, 『방언』 4, 한국정신문화연구원, 1-21.

이승재(1980), 「구례지역어의 음운론적 연구」, 『국어연구』 45, 국어연구회.

이승재(1983), 「재구와 방언분화: 어중 '-ㅅ-'류 단어를 중심으로」, 『국어학』 12, 국어학회, 213-234.

이승재(1994), 「'이다'의 삭제와 생략」, 『주시경학보』 13, 탑출판사, 14-28.

이시진(1986), 「문경지역어의 음운론적 연구」, 영남대대학원(석사).

이익섭(1972), 「강릉 방언의 형태음소론적 고찰」, 『진단학보』 34, 이병근·곽충구 편(1998), 281-312.

이준환(2007), 「고유어와 한자어 구개음화의 상관성」, 『국어학』 49, 국어학회, 33-68.

이진숙(2013), 「고흥지역어와 진도지역어의 음운론적 대비 연구」, 전남대대학원(박사).

이진호(1998), 「국어 유음화에 대한 종합적 고찰」, 『국어학』 31, 국어학회, 81-120.

이진호(2005), 『국어 음운론 강의』, 삼경문화사.

이진호(2006), 「음운 규칙의 공시성을 바라보는 시각」, 『국어학』 47, 국어학회, 39-63.

이진호(2008), 『통시적 음운 변화의 공시적 기술』, 삼경문화사.

이진호(2014), 「형태소 교체의 규칙성에 대하여」, 『국어학』 69, 국어학회, 3-19.

이진호(2017), 『국어 음운론 용어 사전』, 역락.

이진호(2019), 「자동적 교체는 항상 규칙적 교체인가?」, 『국어학』 89, 국어학회, 3-24.

이진호(2020), 「한국어 파열음 체계의 언어 유형론적 고찰」, 『어문연구』 186, 한국어문교육연구회, 5-29.

이혁화(2005/2017), 『방언 접촉과 극어 음운론』, 영남대학교출판부.

이현정(2008), 「산청 지역어의 음운론적 연구」, 『국어연구』 205, 국어연구회.

이현주(2010), 「아산 지역어의 활음 w탈락 현상 연구」, 『국어연구』 221, 국어연구회.

이호영(1996), 『국어음성학』, 태학사.

임석규(1999), 「영주지역어의 음운론적 연구」, 『국어연구』 160, 국어연구회.

임석규(2002가), 「패러다임을 바탕으로 한 곡용어간의 재구조화」, 『형태론』 4-2, 박이정, 319-338.

임석규(2002나), 「음운탈락과 관련된 몇 문제」, 『국어학』 40, 국어학회, 113-138.

임석규(2003), 「동남방언의 성조소에 대한 재검토」, 『국어국문학』 135, 국어국문학회, 37-69.

임석규(2004가), 「동남방언 음운론 연구를 위한 몇 가지 제안」, 『국어학』 43, 국어학회, 63-95.

임석규(2004나), 「재분석에 의한 재구조화와 활용 패러다임」, 『형태론』 6-1, 박이정, 1-23.

임석규(2004다), 「음운규칙 간의 위계 검토」, 『관악어문연구』 29, 서울대 국어국문학과, 301-327.

임석규(2006), 「성조방언에서의 모음동화」, 『이병근교수정년퇴임기념 국어학논총』, 태학사, 1167-1184.

임석규(2007), 「경북북부지역어의 음운론적 연구」, 서울대대학원(박사).

임석규(2008), 「용언 '가-(去)'류의 불규칙적 성조 실현과 화석형」, 『어문연구』 137, 한국어문교육연구회, 187-206.

임석규(2013), 「경음화, 남은 몇 문제」, 『국어학』 67, 167-193.

임석규(2016), 「동남방언의 성조 실현, 그 기저성조와 율동제약」, 『방언학』 23, 한국방언학회, 31-58.

임석규(2017), 「복수기저형과 그 패러다임의 강한 압박」, 『방언학』 25, 한국방언학회, 95-122.

임석규(2019), 「성조 방언의 비어두 장음에 관한 문제 - 만두소:(LLR), 그래:도(LRH) ; 아랫마:(LLF), 바래:고(LFL) 유형」, 『어문연구』 47-1, 7-24.

임석규(2020), 「경상도 방언의 특징과 그 보존 방안」, 『인문학연구』 28, 제주대학교 인문과학연구소, 29-67.

임홍빈(1981), 「사이시옷문제의 해결을 위하여」, 『국어학』 10, 국어학회, 1-35.

장승익(2018), 「황해도 방언의 변이 양상 연구: '전북 완주군 정농 마을'자료를 중심으로」, 전북대대학원(박사).

장윤희(2002), 「현대국어 '르-말음' 용언의 형태사」, 『어문연구』 114, 한국어문교육연구회, 61-83.

장향실(2005), 「ㄴ-ㄹ 연쇄에 대한 표준 발음과 현 발음 경향 분석」, 『국어 연구와 의미 정보』, 841-856.

전광현(1979), 「경남 함양지역어의 음운론적 고찰」, 『동양학』 9, 동양학연구소, 37-58.

전철웅(1990), 「사이시옷」, 『국어연구 어디까지 왔나』, 동아출판사, 186-194.

정명숙(1998), 「국어 자음군단순화 현상에 대한 상응 이론 설명」, 『한국어학』 7, 283-319.

정승철(1988), 「제주도방언의 모음체계와 그에 관련된 음운현상」, 『국어연구』 84, 국어연구회.

정승철(1991), 「음소연쇄와 비음운론적 경계: 제주도방언을 중심으로」, 『국어학의 새로운 인식과 전개』, 민음사, 360-372.

정승철(1995), 『제주도방언의 통시음운론』, 태학사.

정승철(2004), 「j계 상향이모음의 변화: 형태소 내부를 중심으로」, 『언어학연구』 9-1, 제주언어학회, 43-58.

정승철(2008), 「방언형의 분포와 개신파: 양순음 뒤 j계 상향이중모음의 축약 현상을 중심으로」, 『어문연구』 138, 한국어문교육연구회, 99-116.

정승철(2013), 『한국의 방언과 방언학』, 태학사.

정연찬(1977), 『경상도방언성조연구』, 탑출판사.

정원수(1997), 「경북방언 피동사의 성조 연구」, 『어문연구』 29, 어문연구회, 443-464.

정인상(1982), 「통영지역어의 용언 활용에 대한 음운론적 고찰」, 『방언』 6, 한국정신문화연구원, 57-79.

정인호(1995), 「화순지역어의 음운론적 연구」, 『국어연구』 134, 국어연구회.

정인호(2006), 『평북방언과 전남방언의 음운론적 대비 연구』, 태학사.

정인호(2017), 「'ㄷ' 불규칙 용언의 방언학적 고찰」, 『방언학』 26, 한국방언학회, 135-155.

정 철(1989), 「경북의성방언의 음운론적 연구」, 경북대대학원(박사).

조성문(2000), 「최적성이론에 의한 자음군단순화 현상의 방언 차이 분석」, 『사회언어학』 8-1, 497-523.

진 주(2016), 「광주 지역어의 ㄴ-첨가 실현 양상」, 전남대대학원(석사).

차재은(2001), 「/ㅎ/의 음운자질과 음운 현상」, 『어문논집』 43, 민족어문학회, 23-44.

채옥자(1999), 「중국 연변지역어의 활음화에 대하여」, 『애산학보』 23, 애산학회, 139-164.

채현식(2003), 「유추에 의한 복합명사 형성 연구」, 태학사.

최명옥(1974), 「경남삼천포방언의 음운론적 연구」, 『국어연구』 32, 국어연구회.

최명옥(1976), 「서남경남방언의 부사화 접사 '아'의 음운현상」, 『국어학』 14, 국어학회, 61-82.

최명옥(1980), 『경북동해안 방언연구』, 영남대학교민족문화연구소.

최명옥(1982), 『월성지역어의 음운론』, 영남대학교출판부.

최명옥(1985), 「변칙동사의 음운현상: p-, s-, t- 변칙동사를 중심으로」, 『국어학』 14, 국어학회, 149-188.

최명옥(1988가), 「변칙동사의 음운현상: li-, lə-, ε(yə)-, h- 변칙동사를 중심으로」, 『어학연구』 24-1, 서울대 어학연구소, 41-68.

최명옥(1988나), 「국어 움라우트의 연구사적 검토」, 『진단학보』 65, 진단학회, 63-80.

최명옥(1989), 「국어 움라우트의 연구사적 고찰」, 『주시경학보』 3, 탑출판사, 7-39.

최명옥(1993), 「어간의 재구조화와 교체형의 단일화 방향」, 『성곡논총』 24, 성곡학술문화재단, 1599-1642.

최명옥(1995), 「'X ㅣ]Vst 어Y'의 음운론」, 『진단학보』 79, 진단학회, 167-190.

최명옥(1998가), 『국어음운론과 자료』, 태학사.

최명옥(1998나), 『한국어 방언연구의 실제』, 태학사.

최명옥(2004가), 「한국어 음운규칙 적용의 한계와 그 대체 기제」, 『인문논총』 53, 서울대 인문학연구원, 285-311.

최명옥(2004나), 『국어음운론』, 태학사.

최명옥(2006), 「경북 상주지역어의 공시음운론」, 『방언학』 4, 한국방언학회, 193-231.

최보람(2013), 「경북 방언의 용언 성조형 연구」, 『국어연구』 240, 국어연구회.

최영미(2009), 「정선방언의 성조 체계와 그 역사적 변천에 대한 연구」, 건국대대학원(박사).

최전승(1997), 「용언활용의 비생성적 성격과 부사형어미 '아/어'의 교체 현상」, 『국어학연구의 새 지평』, 태학사, 1207-1257.

최전승(2004), 『한국어 방언의 공시적 구조와 통시적 변화』, 역락.

최창원(2016), 「서울지역어와 경기지역어의 음운론적 대비 연구」, 『방언학』 24, 한국방언학회, 177-208.

하신영(2004), 「'X{C, V}vst 아/어Y'의 음운론적 연구」, 『국어연구』 175, 국어연구회.

하신영(2010), 「전남 곡성지역어와 경남 창녕지역어의 음운론적 대비 연구」, 서울대대학원(박사).

한성우(1996), 「당진 지역어의 음운론적 연구」, 『국어연구』 141, 국어연구회.

한성우(2006), 『평안북도 의주방언의 음운론』, 월인.

한수정(2014), 「불규칙 용언의 활용형 연구」, 부산대대학원(박사).

한영균(1985), 「음운변화와 어휘부의 재구조화」, 『관악어문연구』 10, 서울대 국어국문학과,

375-402.

한영균(1988), 「비음절화규칙의 통시적 변화와 그 의미」, 『울산어문논집』 4, 울산대 국어국문학과, 1-26.

허 웅(1954), 「경상도 방언의 성조」, 『외솔최현배선생 환갑기념논문집』, 사상계사, 479-519.

홍미주(2015), 「체언 어간말 ㅊ, ㅌ의 변이 양상 연구: 서울방언과 경상방언을 반영하는 문헌을 대상으로」, 『어문론총』 64, 한국문학언어학회, 63-93.

홍윤표(1994), 『근대국어연구 Ⅰ, Ⅱ』, 태학사.

홍은영(2019), 「국어 폐쇄음의 지속성 동화와 마찰음화」, 『국어학』 89, 국어학회, 235-254.

Anderson, H.(1973), "Abductive and deductive change", *Language* 49, 765-793.

Anderson, S.R.(1974), *The organization of phonology*, Academic Press.

Anttila, R.(1972), *An Introduction to Historical and Comparative Linguistics*, The Macmillan Company.

Bybee, J.L.(1985), *Morphology: A Study of the Relation between Meaning and Form*, John Benjamins Publishing Company.

Bybee, J.L.(2001), *Phonology and Language Use*, Cambridge University Press.

Bybee, J.L.(2007), *Frequency of Use and the Organization of Language*, Oxford University Press.

Bynon, T.(1977), *Historical Linguistics*, Cambridge University Press.

Chomsky, N. & M. Halle(1968), *The sound pattern of English*, Haper and Low.

Durand, J(1990), *Generative and non-linear phonology*, Longman.

Hockett, C.F.(1958), *A Course in Modern Linguistics*, The Macmillan Company.

Hooper, J.B.(1976), *An introduction to natural generative phonology*, Academic Press.

Hopper, P.J. & E.C. Traugott(1993), *Grammaticalization*, Cambridge University Press.

Hyman, L.M.(1975), *Phonology: theory and analysis*, Holt, Rinehart & Winston.

Jeffers, R.J. & I. Lehiste(1979), *Principles and Methods for Historical Linguistics*, The MIT Press.

Katamba, F.(1989), *An Introduction to Phonology*, Longman.

Kenstowicz, M. & C.W. Kisseberth(1977), *Topic in the phonological theory*, Academic Press.

Kenstowicz, M. & C.W. Kisseberth(1979), *Generative phonology*, Academic Press.

Kim-Renaud, Y.-K.(1975), *Korean consonantal phonology*, Tower Press.

King, R.D.(1969), *Historical Linguistics and Generative Grammar*, Prentice-Hall.

Kiparsky, P.(1968), *How abstract is phonology?*, IULC.

Ladefoged, P.(1975/1982), *A Course in Phonetics*, Harcourt Brace Jovanovich.

Lass, R.(1984), *Phonology: an introduction to basic concepts*, Cambridge University Press.

McMahon, A.S.(1994), *Understanding Language Change*, Cambridge University Press.

Ramsey, S.R.(1978), *Accent and Morphology Korean Dialects*, Tower Press.

Schane, S.A.(1973), *Generative phonology*, Prentice-Hall.

Skousen, R.(1975), *Substantive Evidence in Phonology: the evidence from Finnish and French*, Mouton.

Sloat, C., S.H. Tayler & J.E. Hoard(1978), *Introduction to phonology*, Prentice-Hall.